AF645580

Karoline Hoffmeister

Lust auf HÄKELN

Masche für Masche häkeln lernen

20 Modelle, die ganz easy gelingen

CV

Inhalt

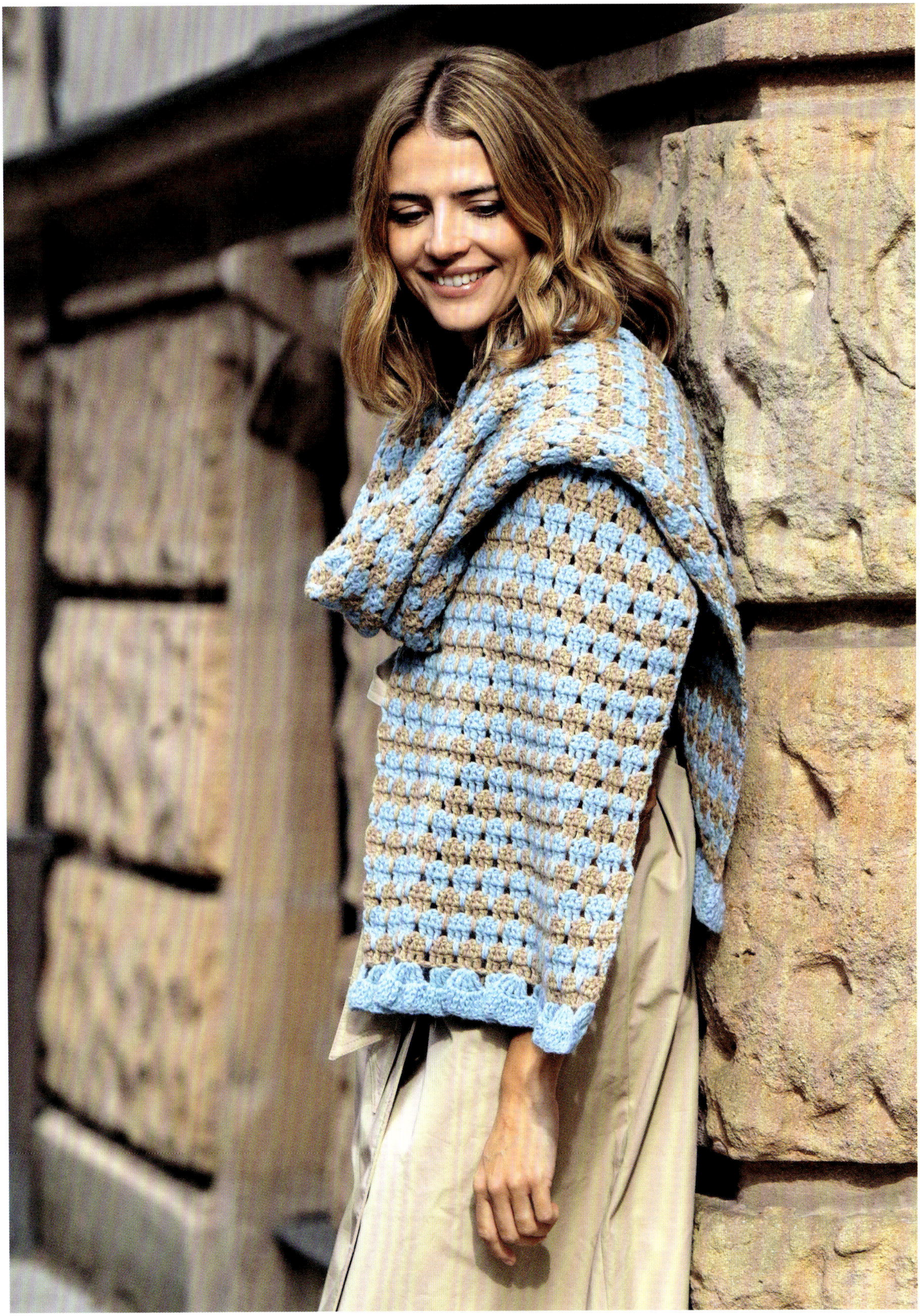

Vorwort

Schön, dass du da bist!

Du hast also nicht nur „Lust auf Häkeln“, sondern bist auf dem besten Weg, dich in dein neues Hobby zu verlieben, indem du einer Idee Taten folgen lässt: Du möchtest häkeln lernen. Und jetzt geht es tatsächlich los: Dieses Buch begleitet dich auf deinem Weg von der ersten Masche bis hin zu beeindruckenden Statement-Pieces, die du schon bald mit Stolz tragen wirst und auf Nachfrage, wo du diesen tollen Pulli, die süße Mütze oder den praktischen Einkaufsbeutel gekauft hast, grinsend antworten wirst: „Habe ich selbst gehäkelt“. Hier lernst du Schritt für Schritt verschiedene Maschen-Typen anhand von ausführlichen Anleitungen, Zeichnungen und Video-Tutorials, außerdem Vieles über Wolle und das richtige Handwerkszeug. Schon bald schrecken dich dank der umfangreichen Erklärungen Fachbegriffe nicht mehr ab und du lernst, Anleitungen, Häkelschriften und Bemaßungsskizzen zu lesen. Auf geht's! Werde nicht zu schnell ungeduldig und arbeite dich Stück für Stück, Anleitung für Anleitung und Masche für Masche vor und du wirst staunen, wie schnell du Häkelprofi bist. Versprochen!

Deine Karoline

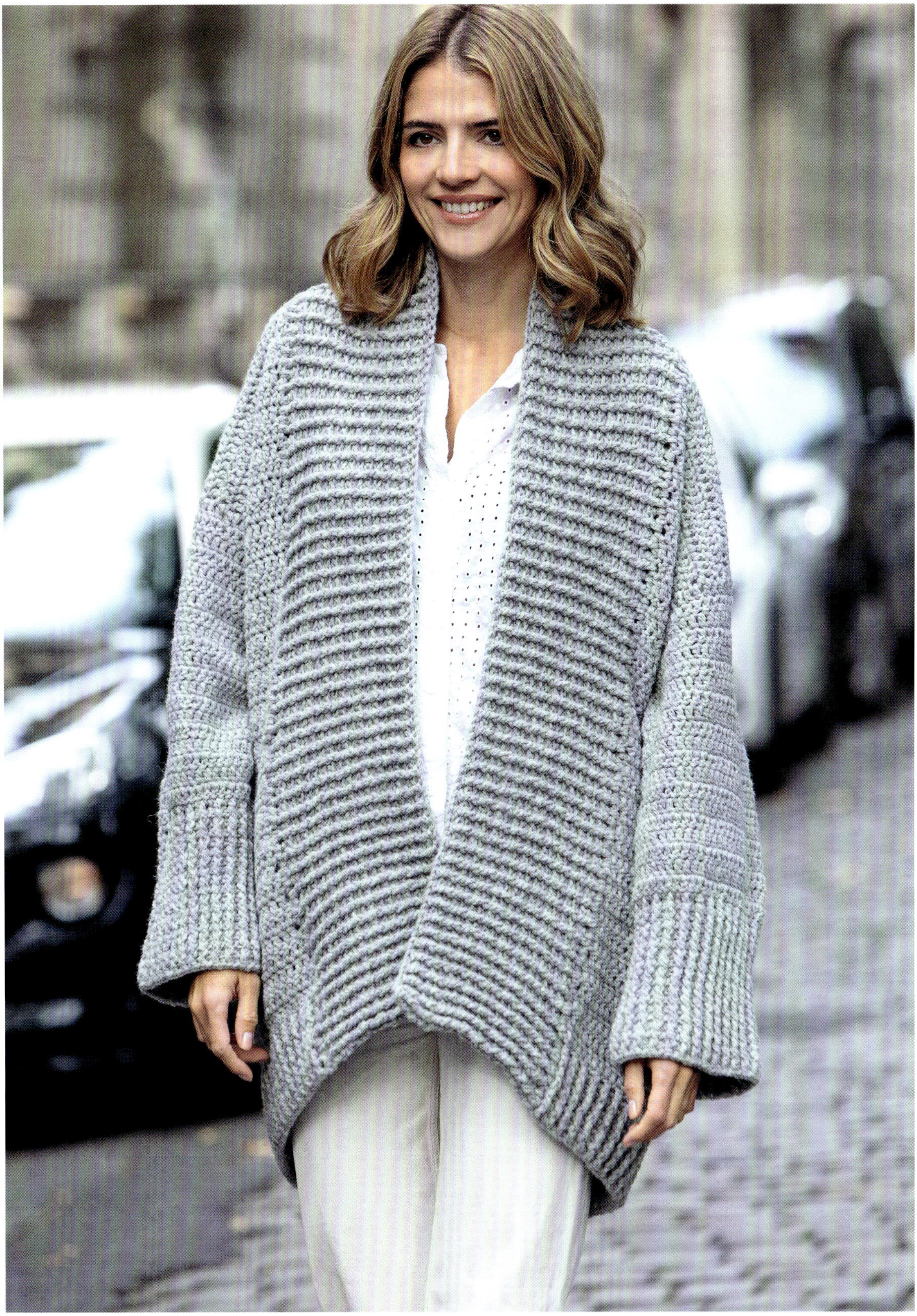

Modelle

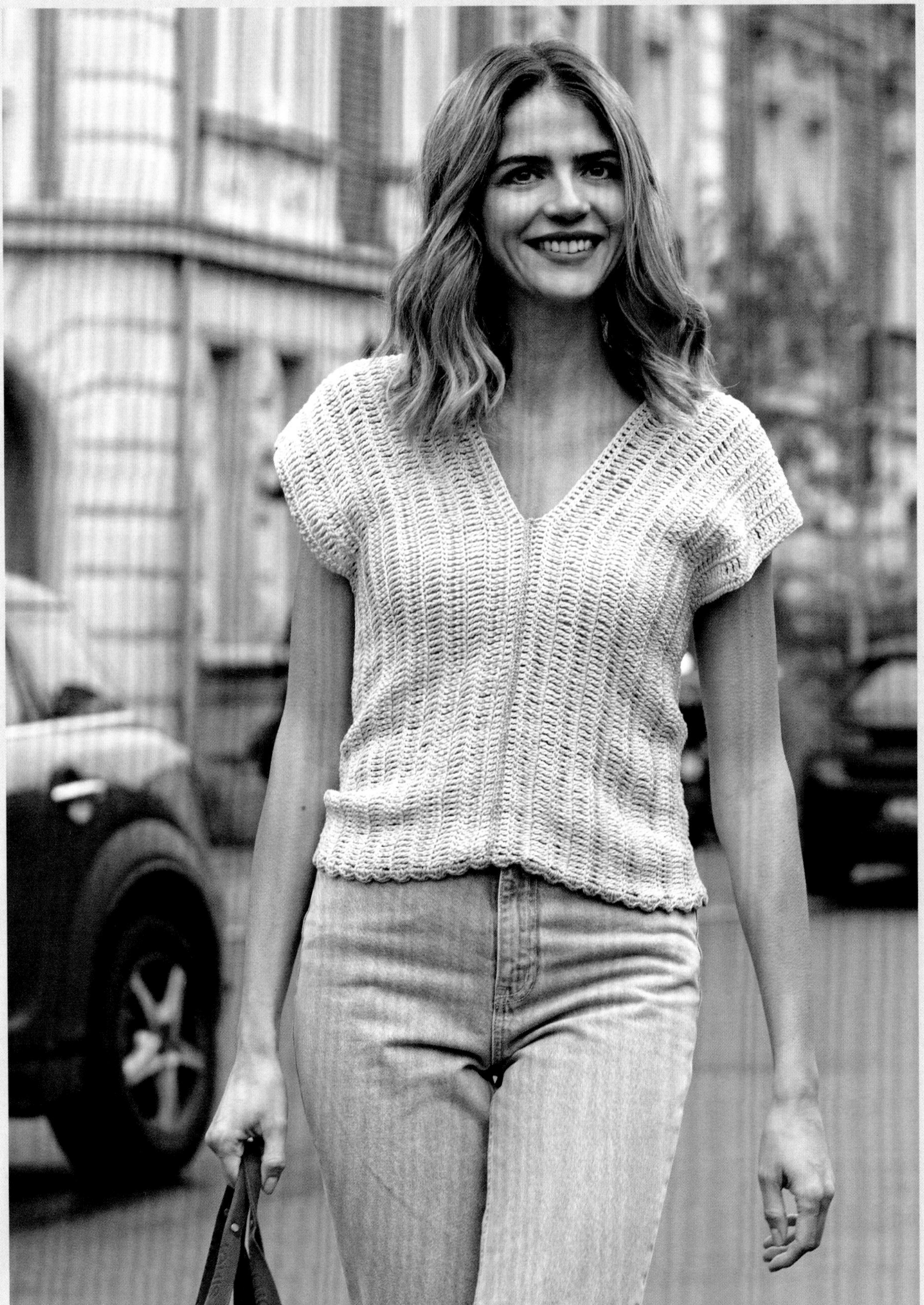

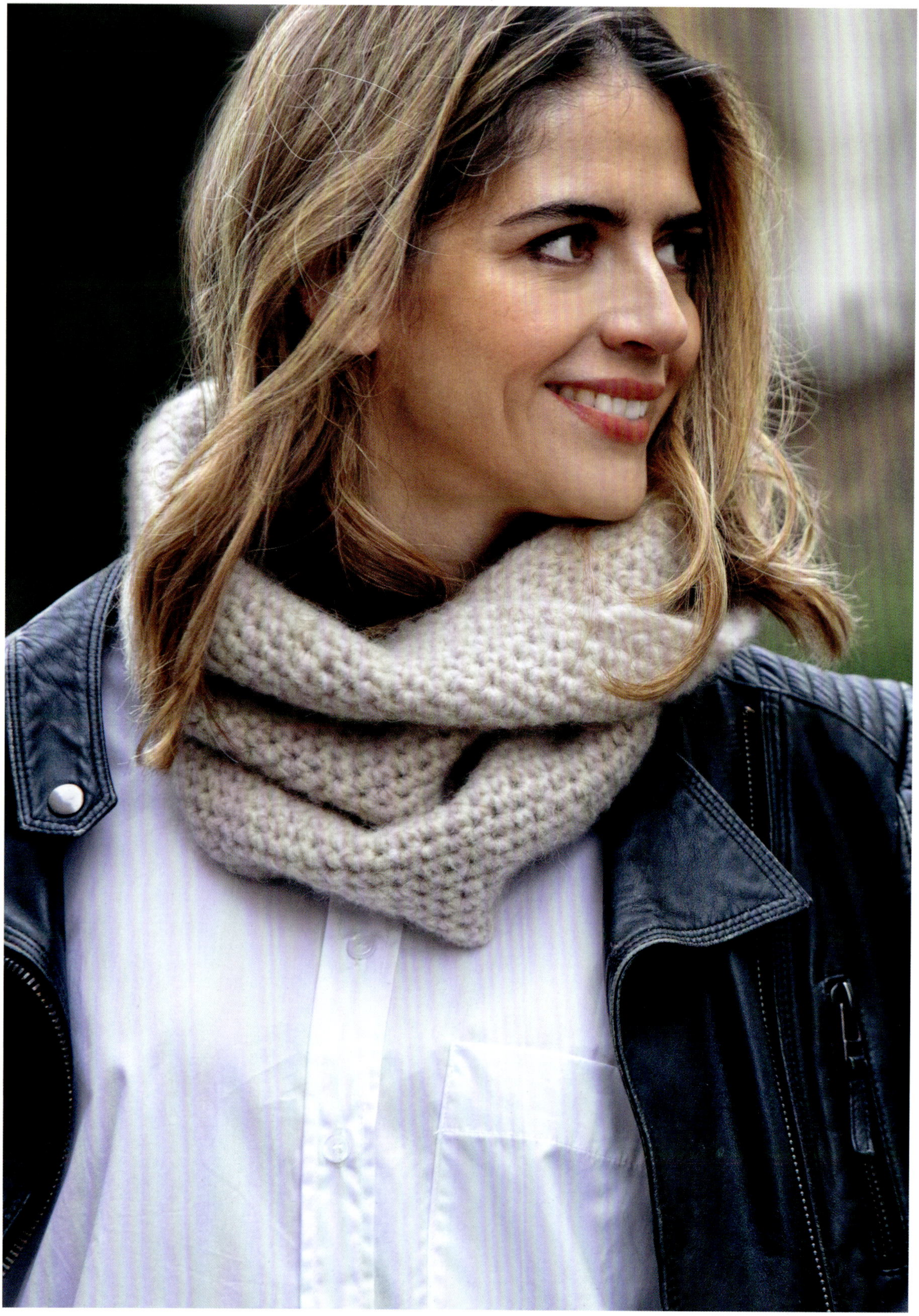

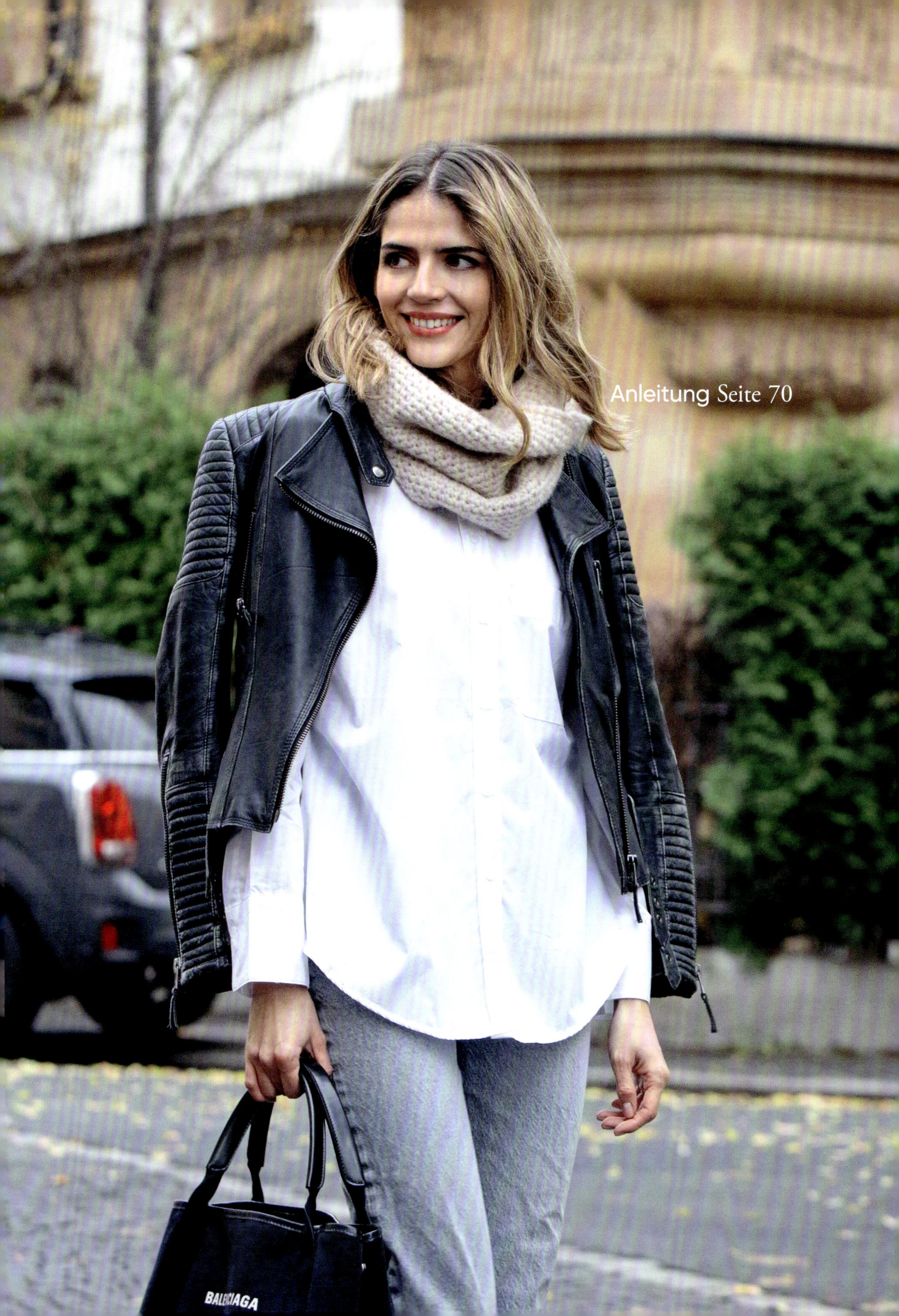
Anleitung Seite 70

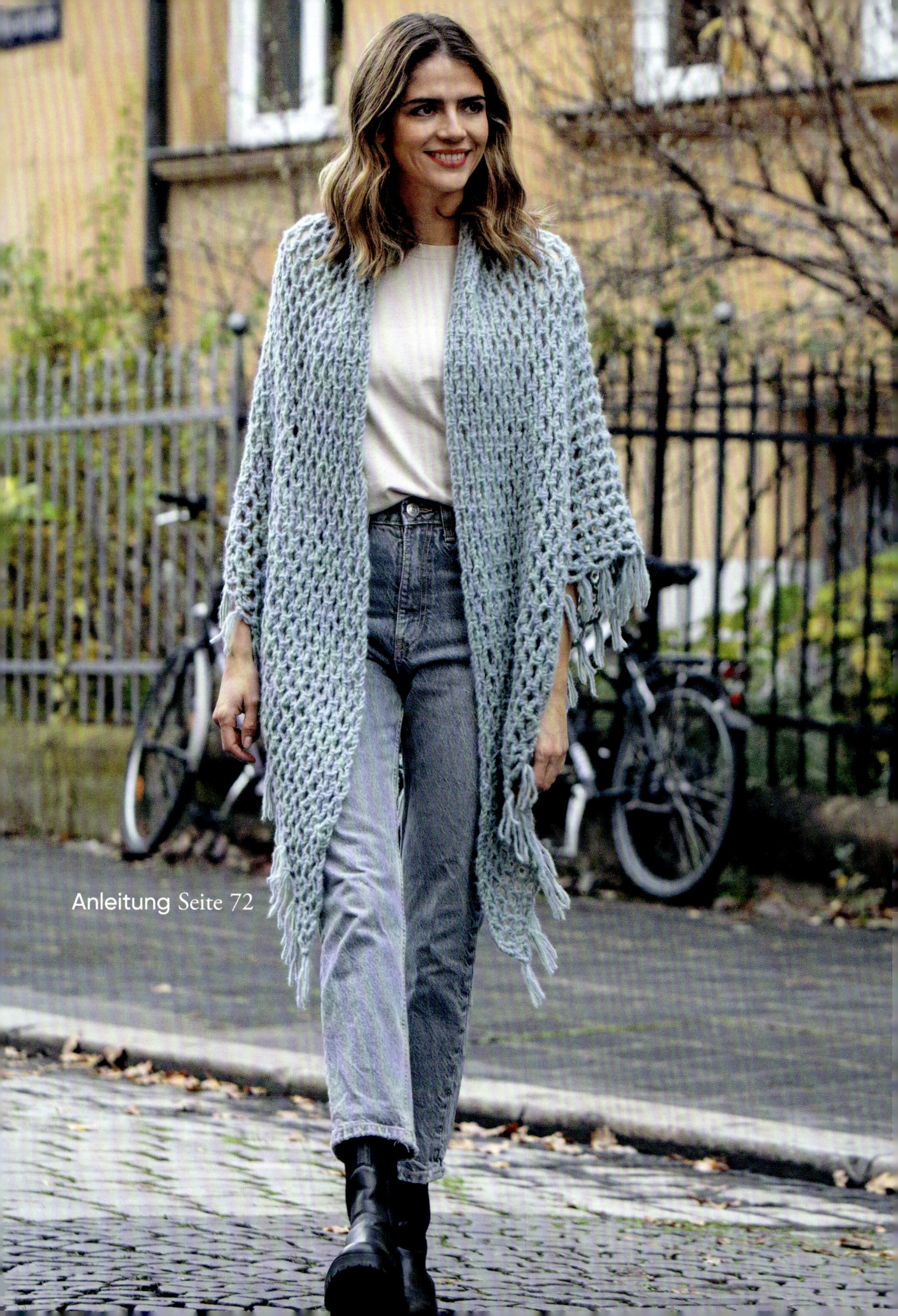

Anleitung Seite 72

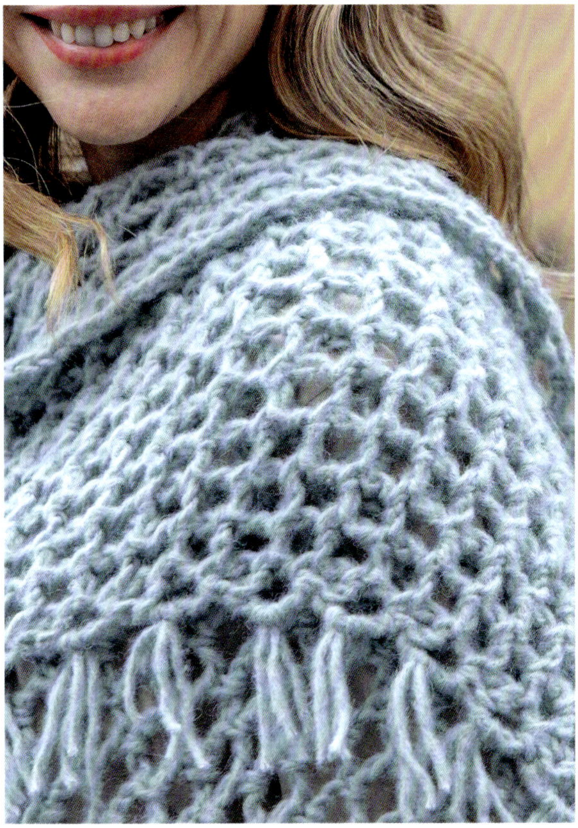

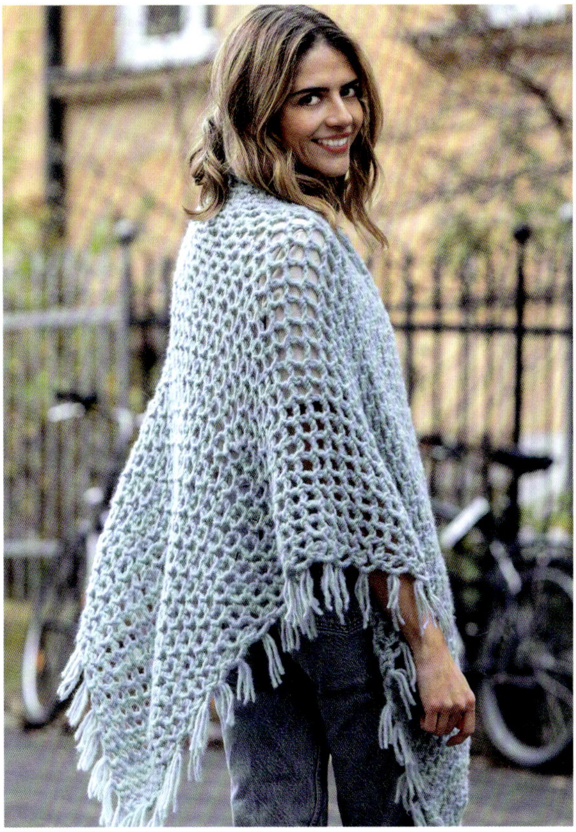

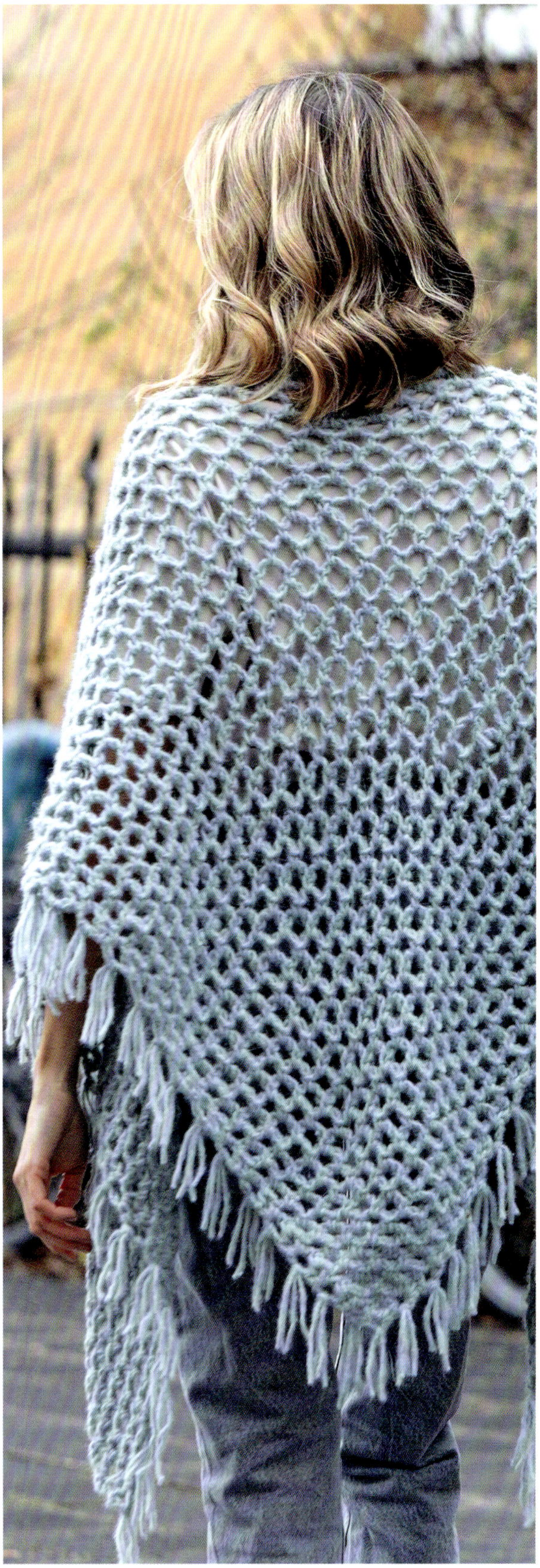

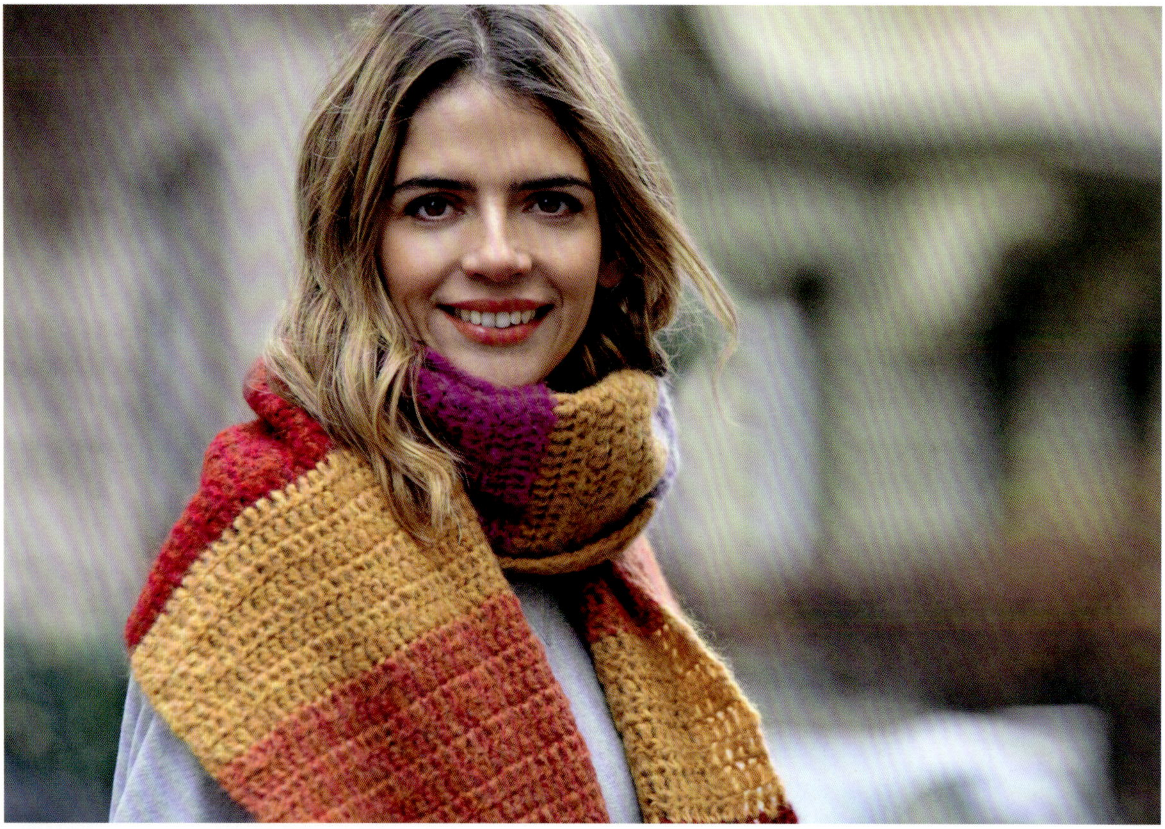

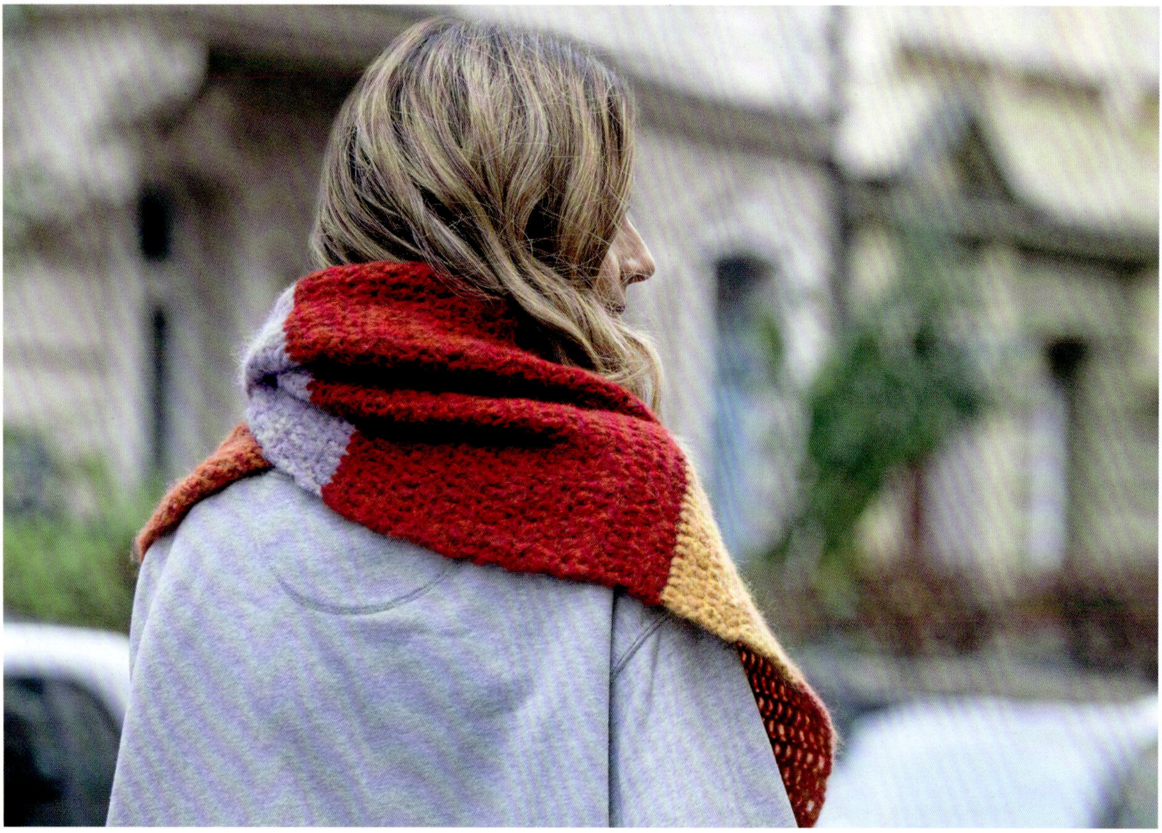

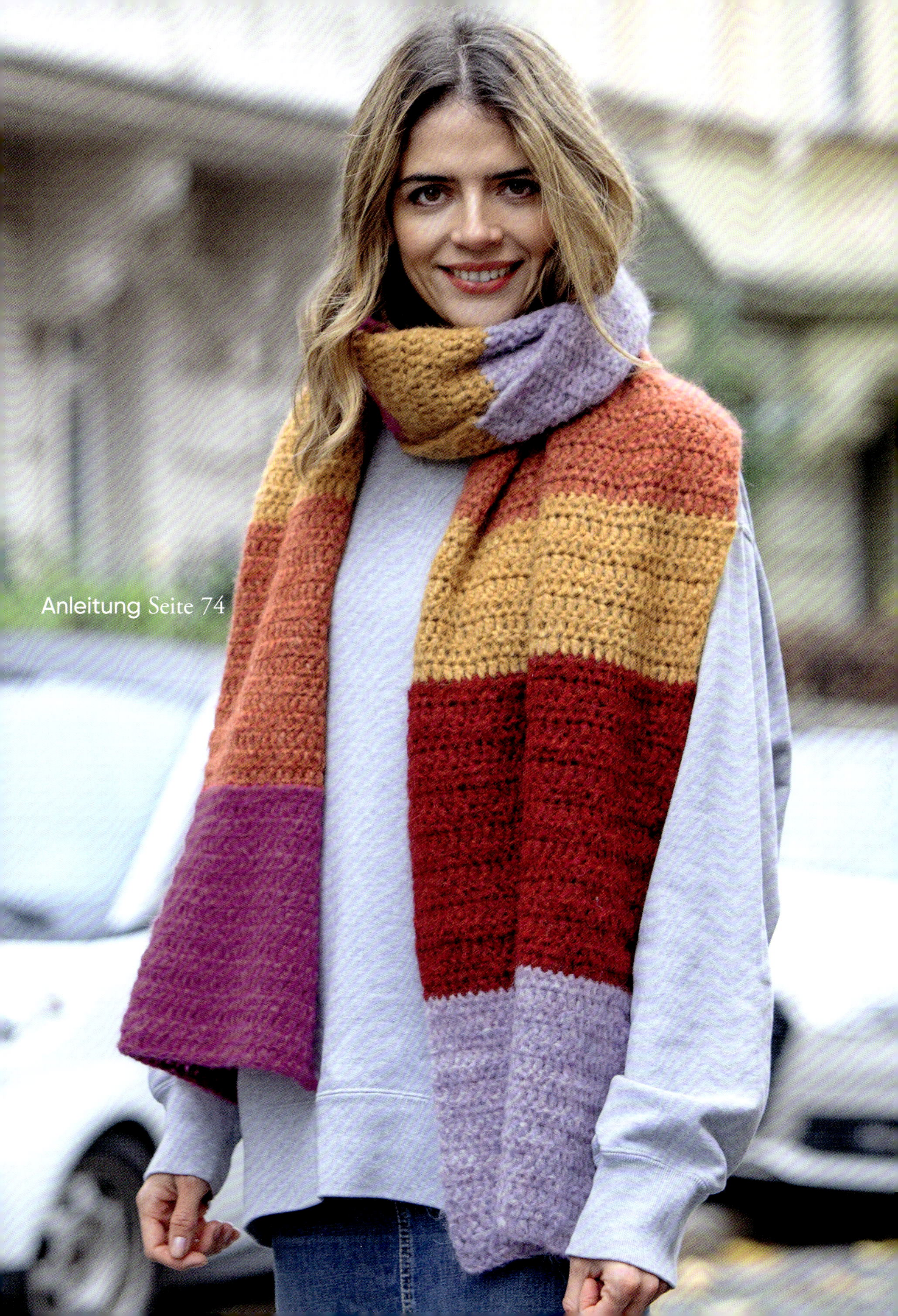
Anleitung Seite 74

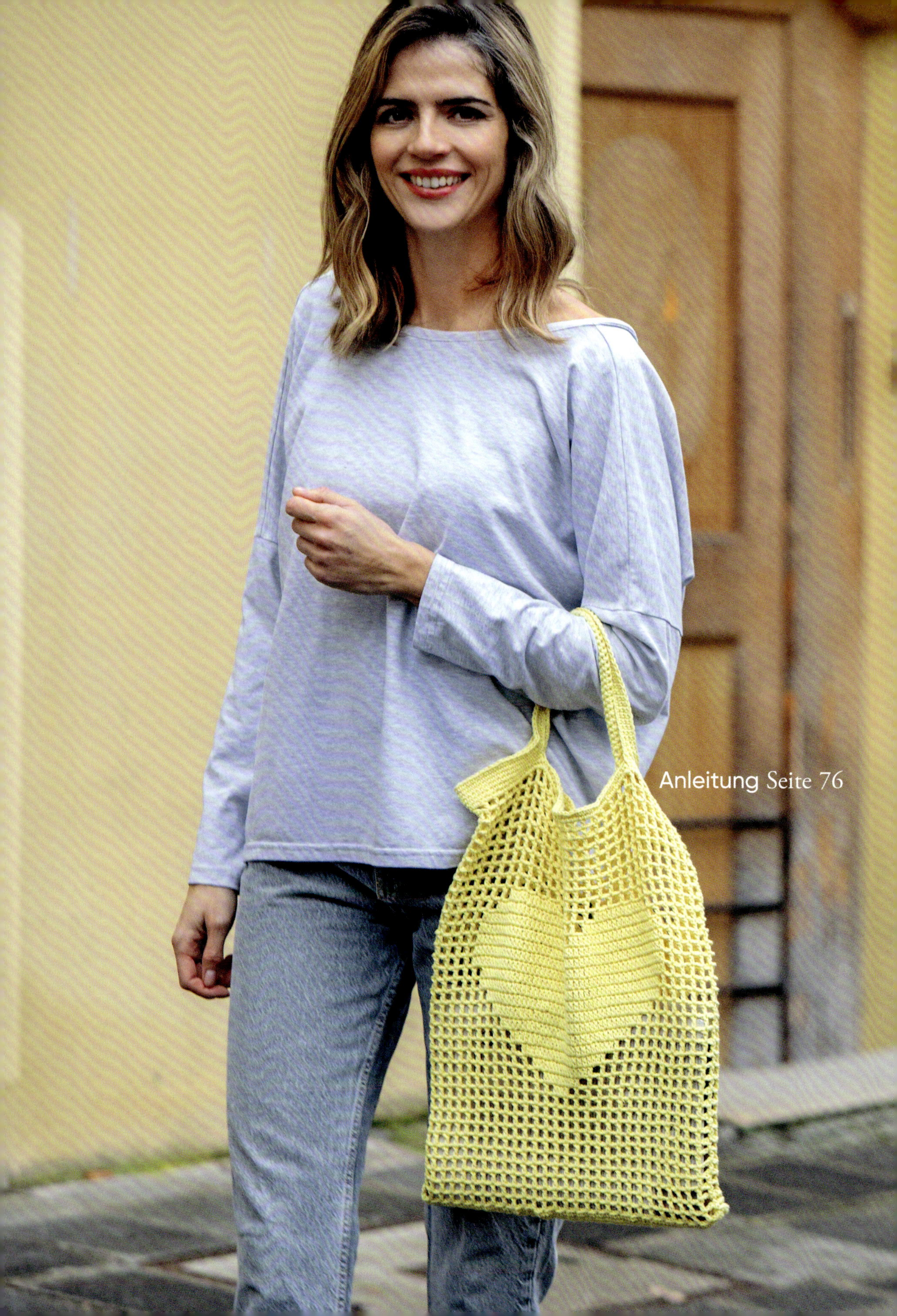

Anleitung Seite 76

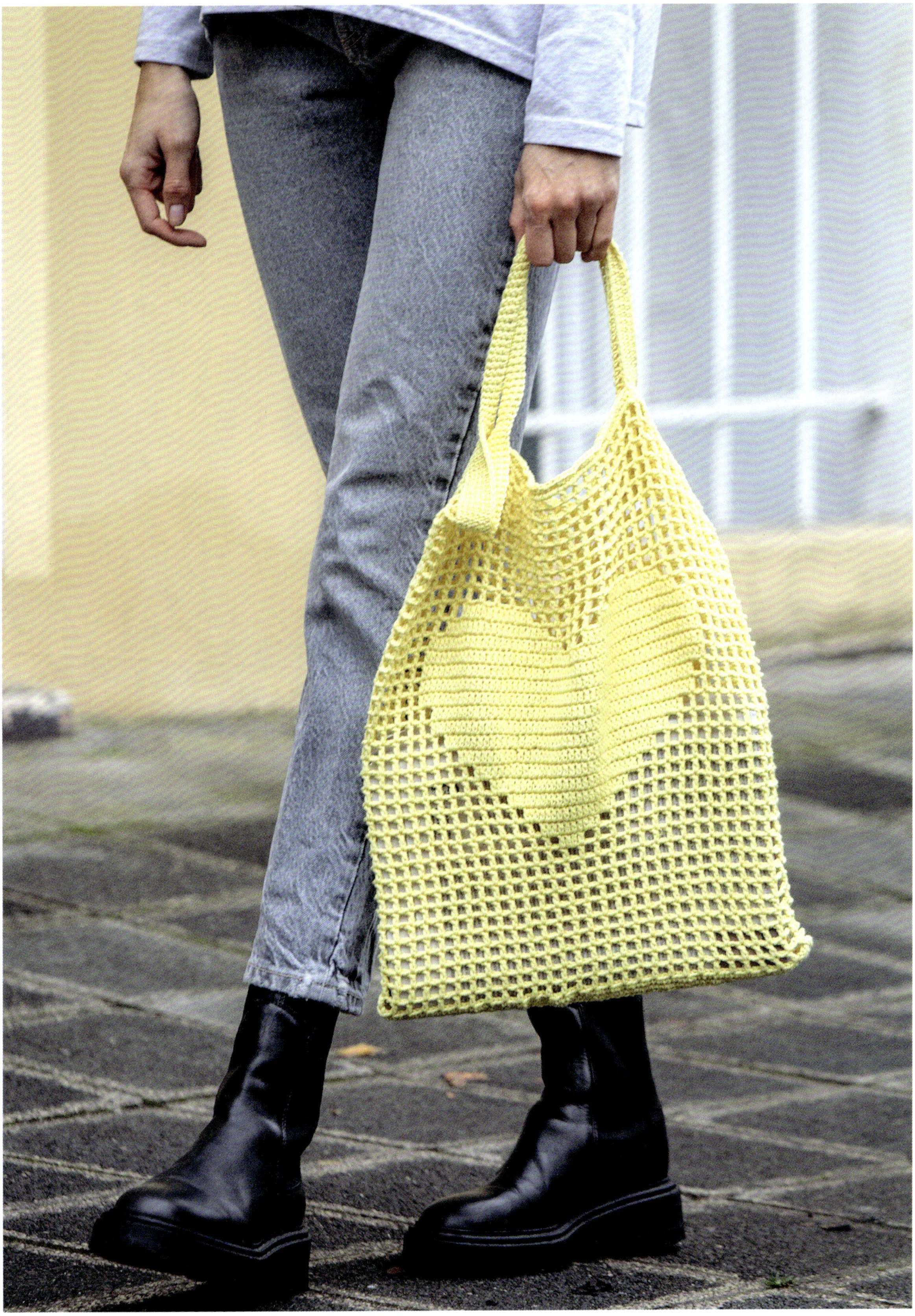

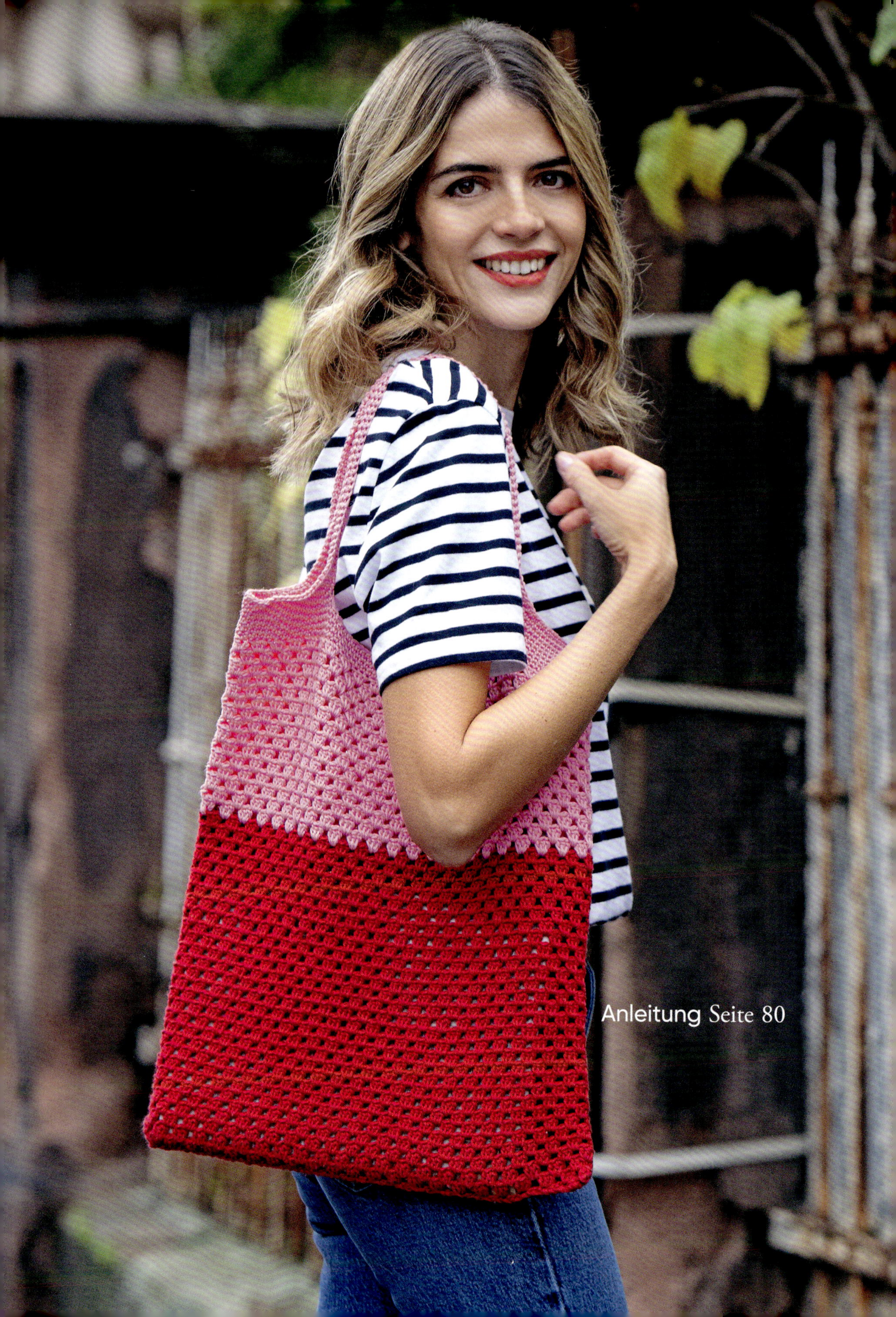

Anleitung Seite 80

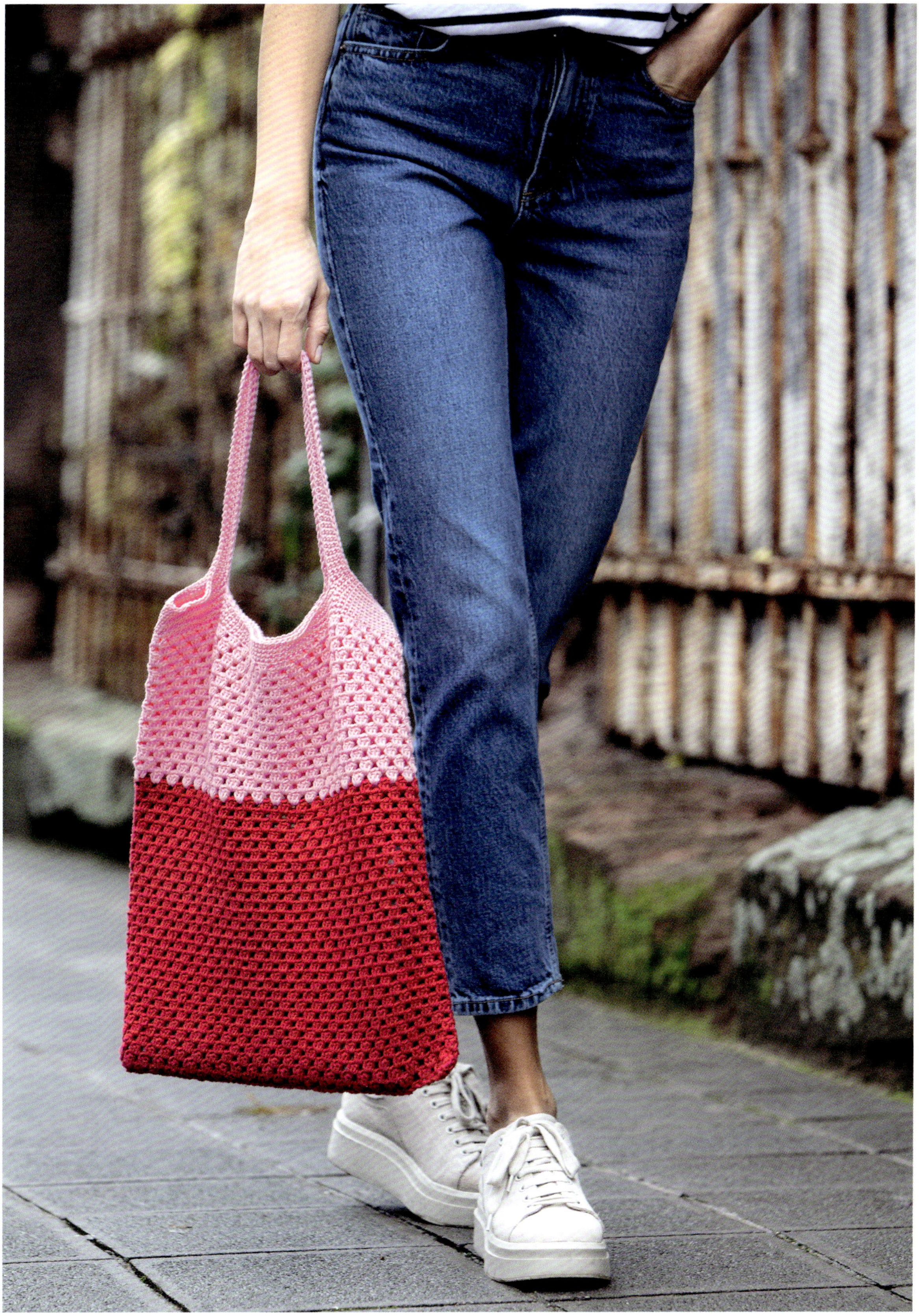

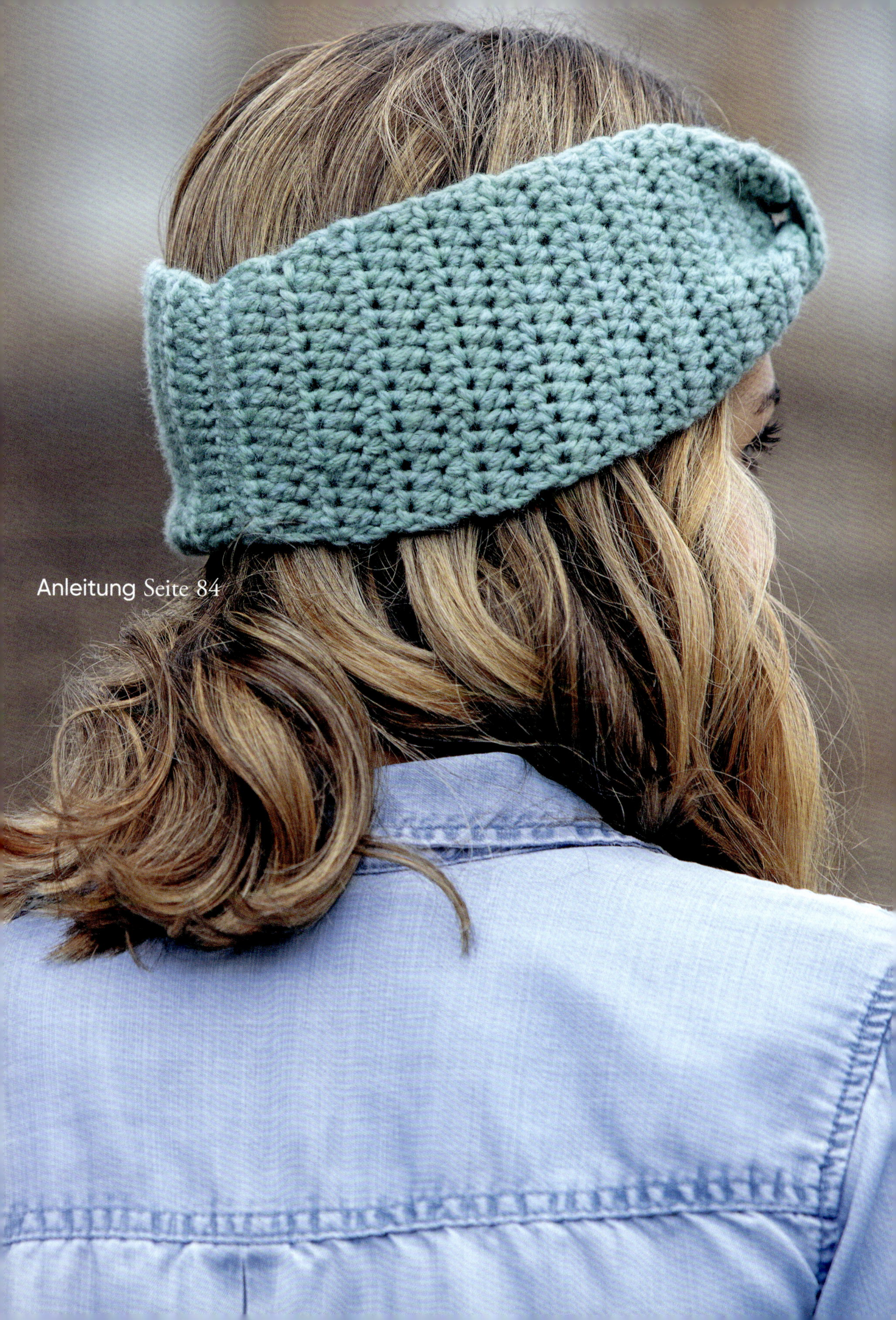

Anleitung Seite 84

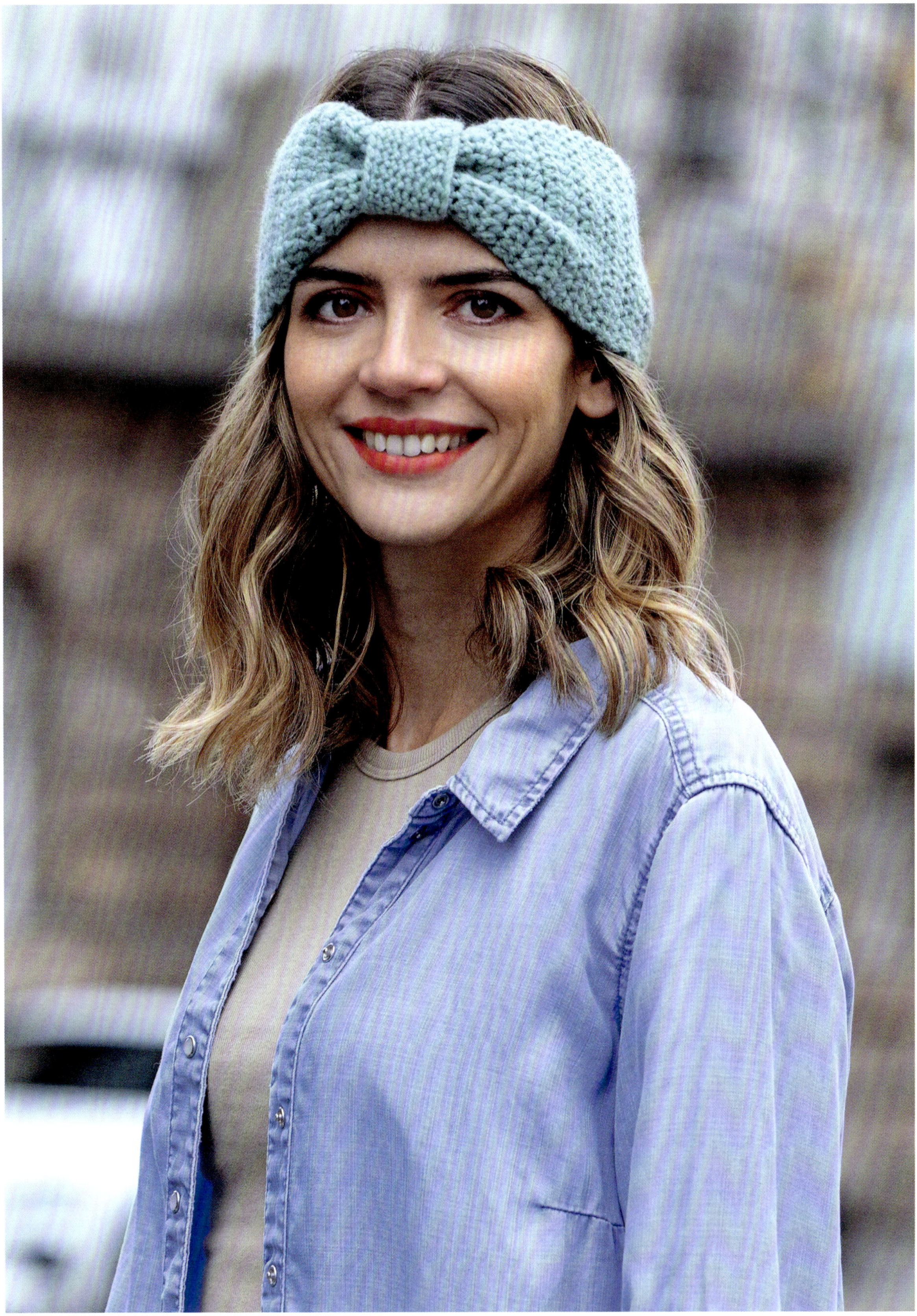

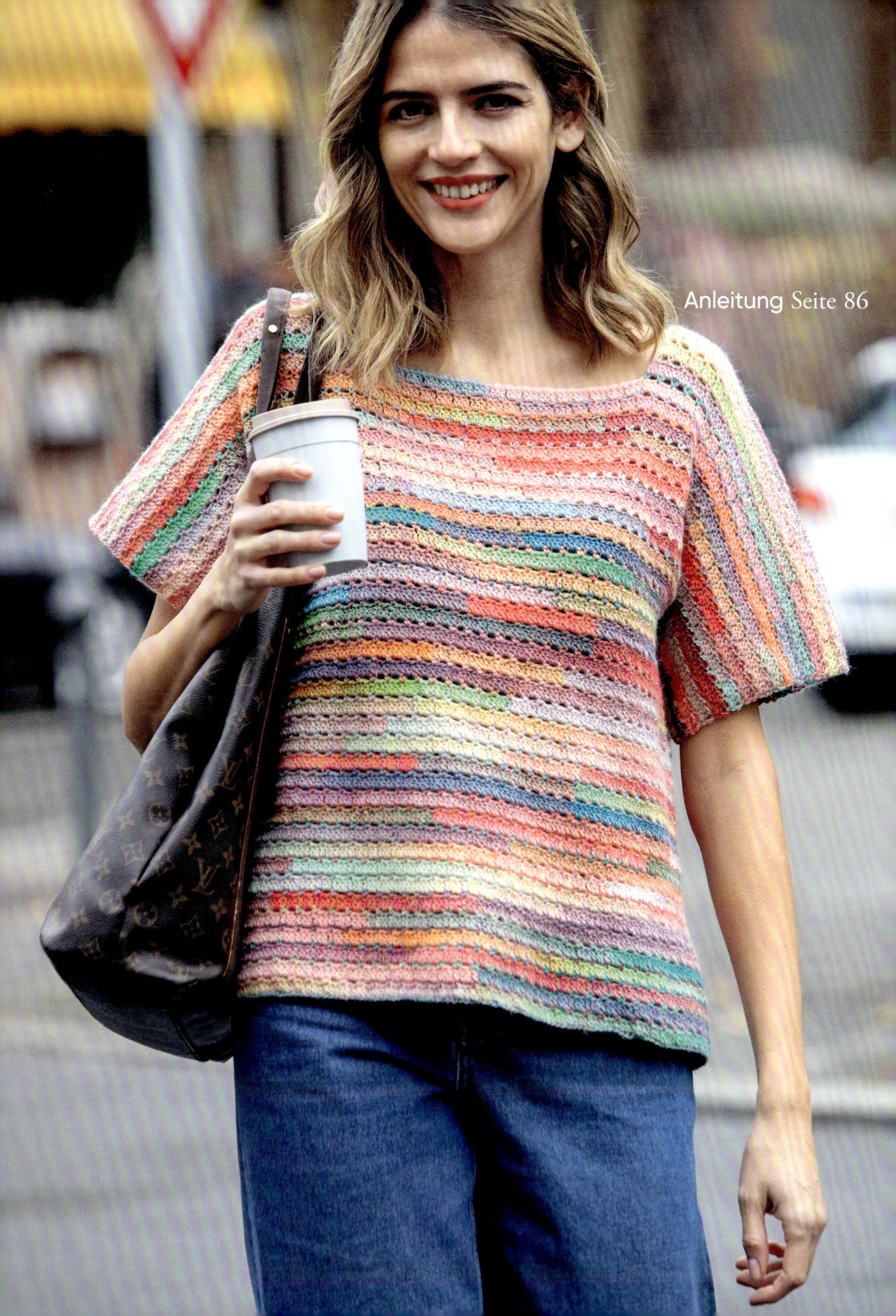

Anleitung Seite 86

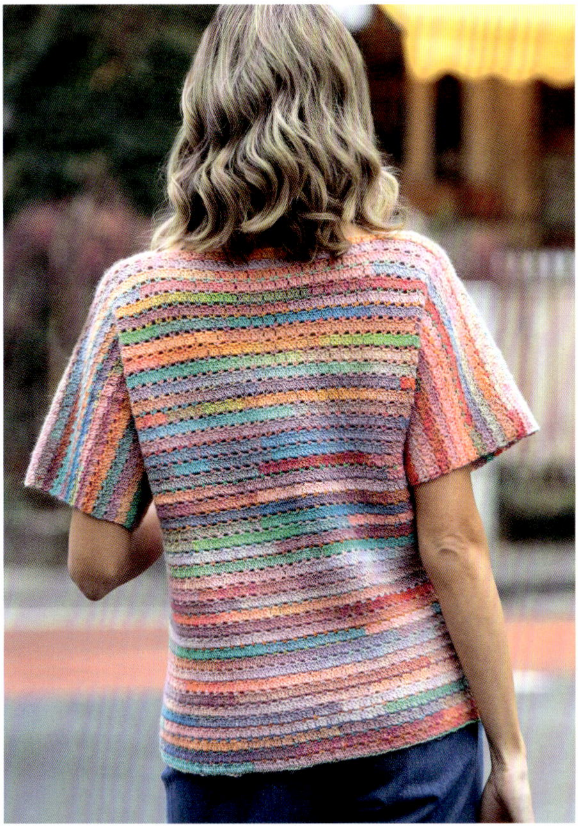

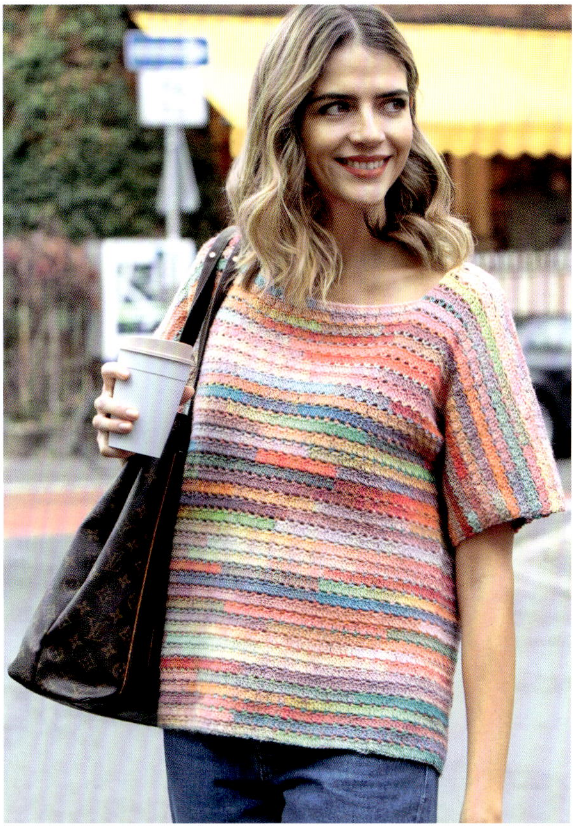

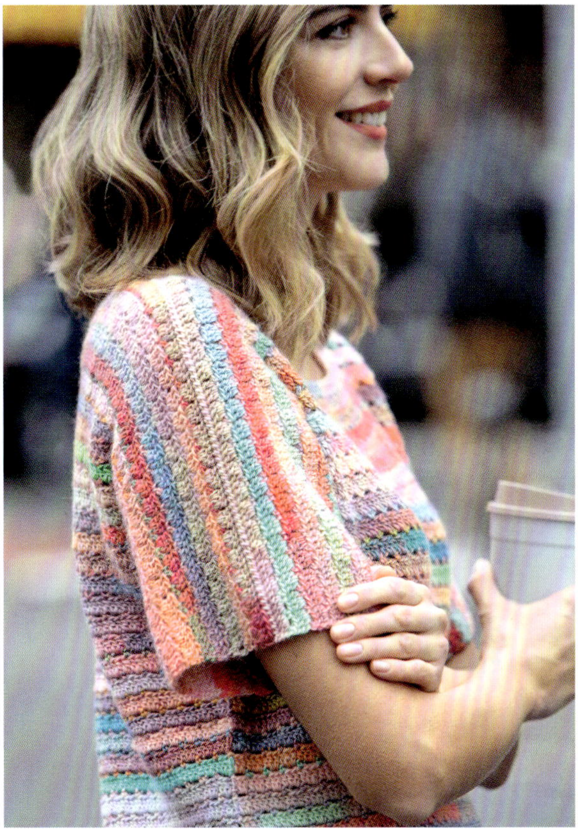

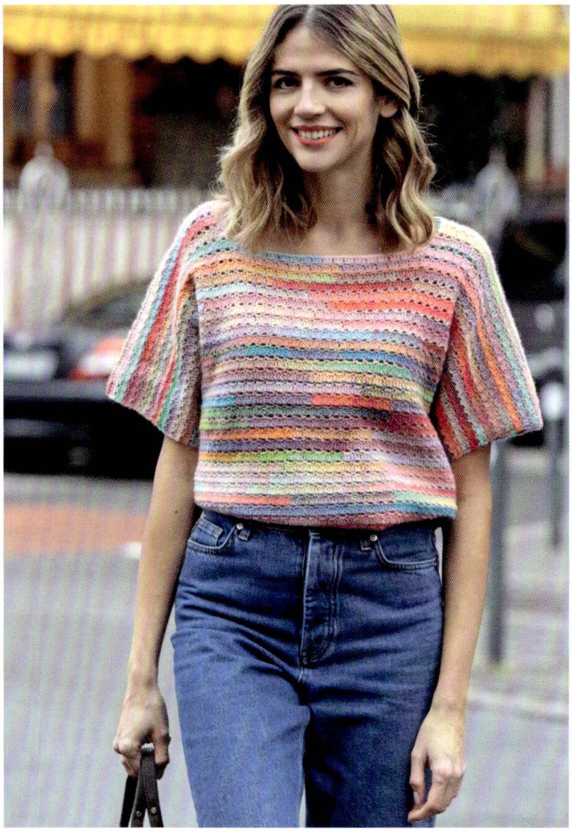

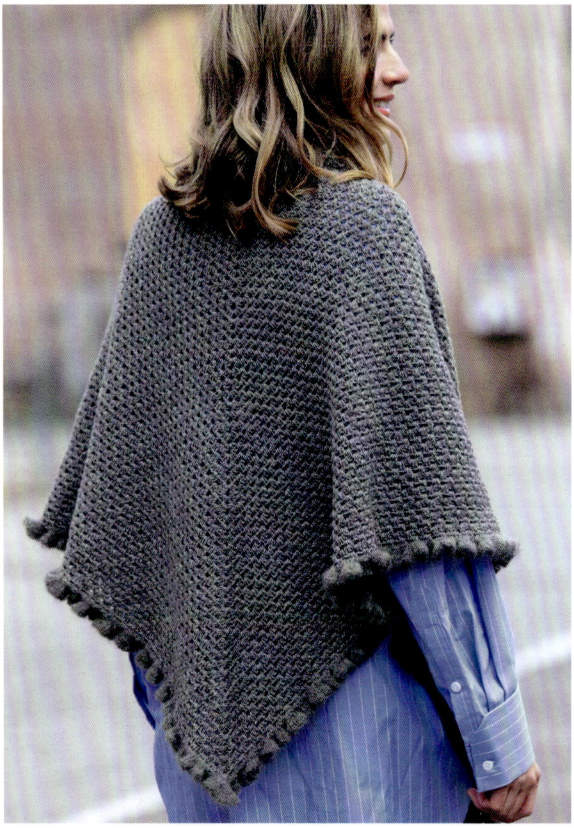

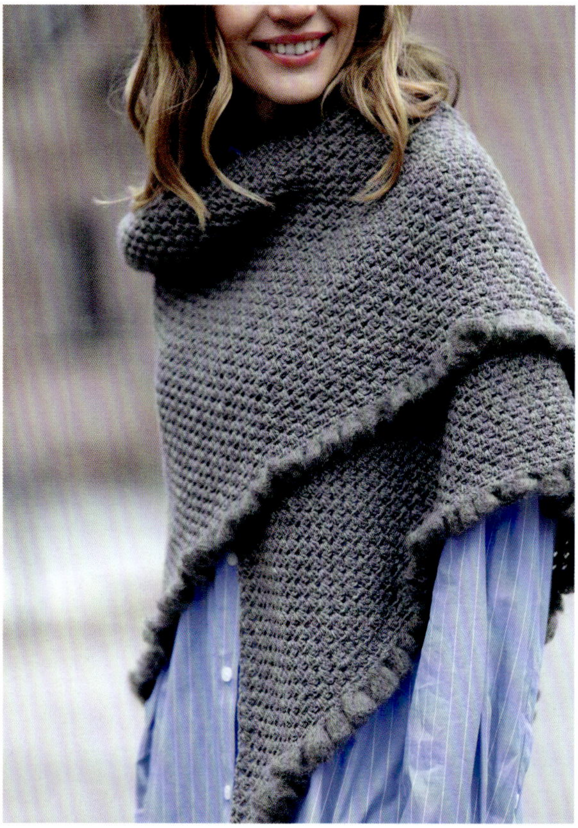

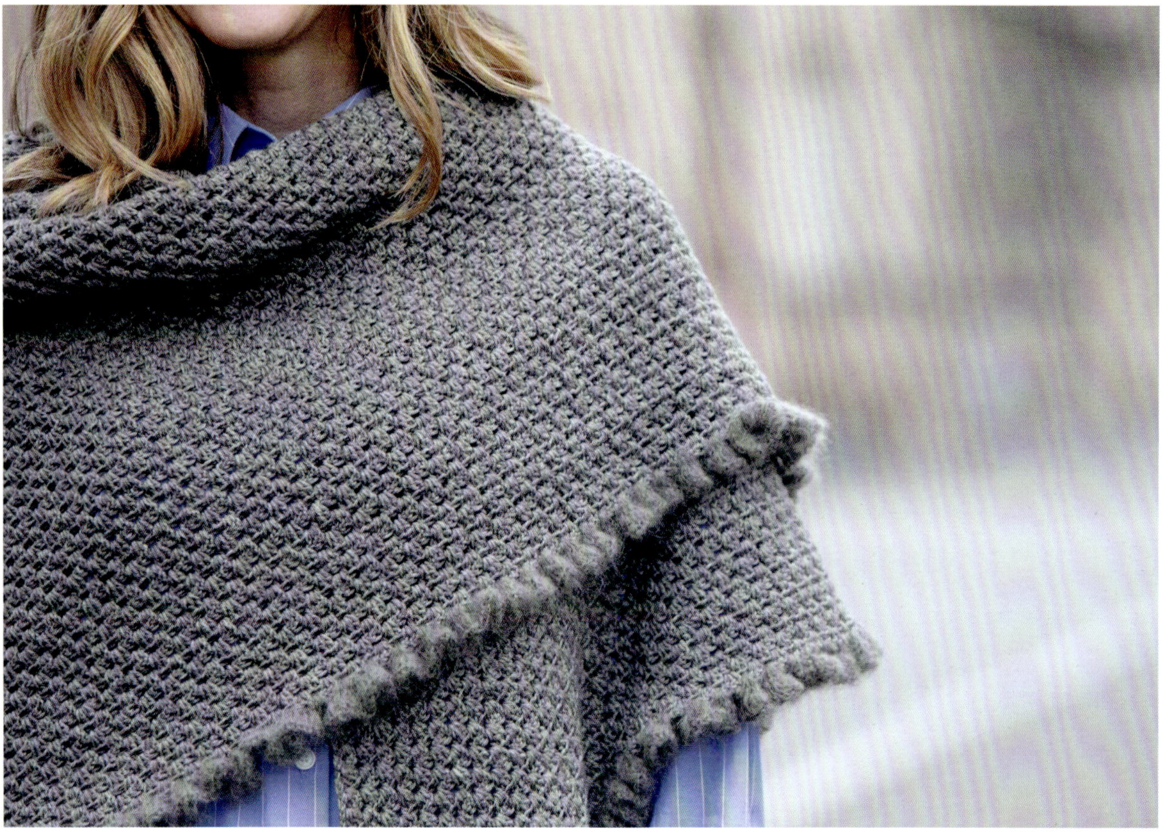

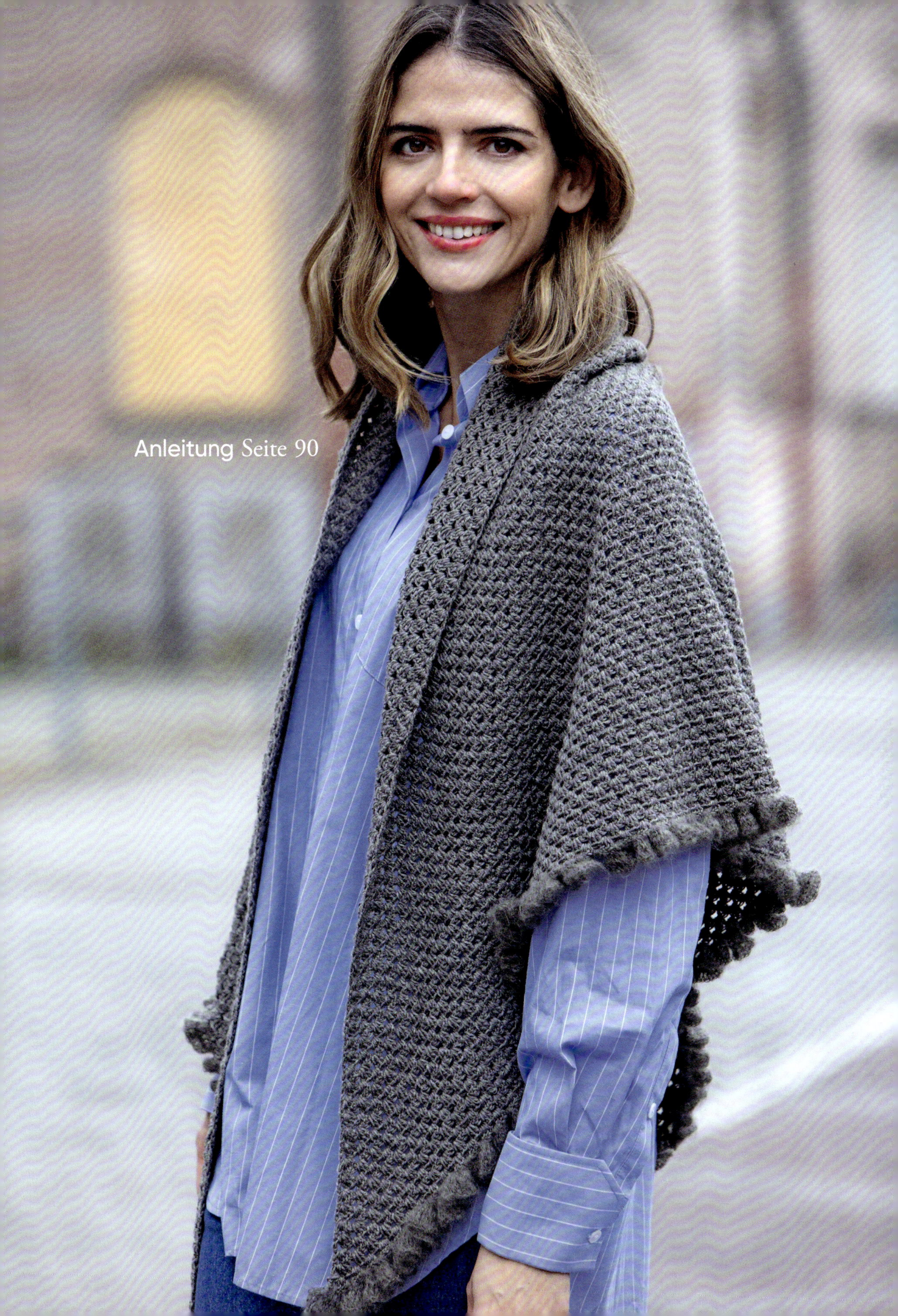

Anleitung Seite 90

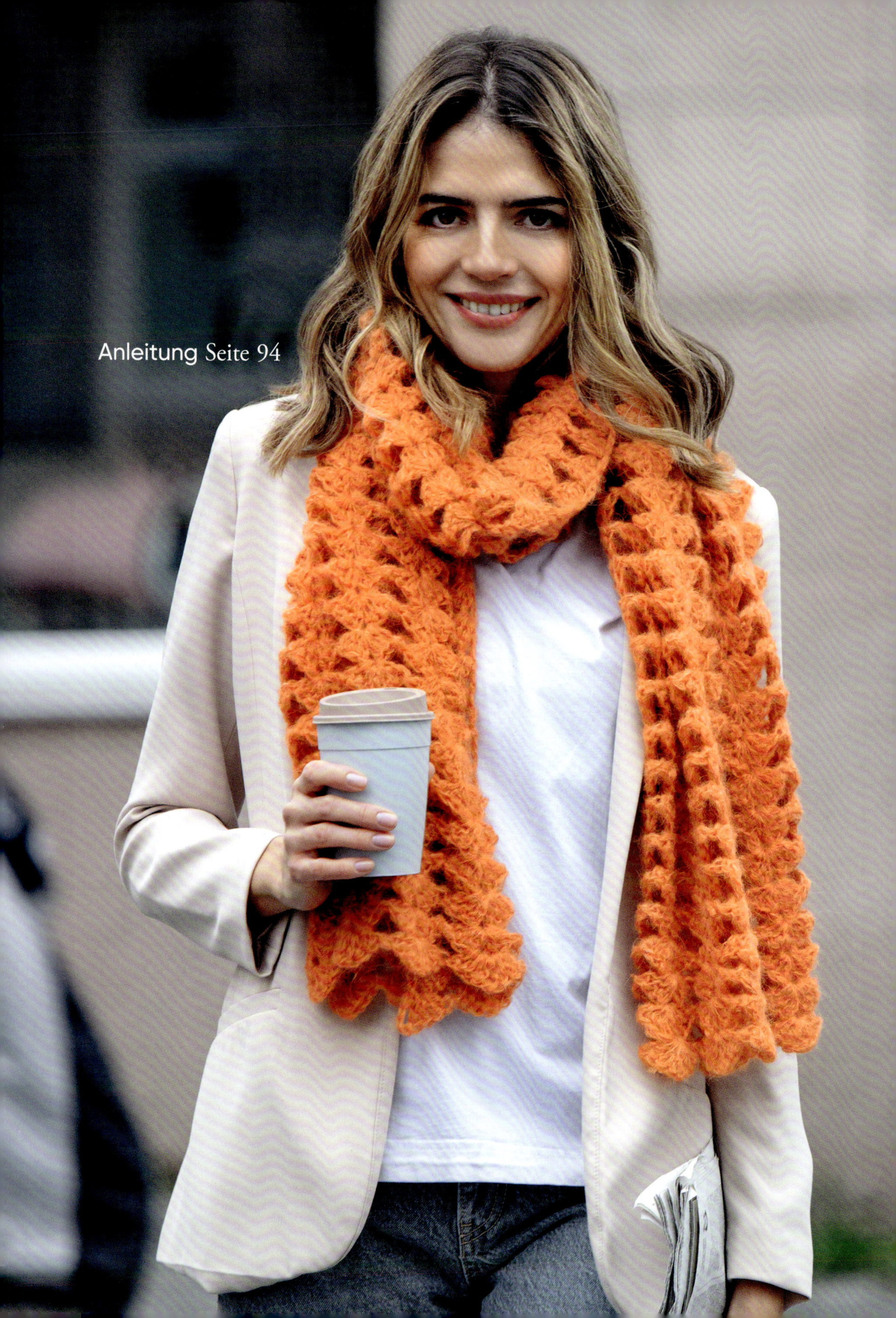

Anleitung Seite 94

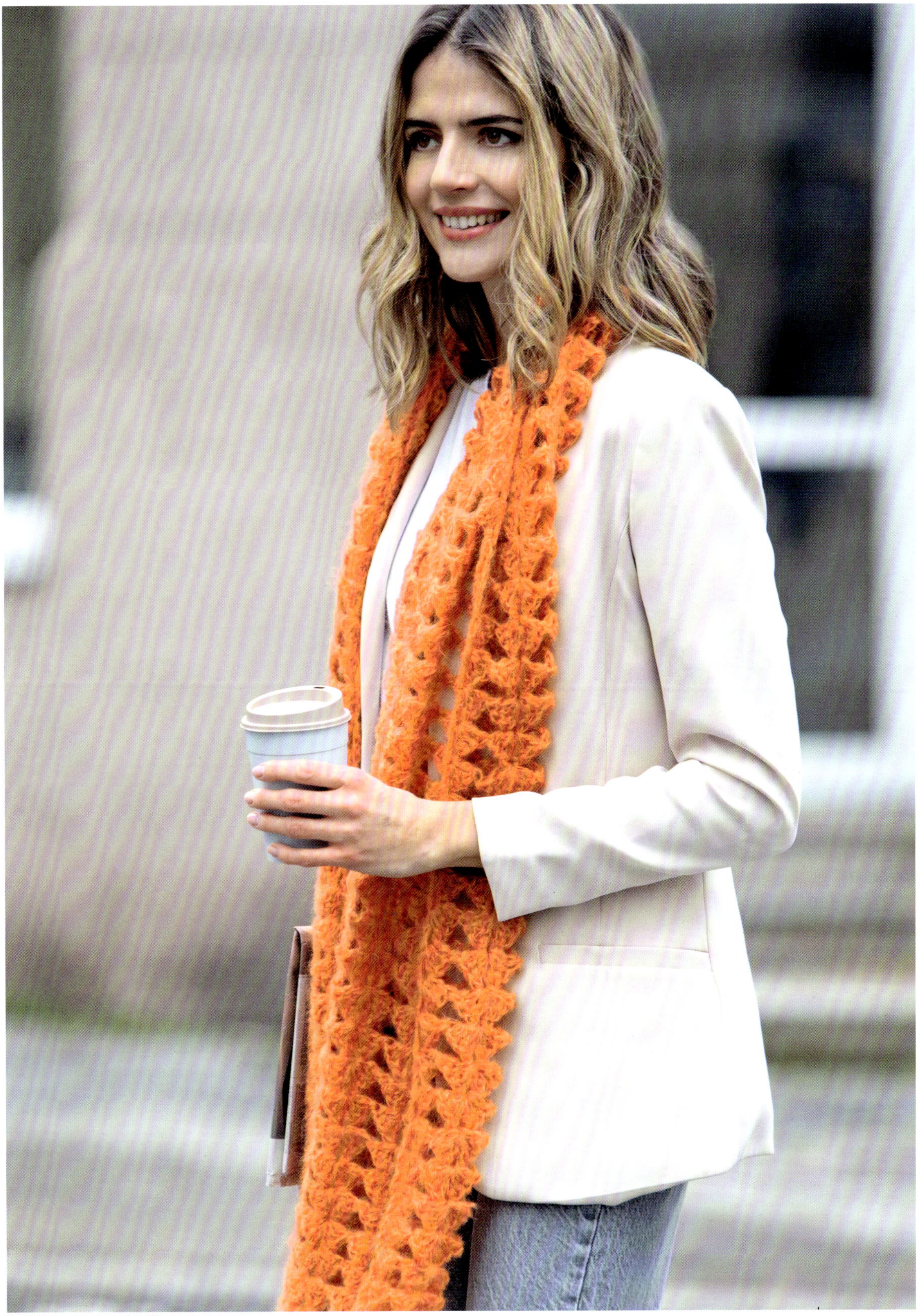

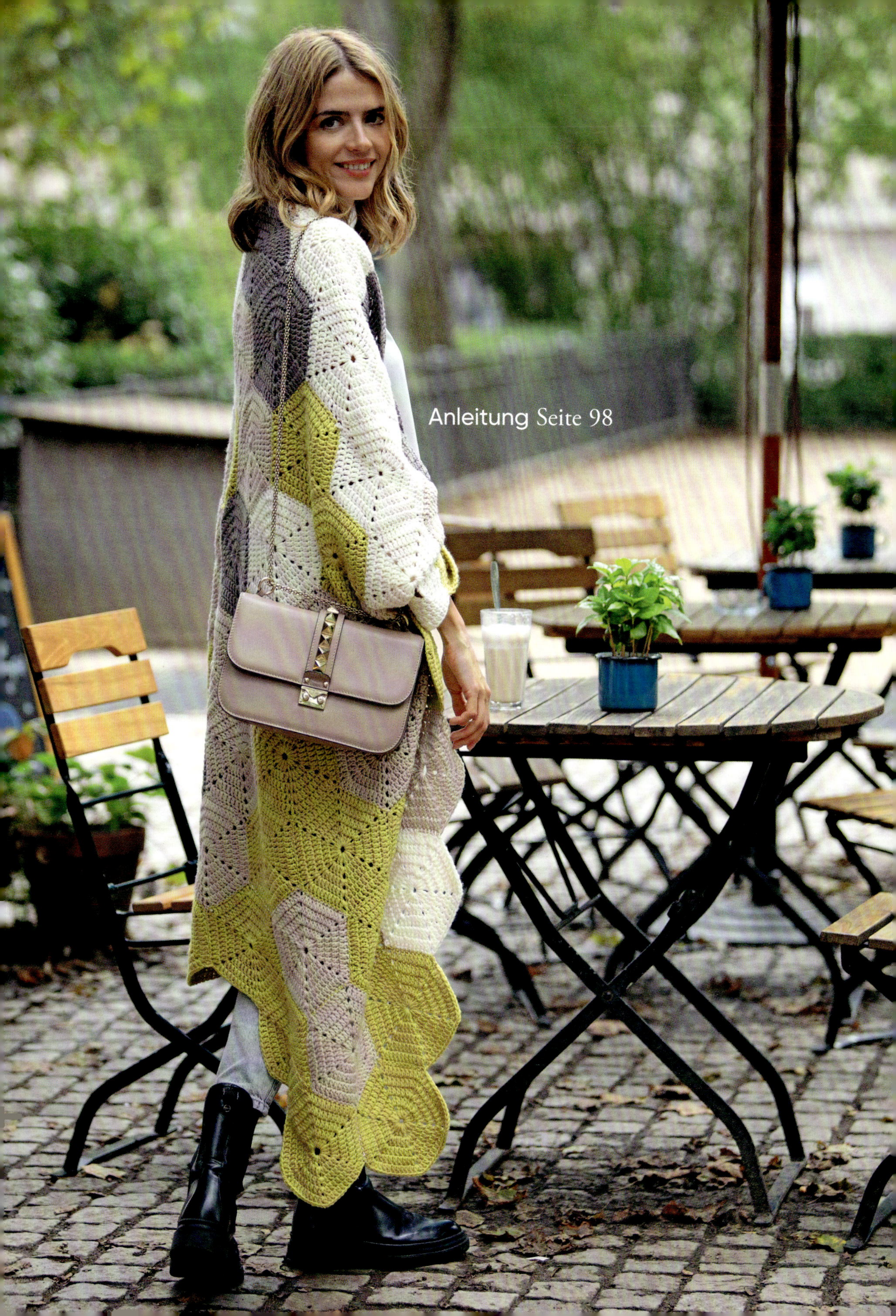

Anleitung Seite 98

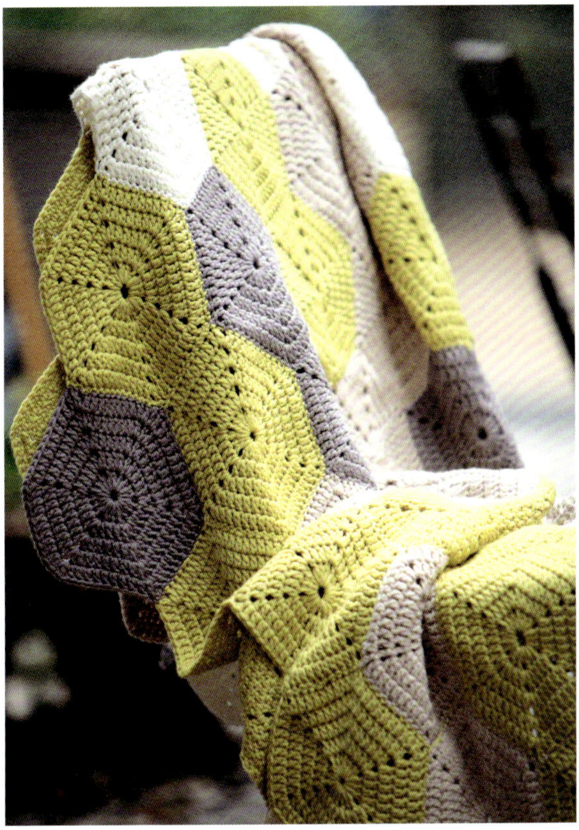

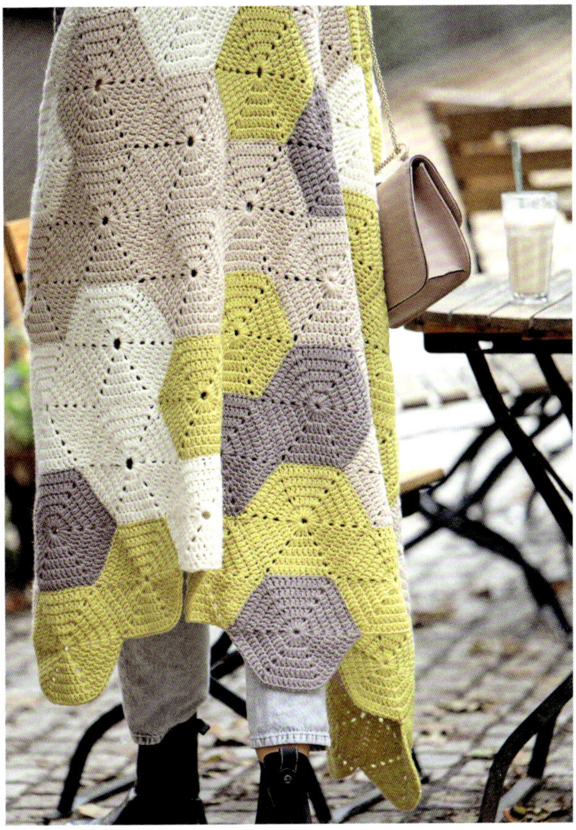

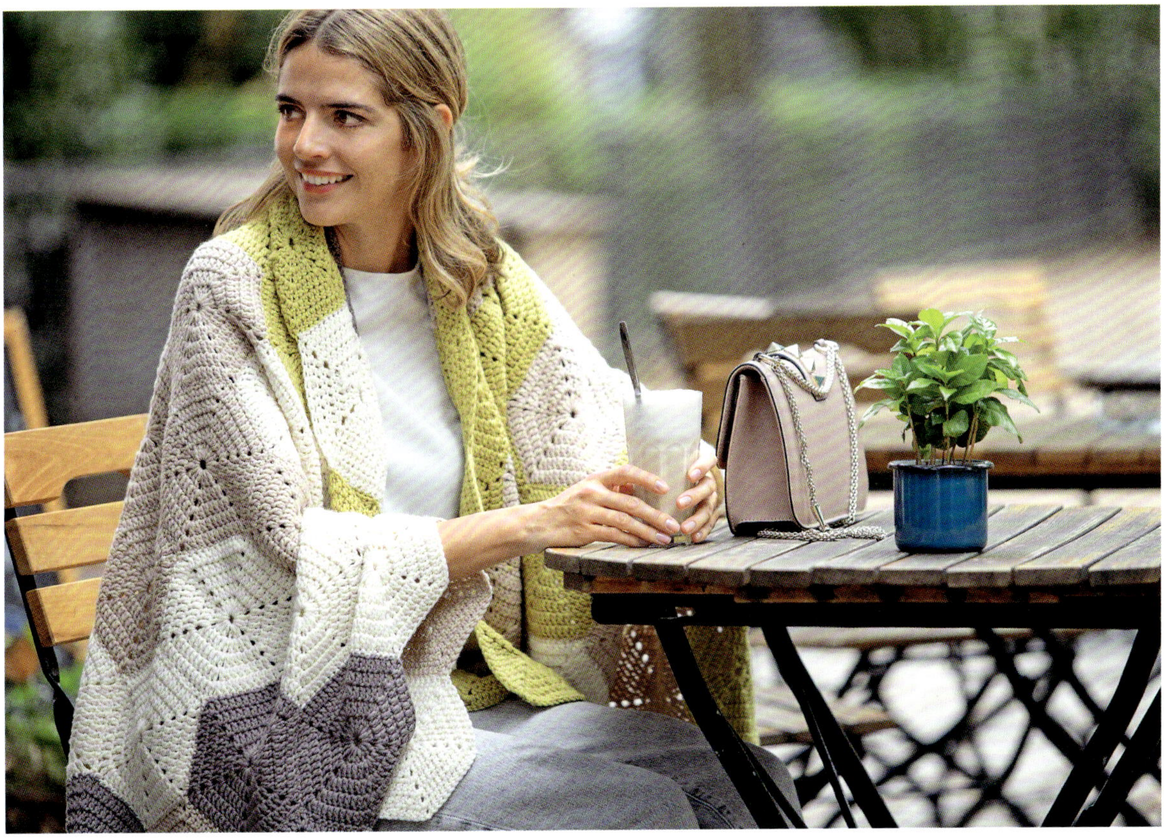

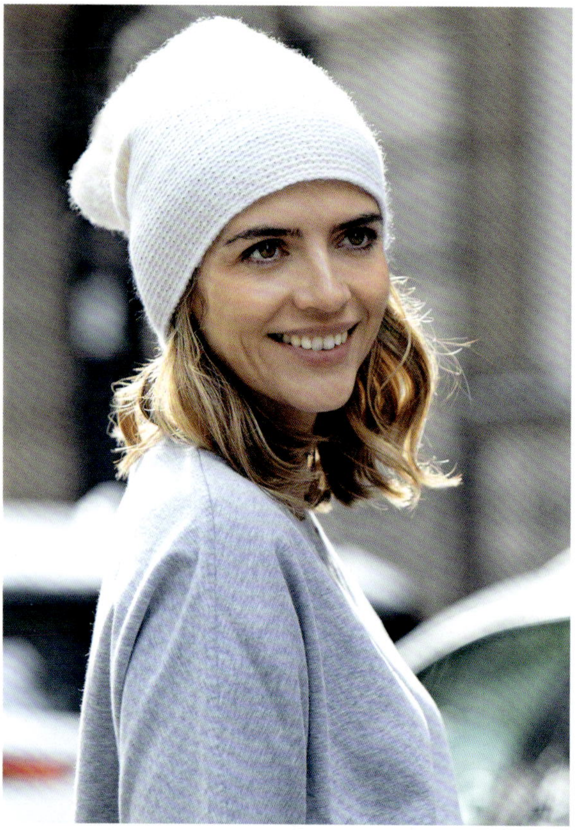

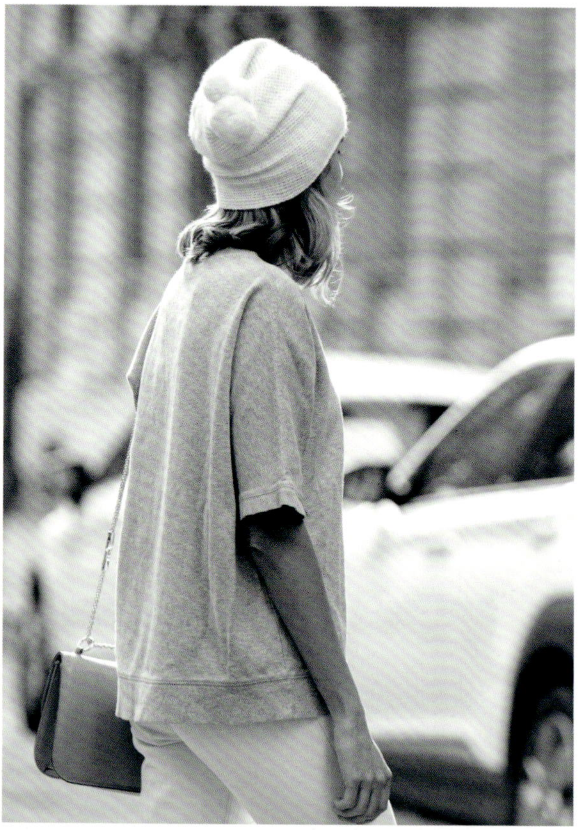

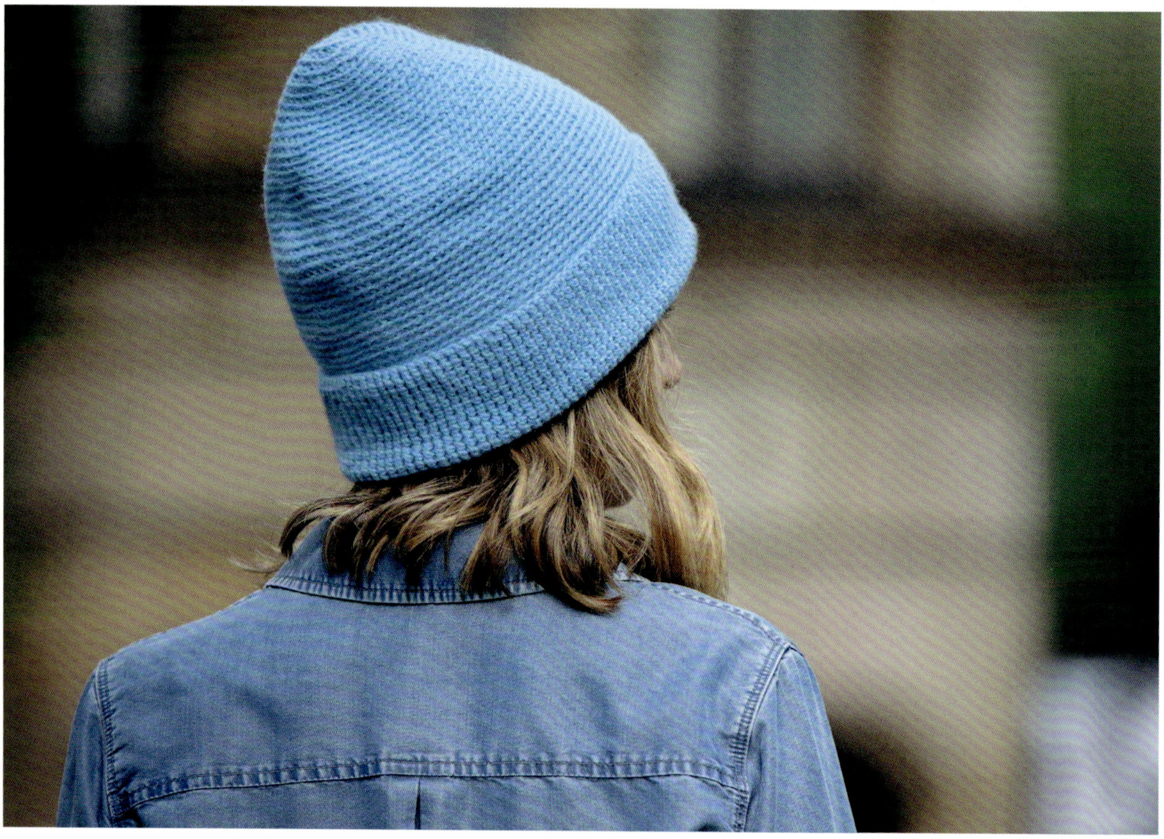

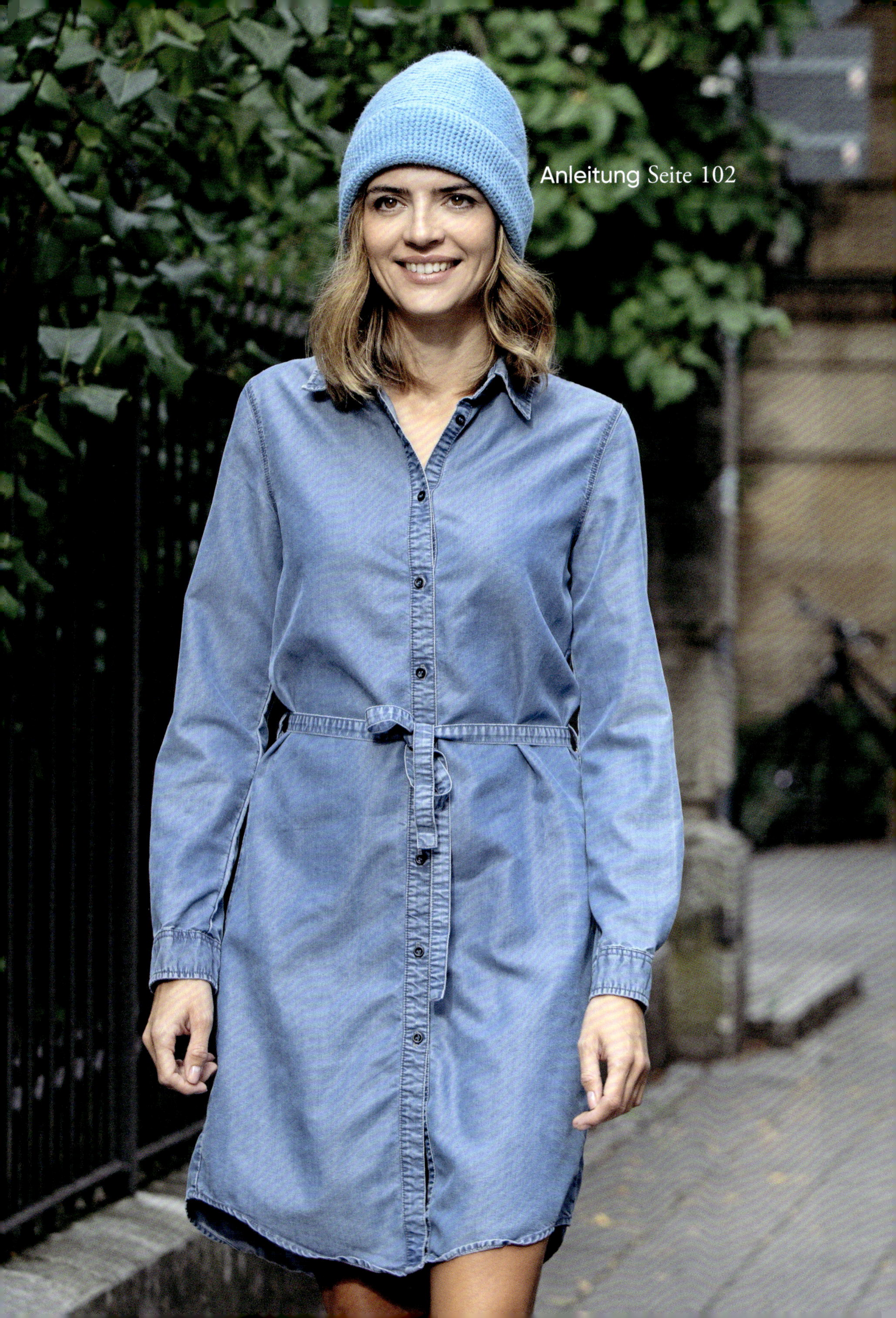

Anleitung Seite 102

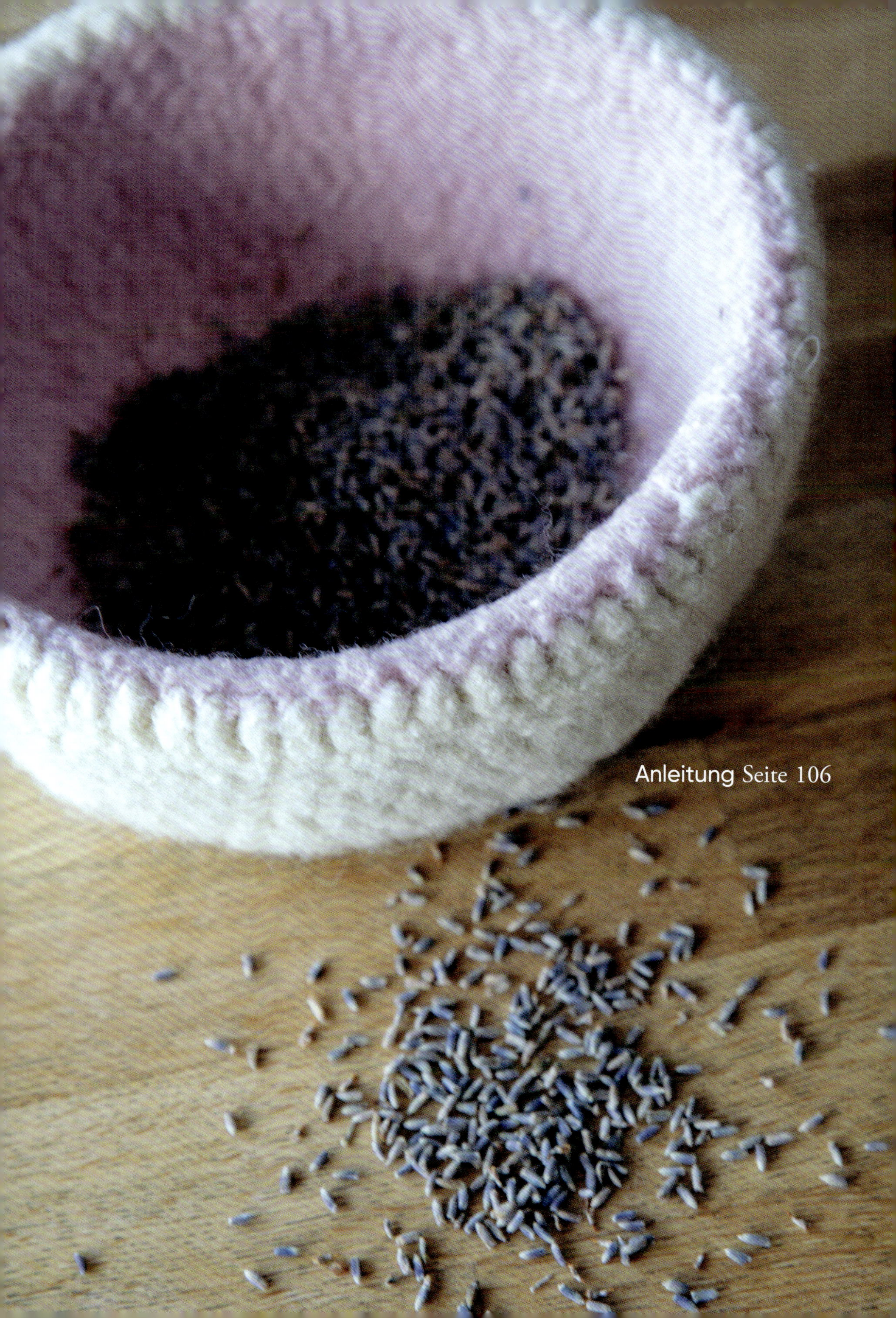

Anleitung Seite 106

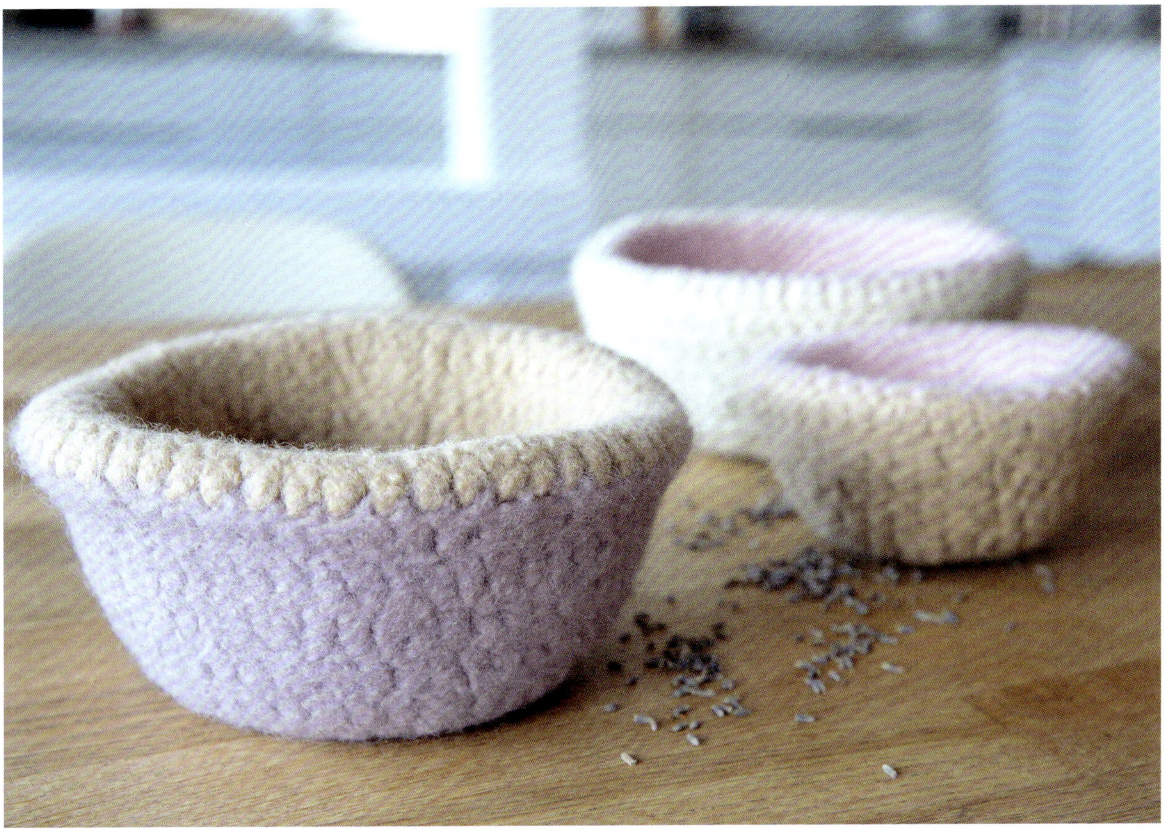

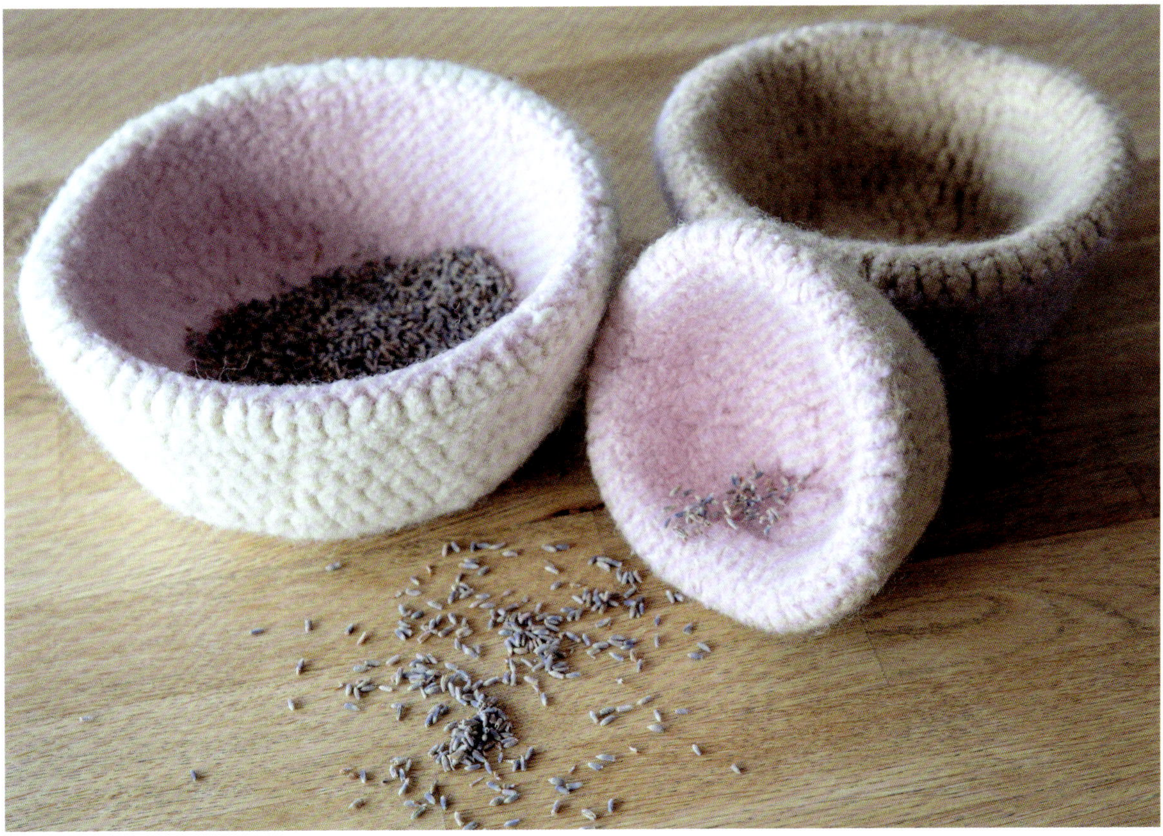

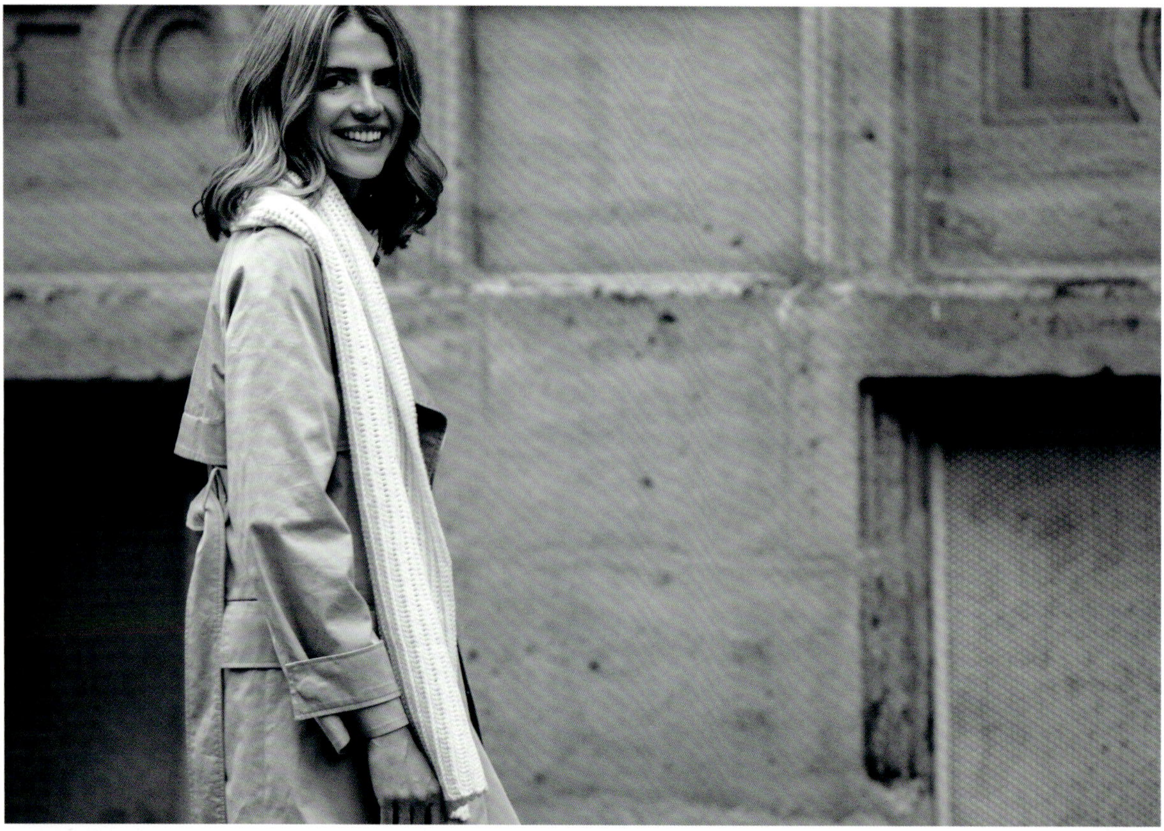

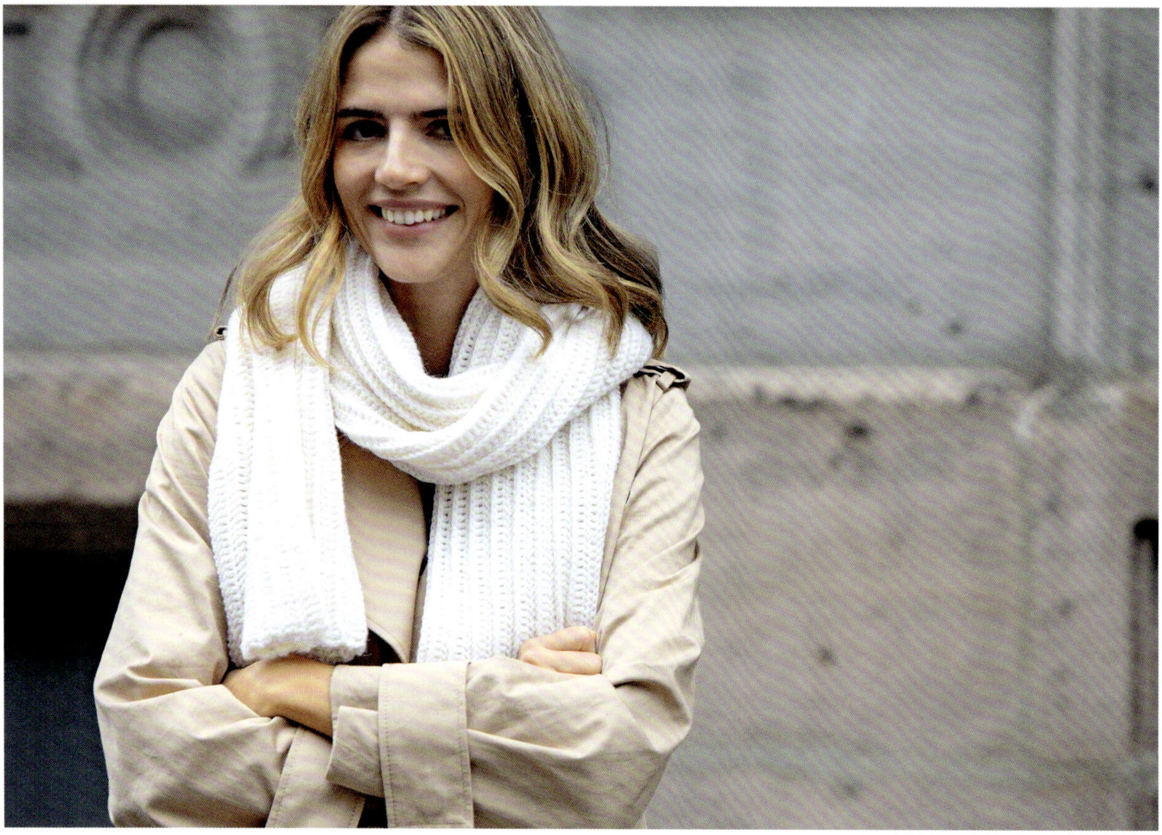

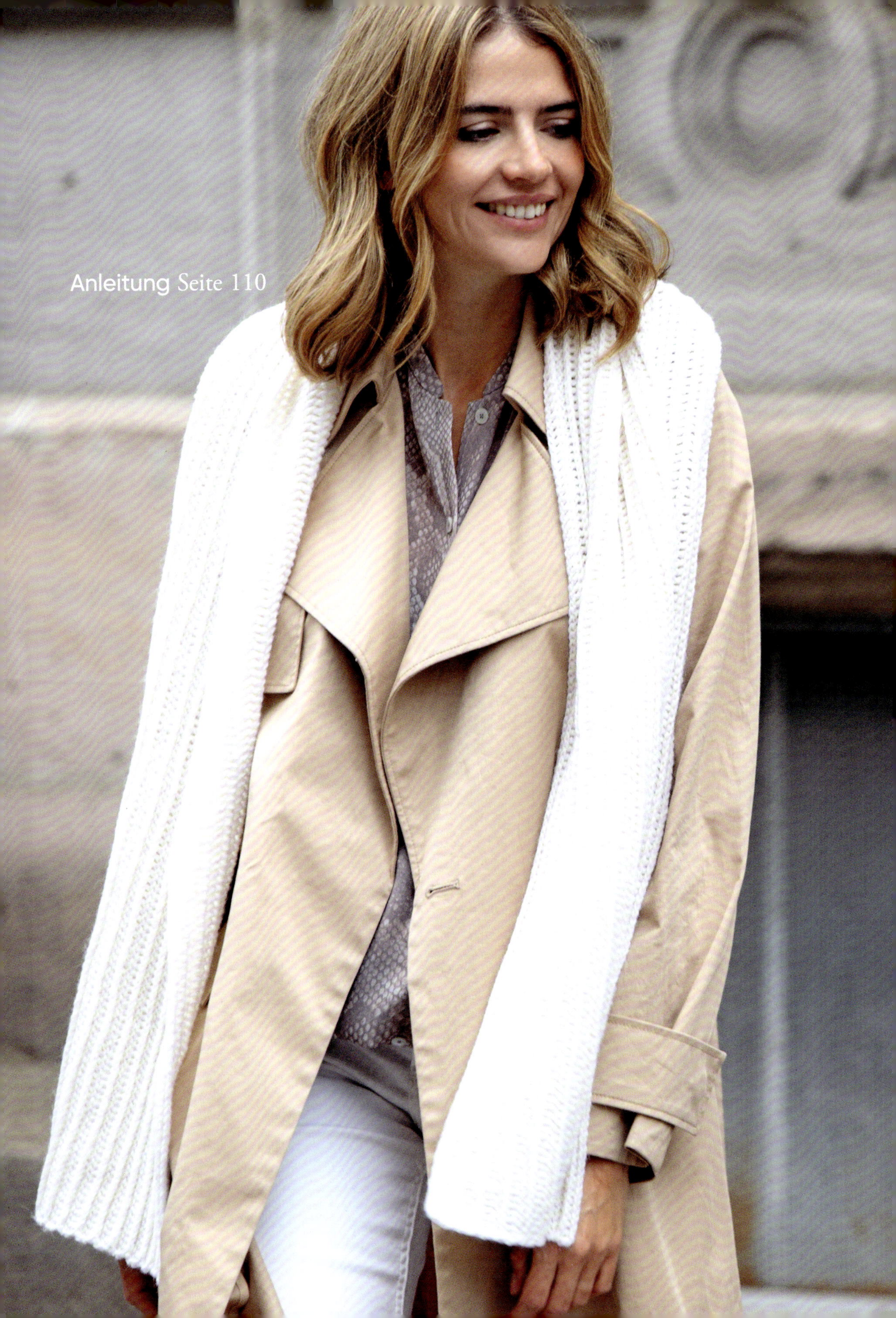

Anleitung Seite 110

Weste Soho

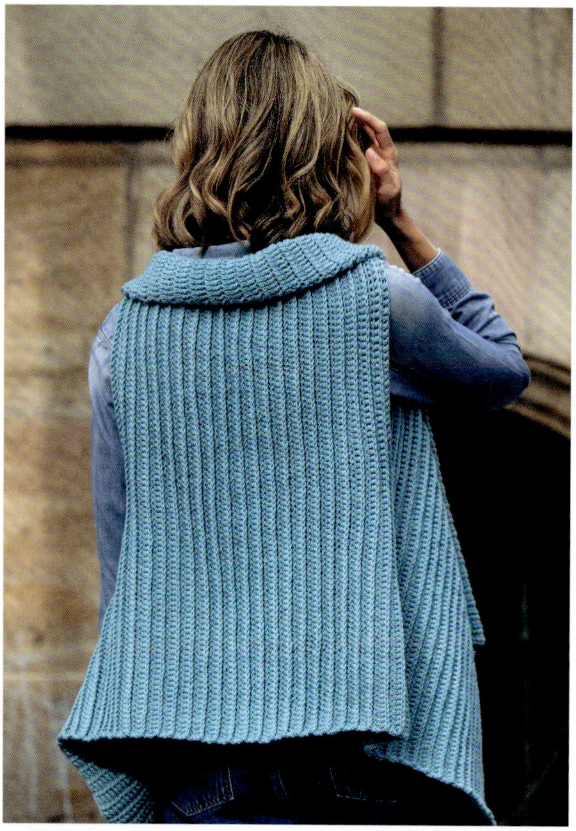

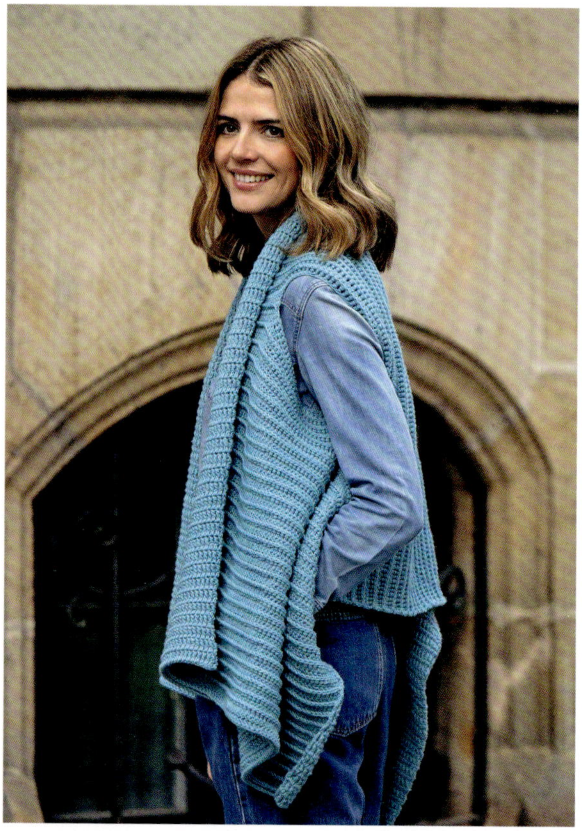

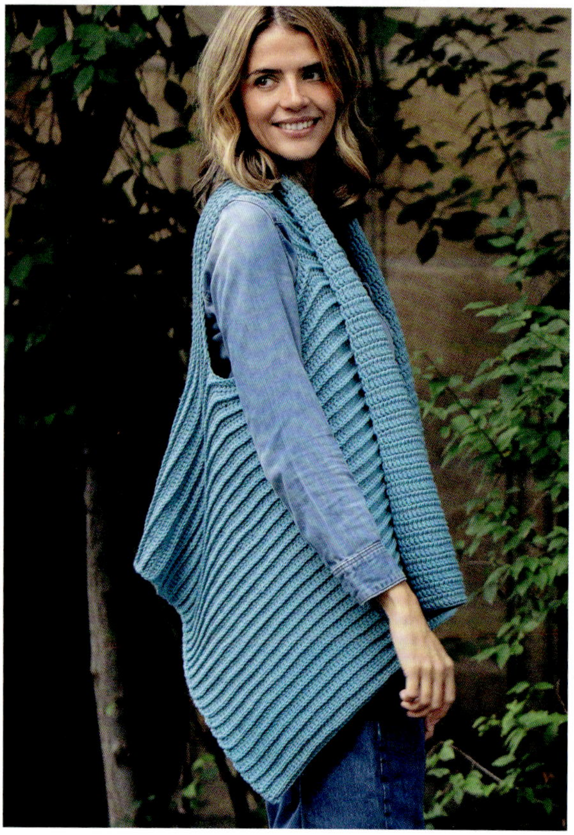

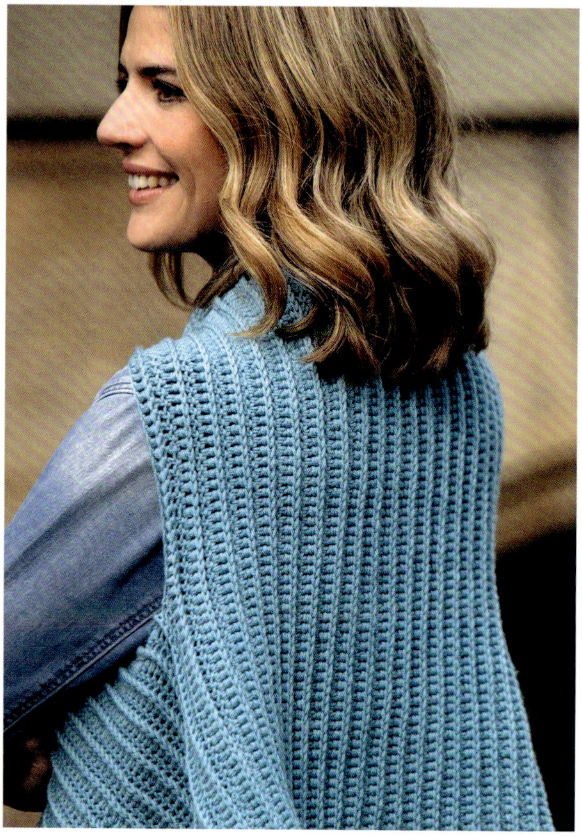

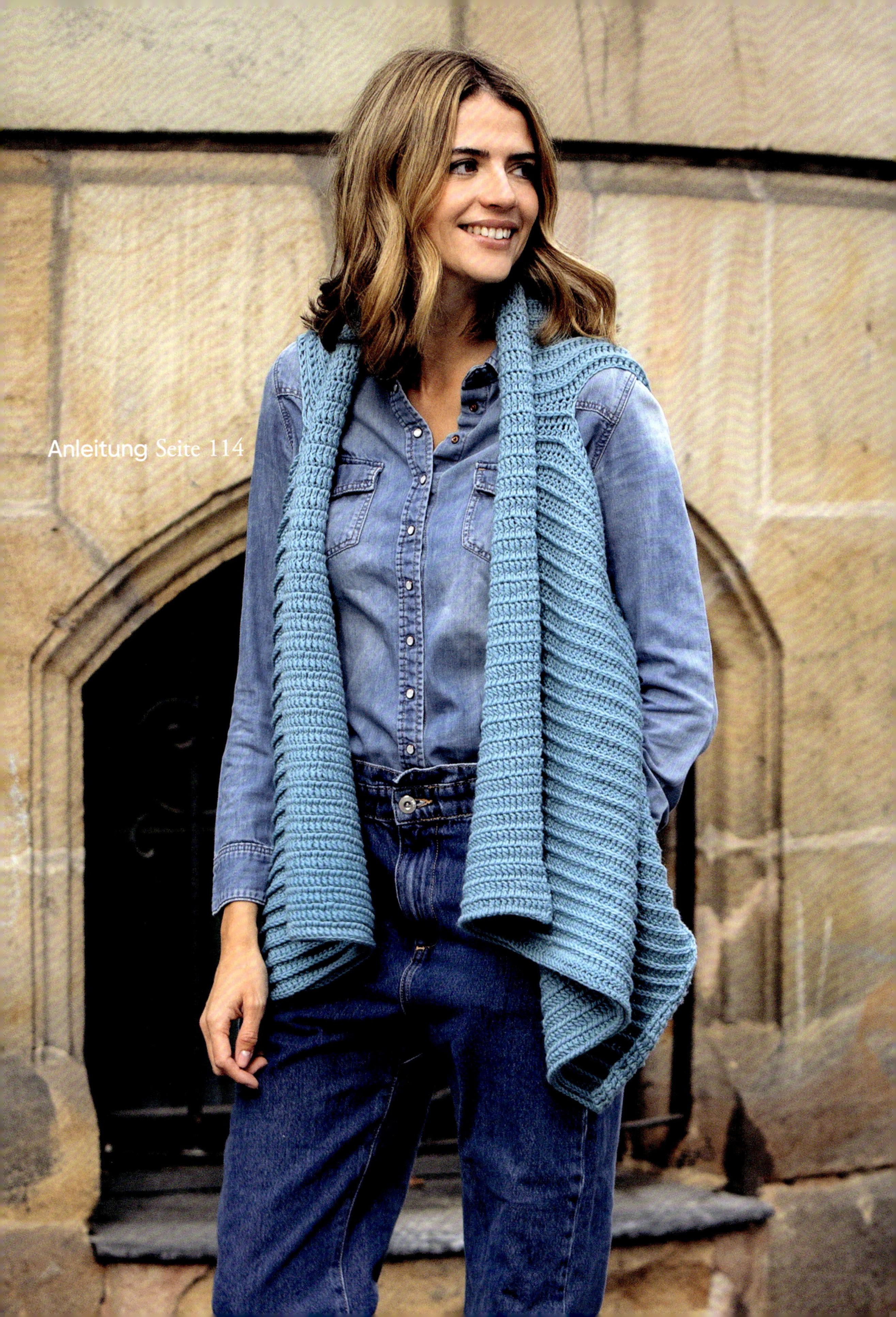

Anleitung Seite 114

Anleitung Seite 118

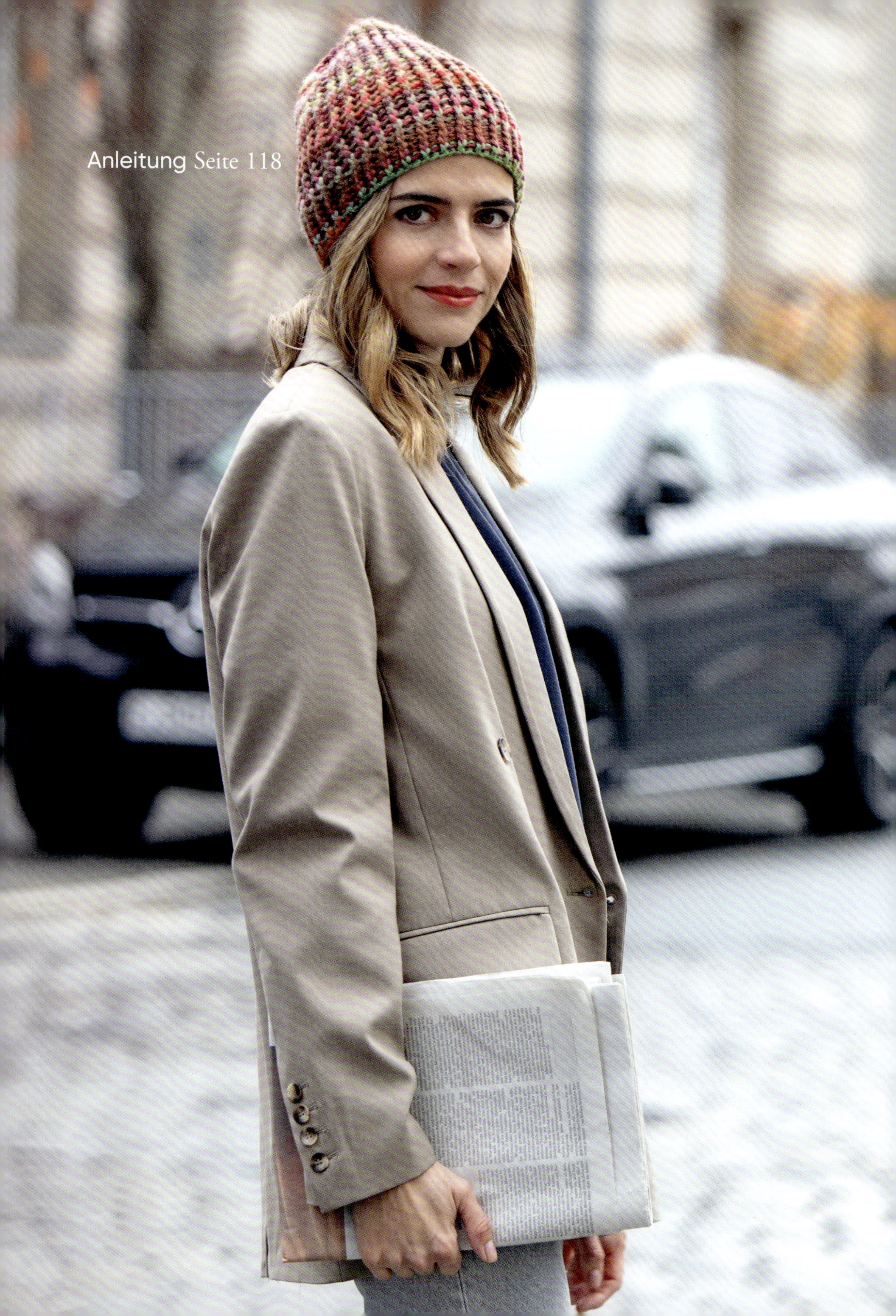

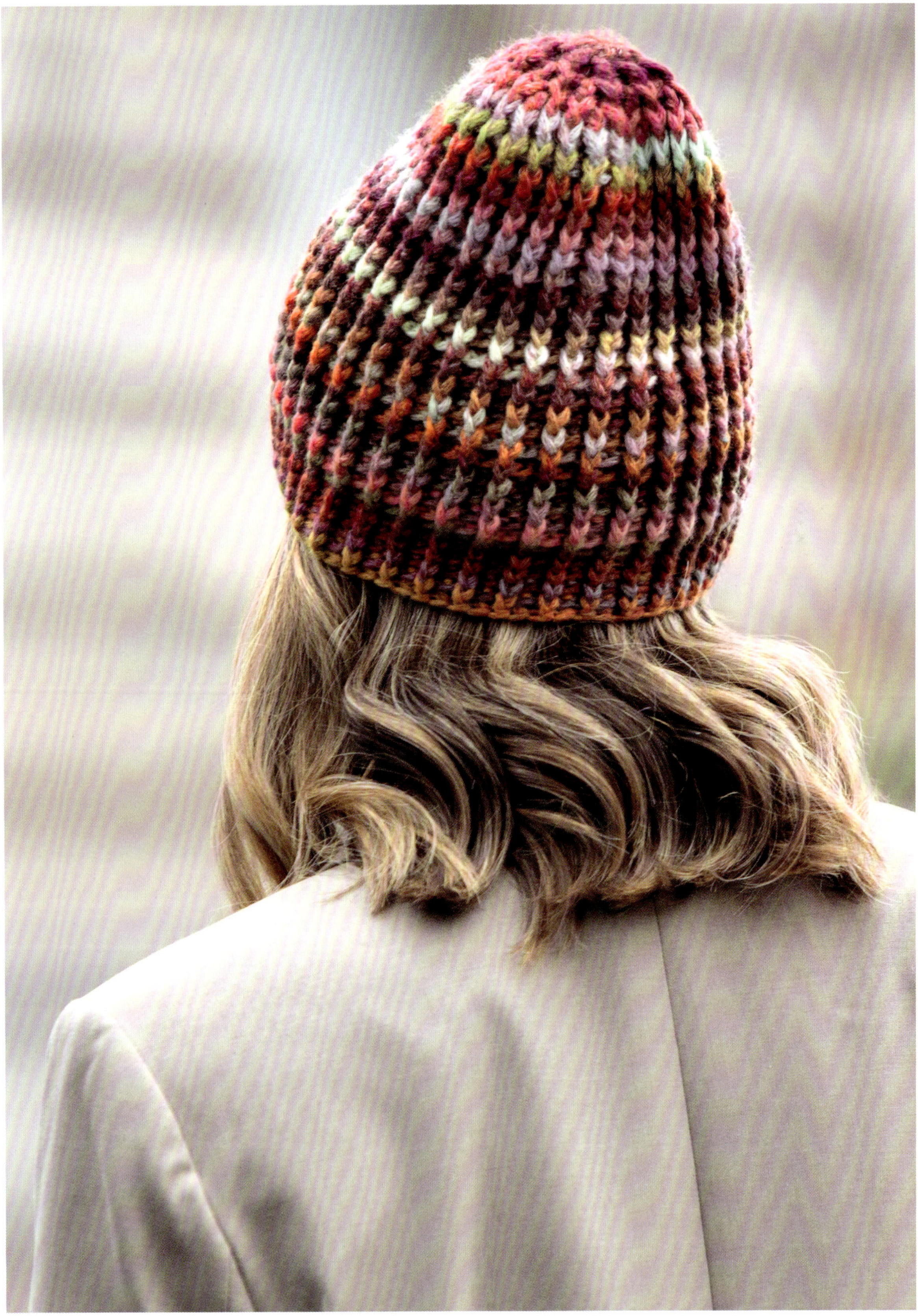

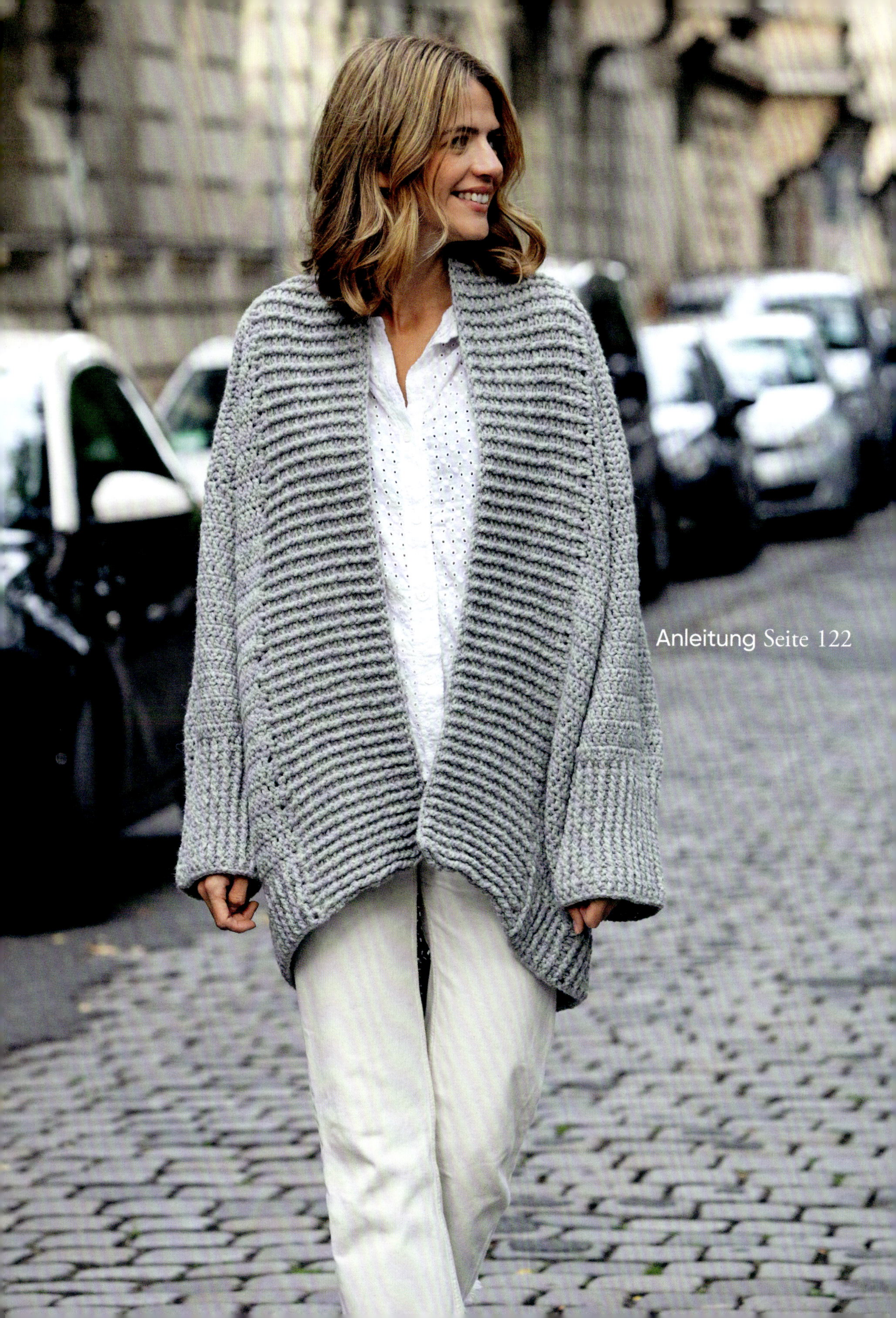

Anleitung Seite 122

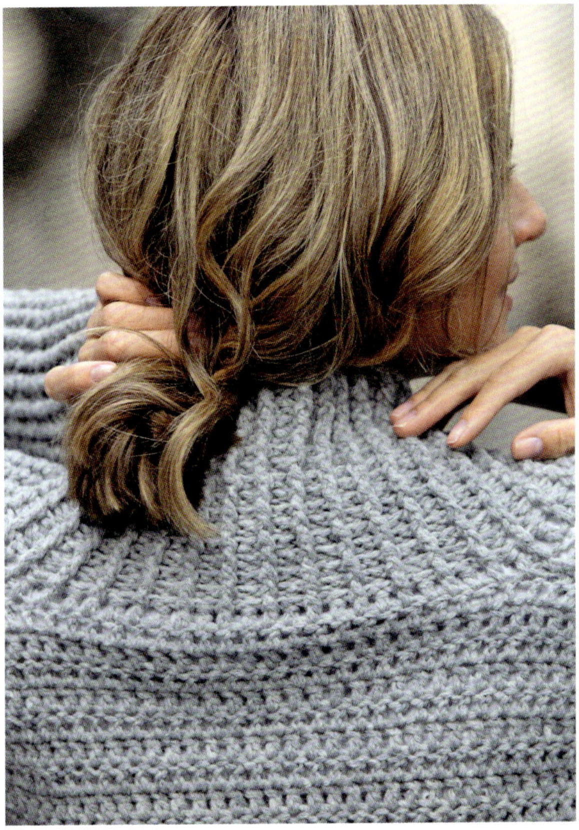

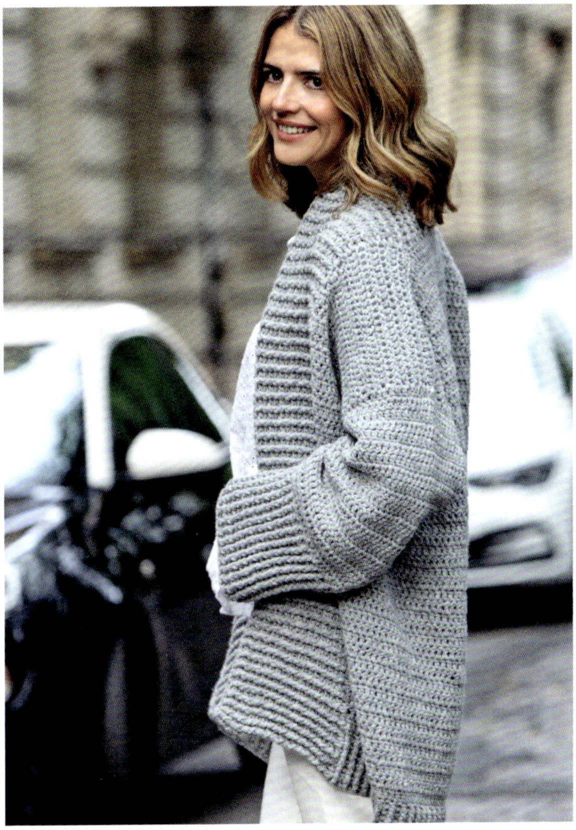

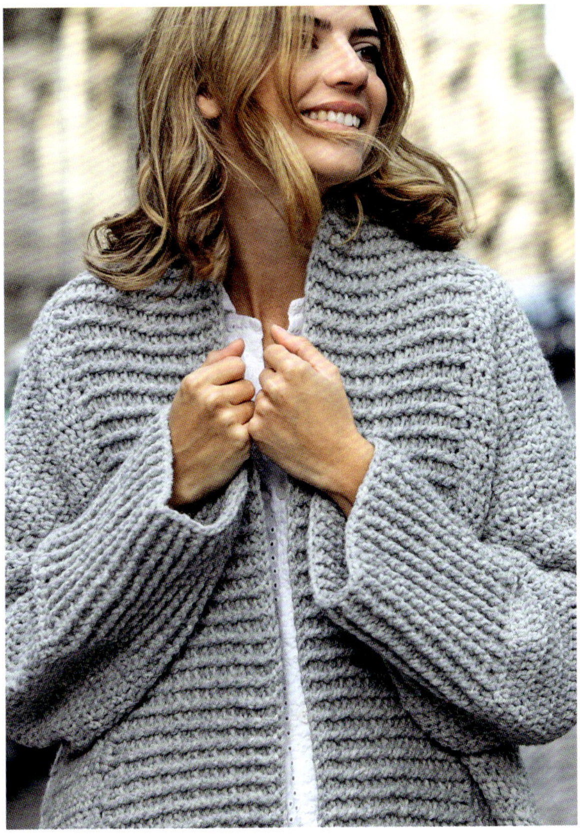

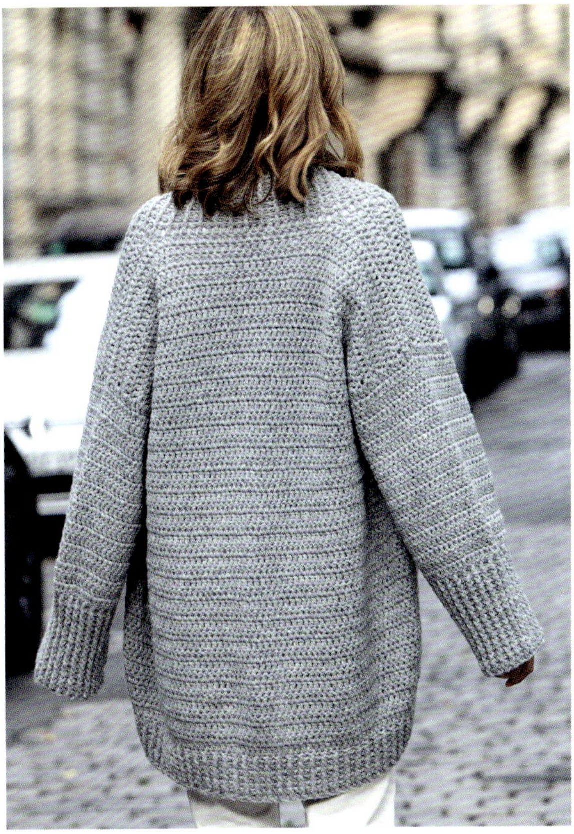

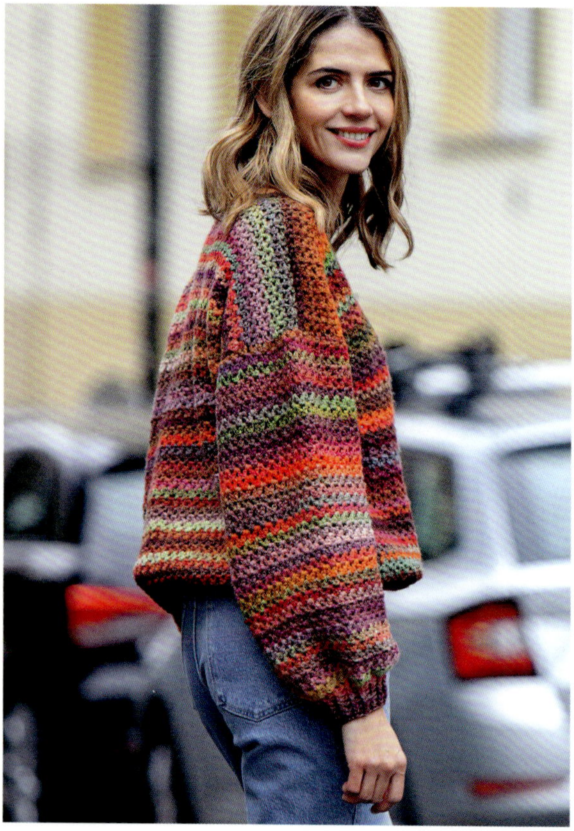

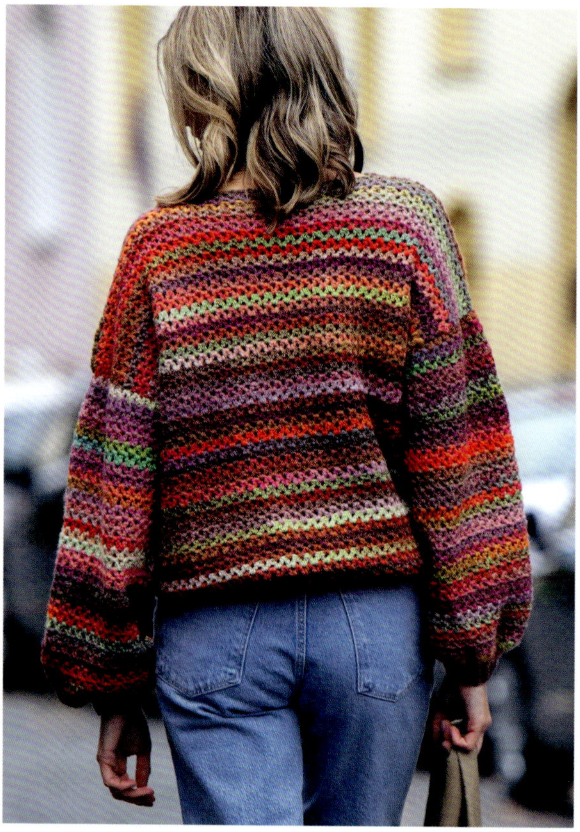

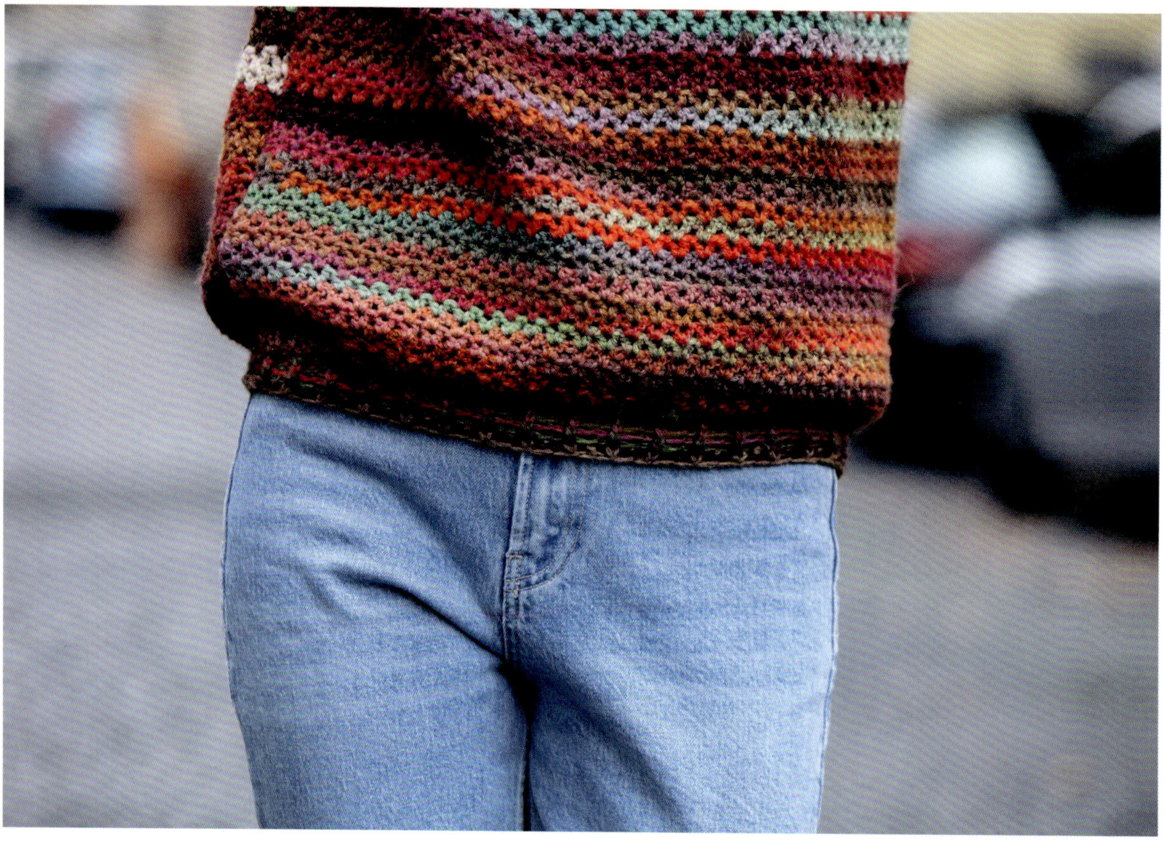

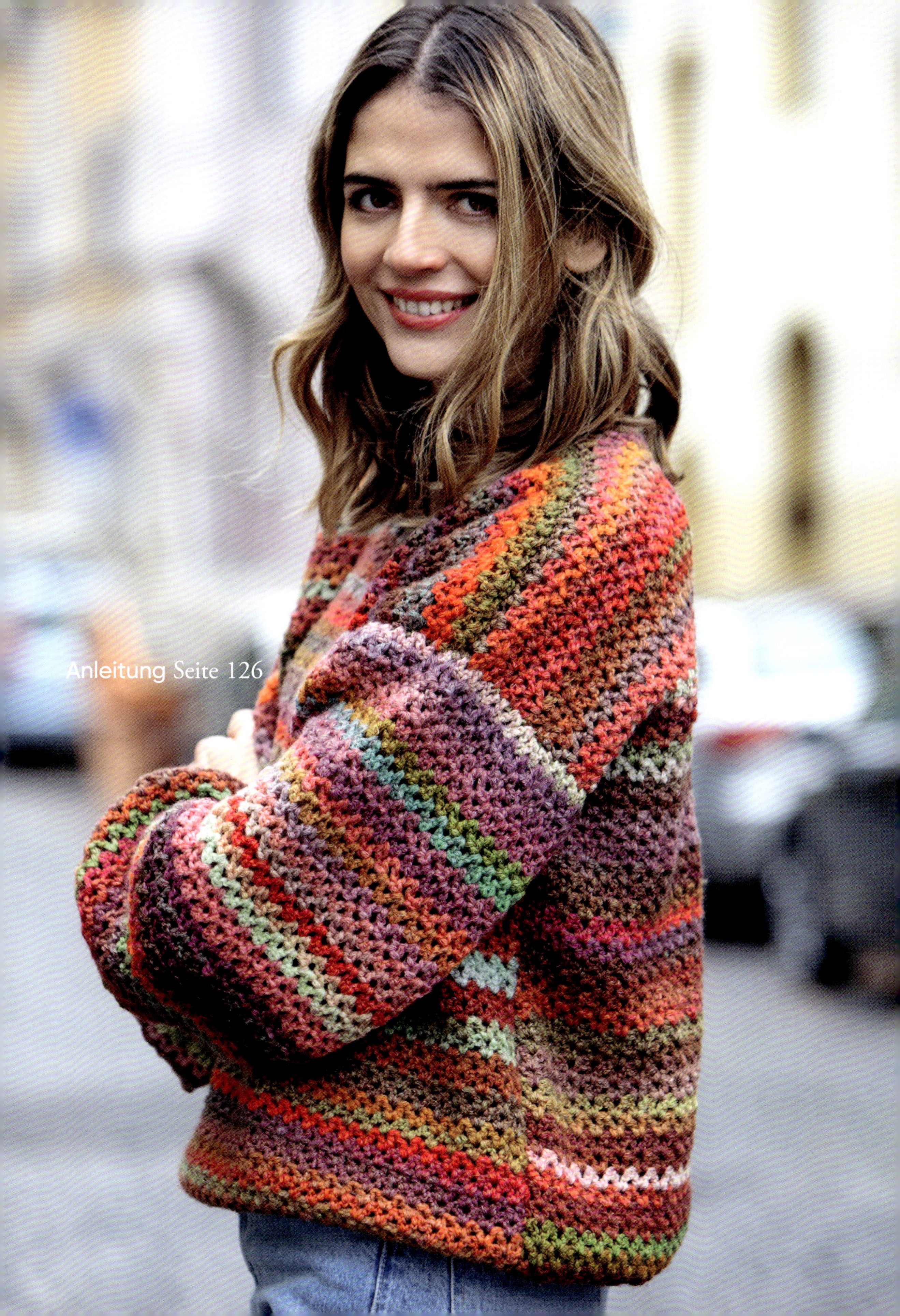

Anleitung Seite 126

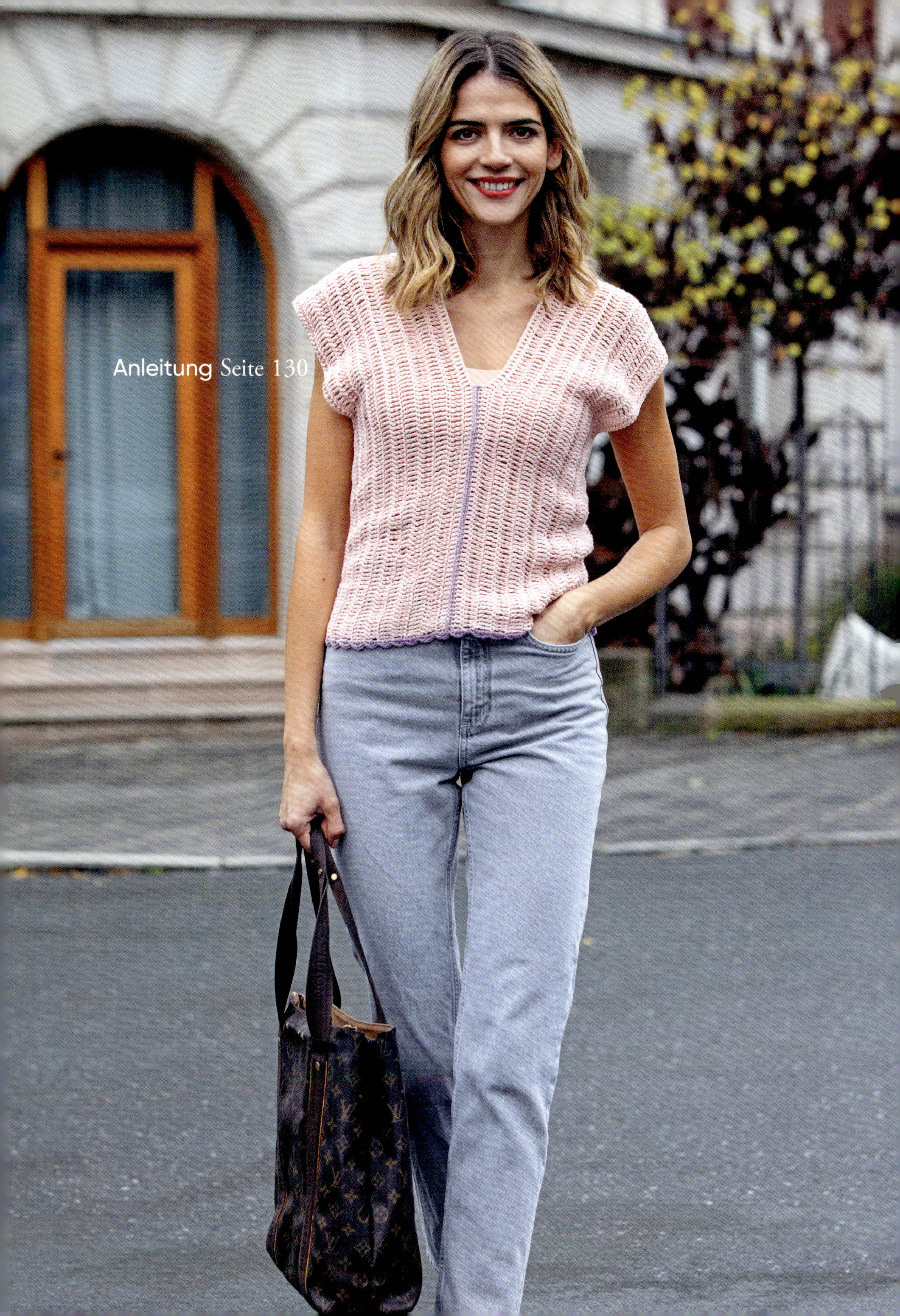
Anleitung Seite 130

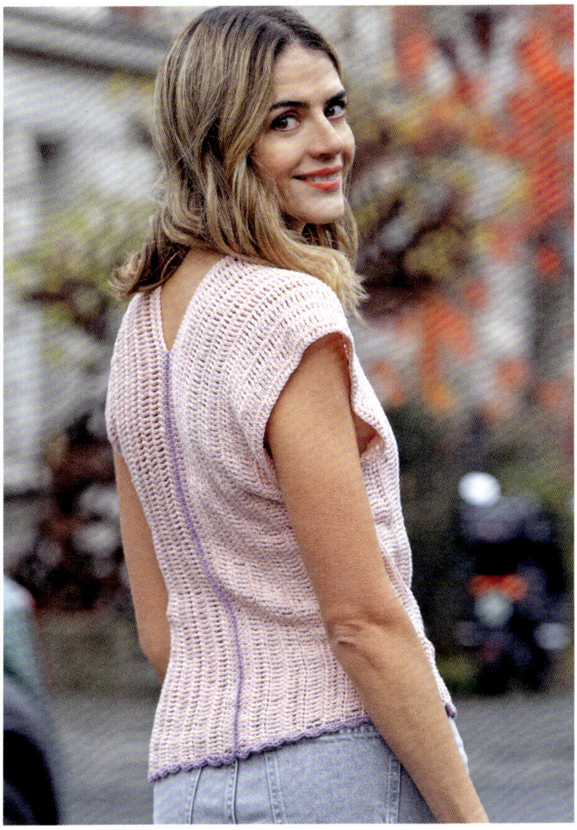

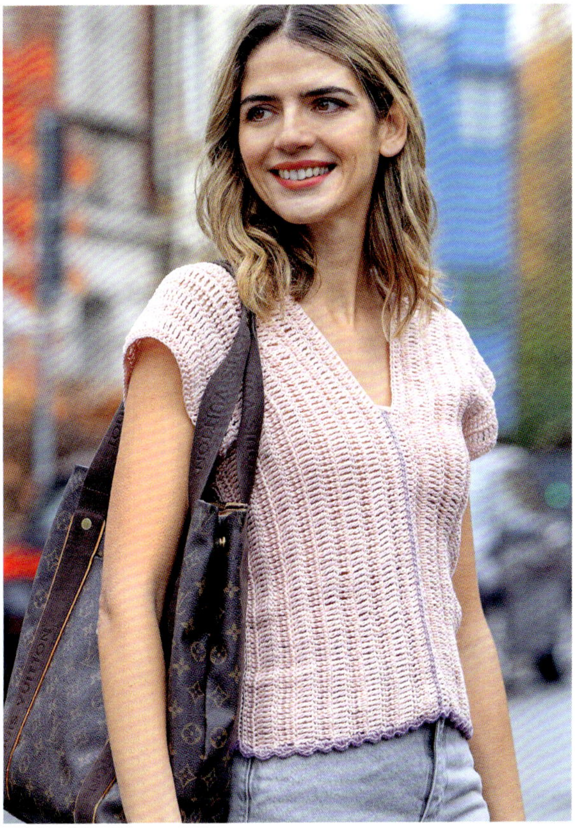

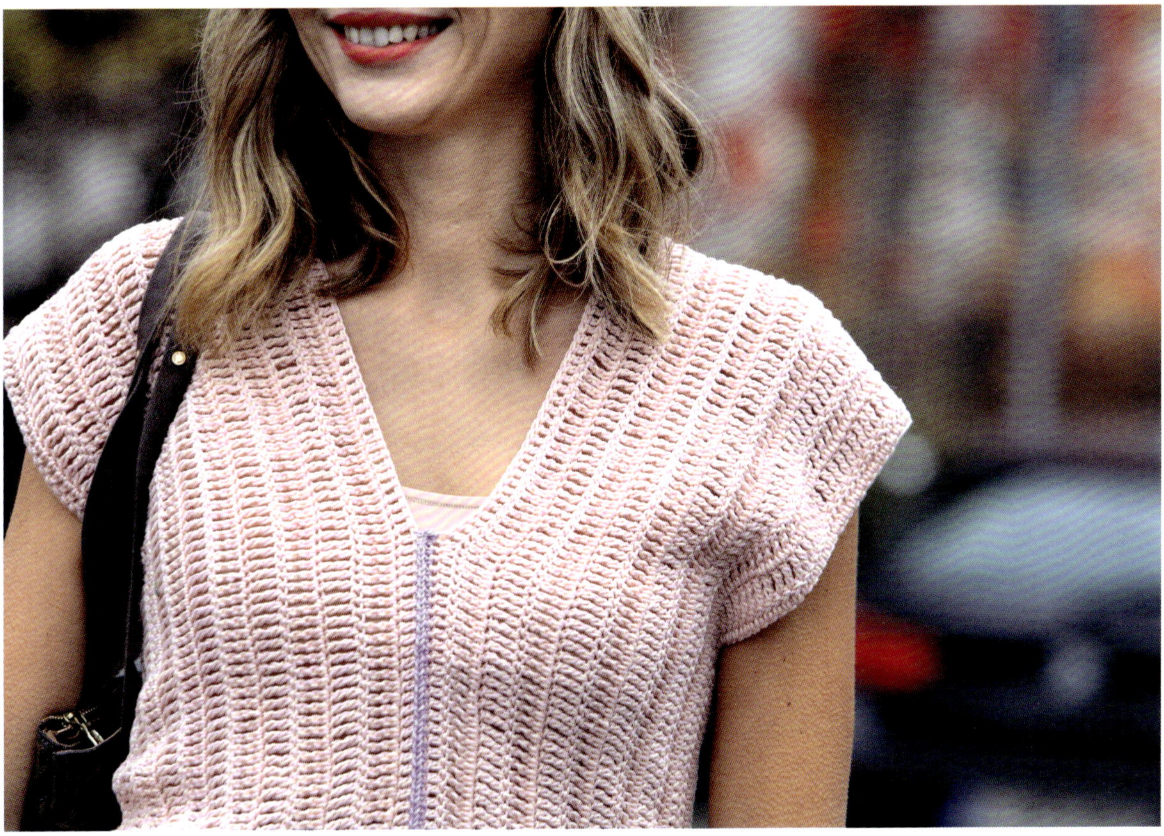

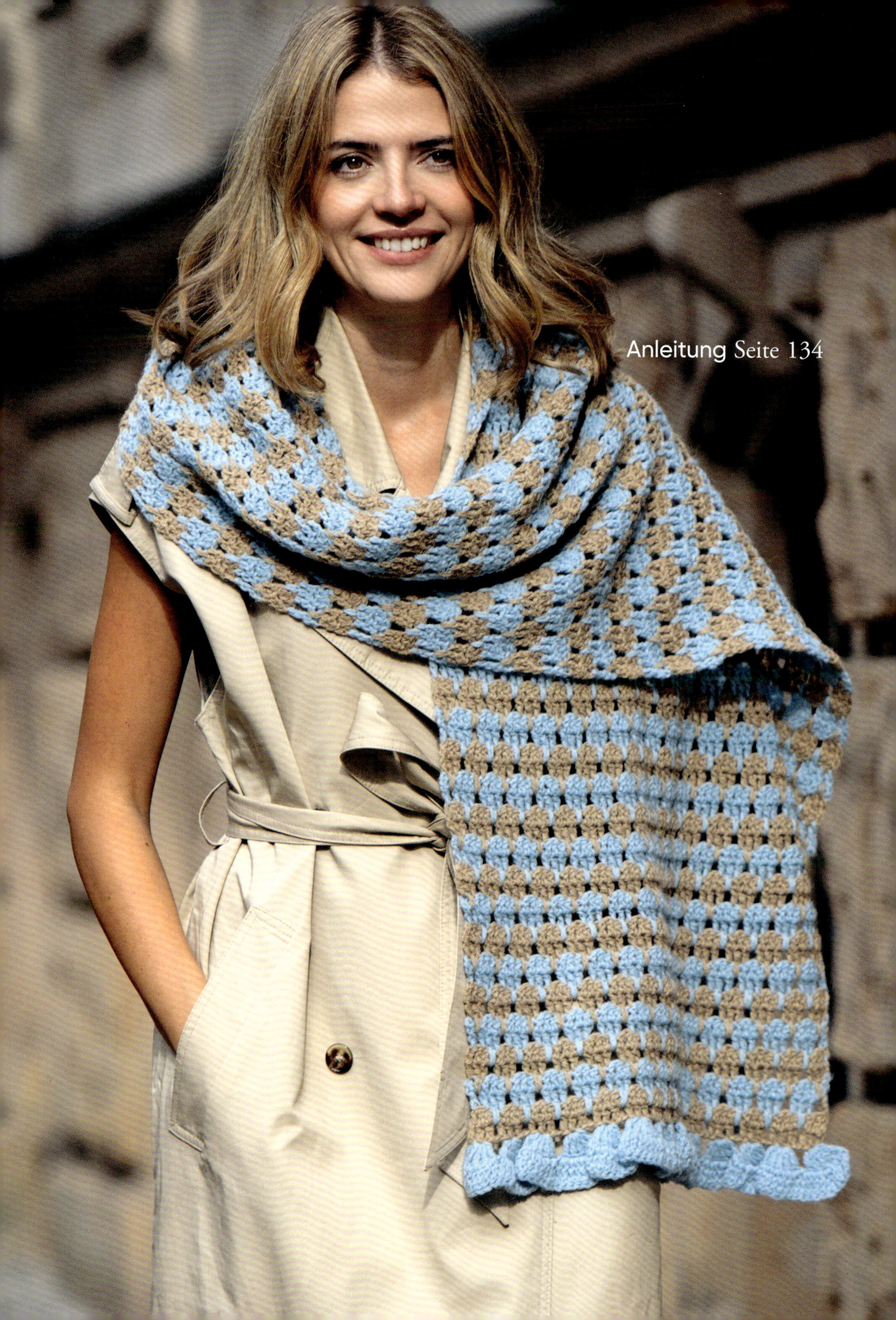

Anleitung Seite 134

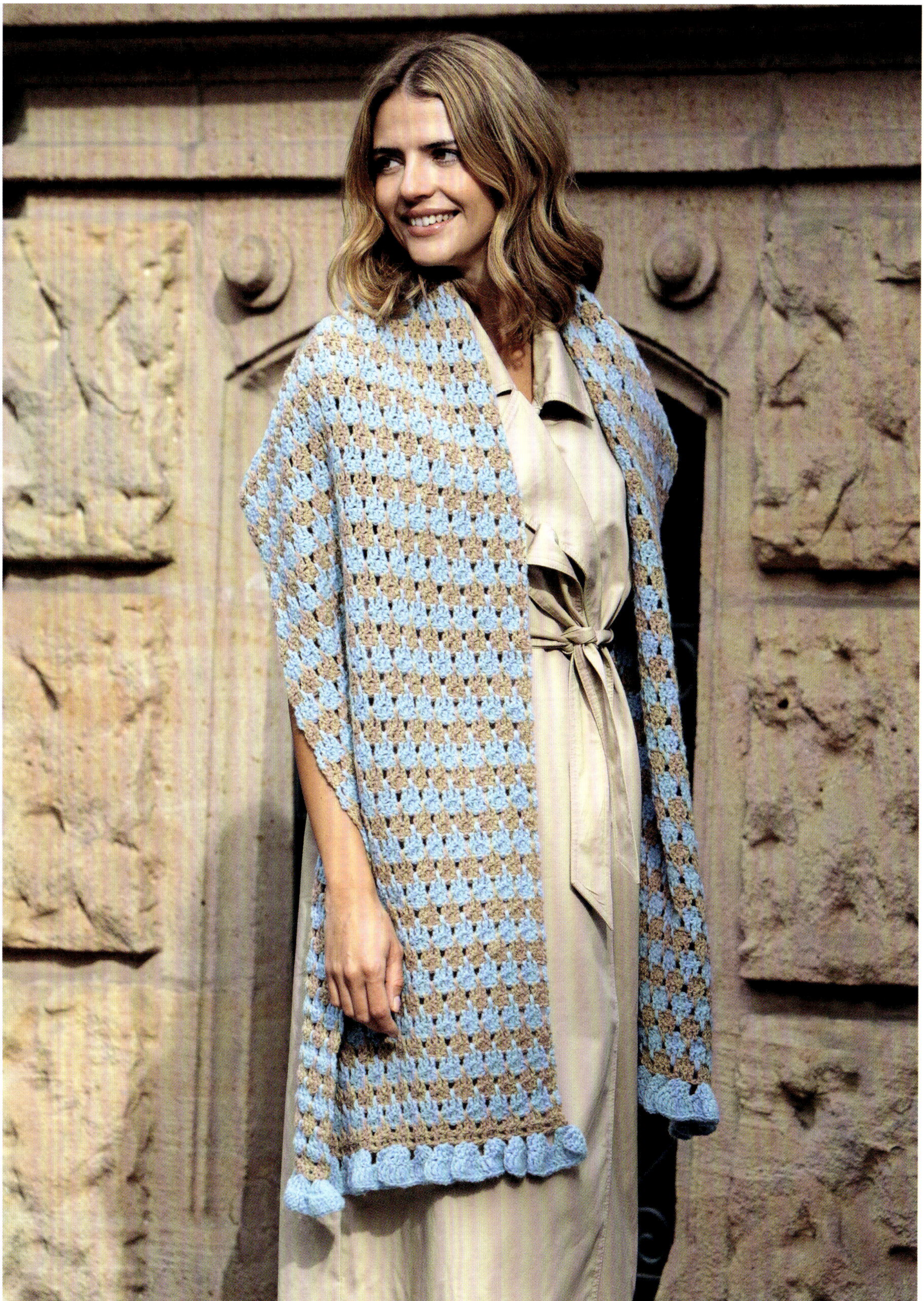

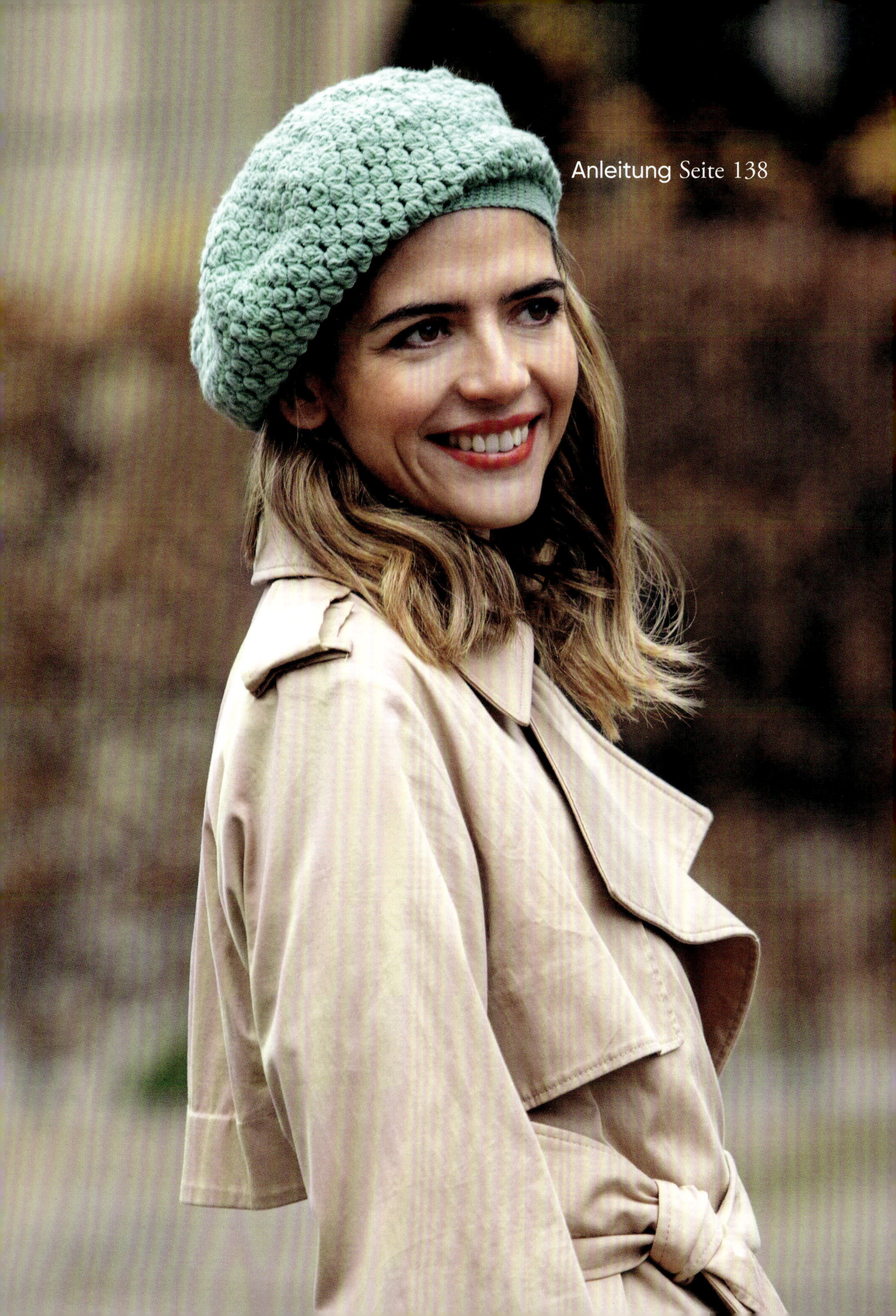

Anleitung Seite 138

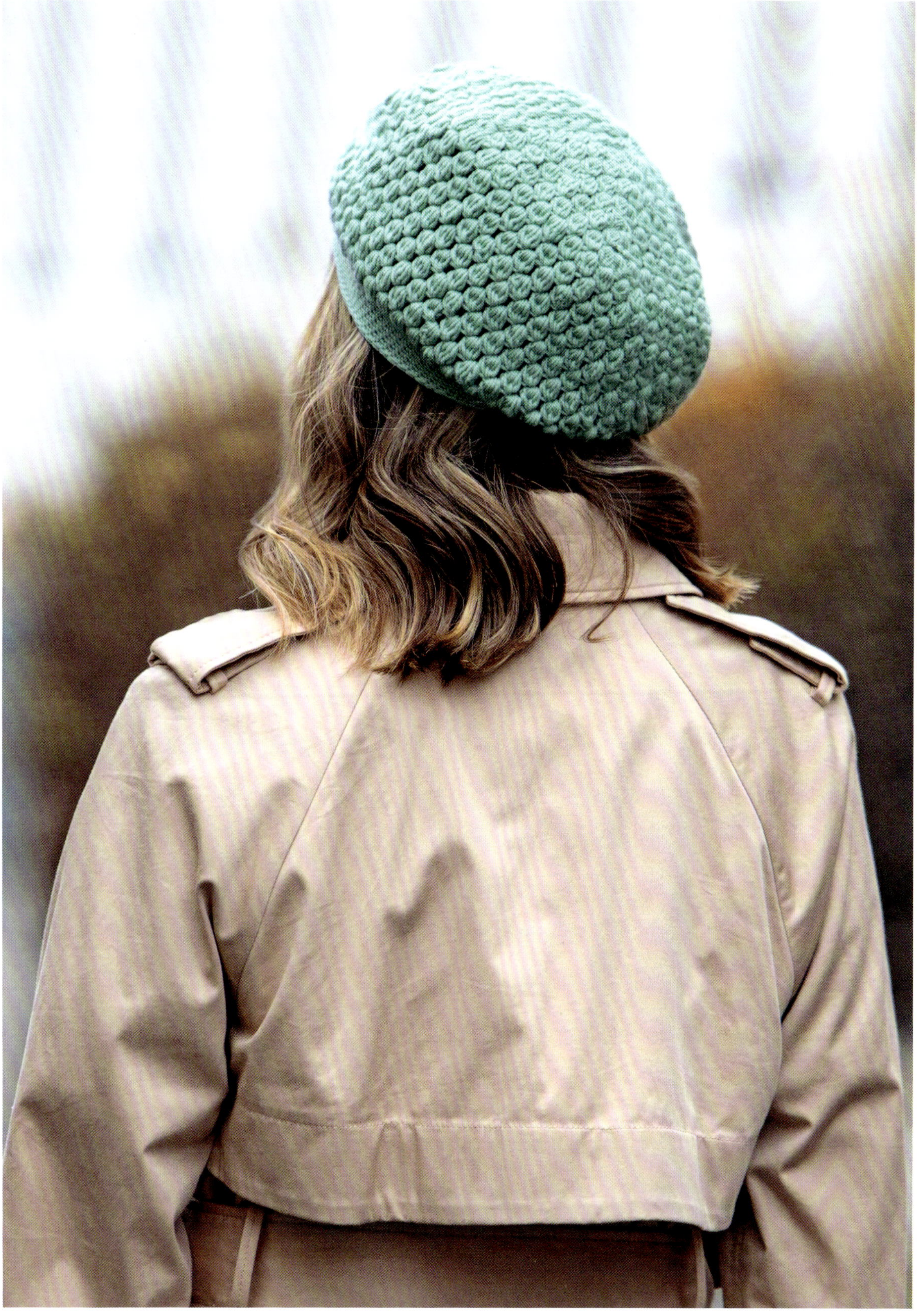

Gut zu wissen

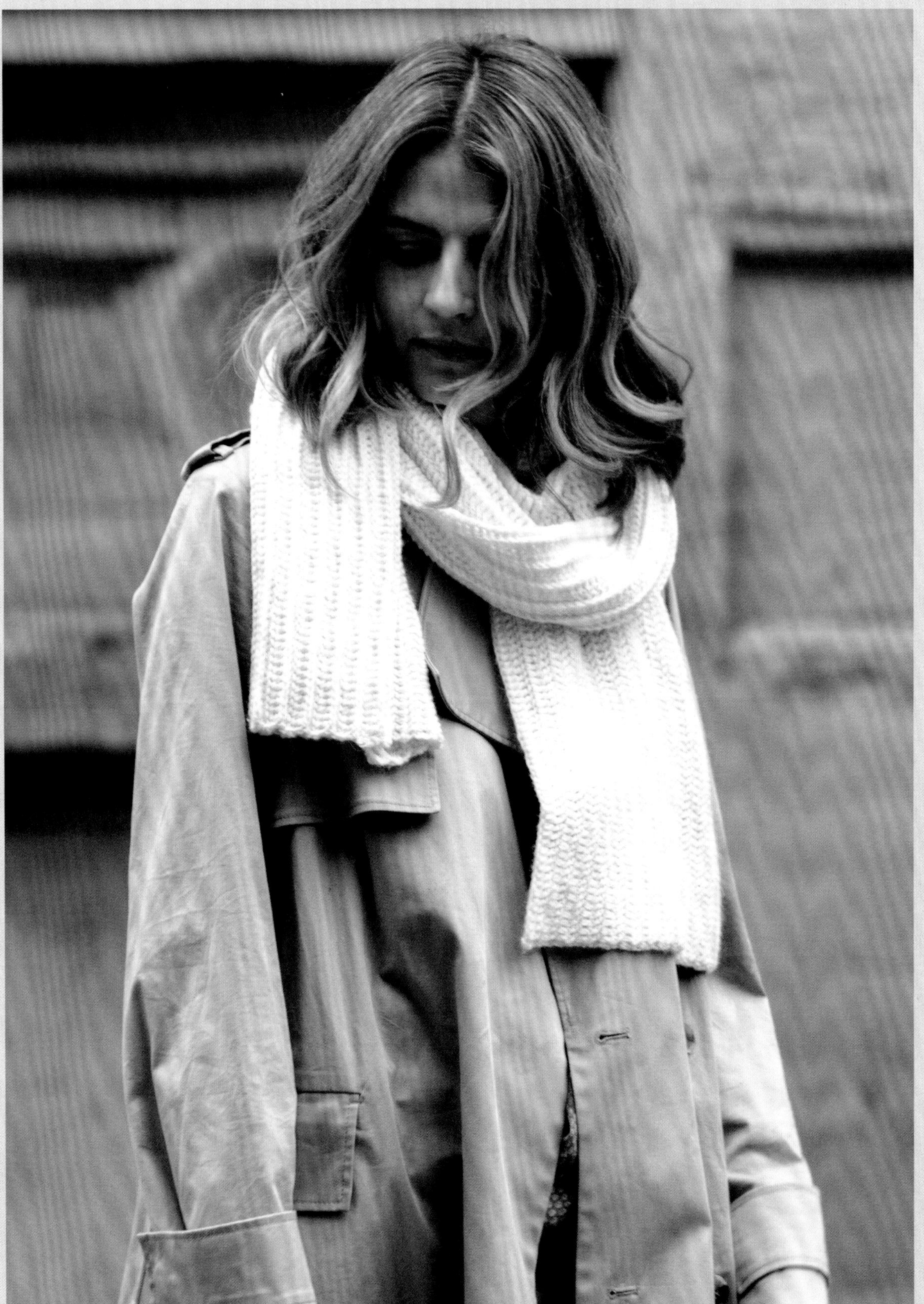

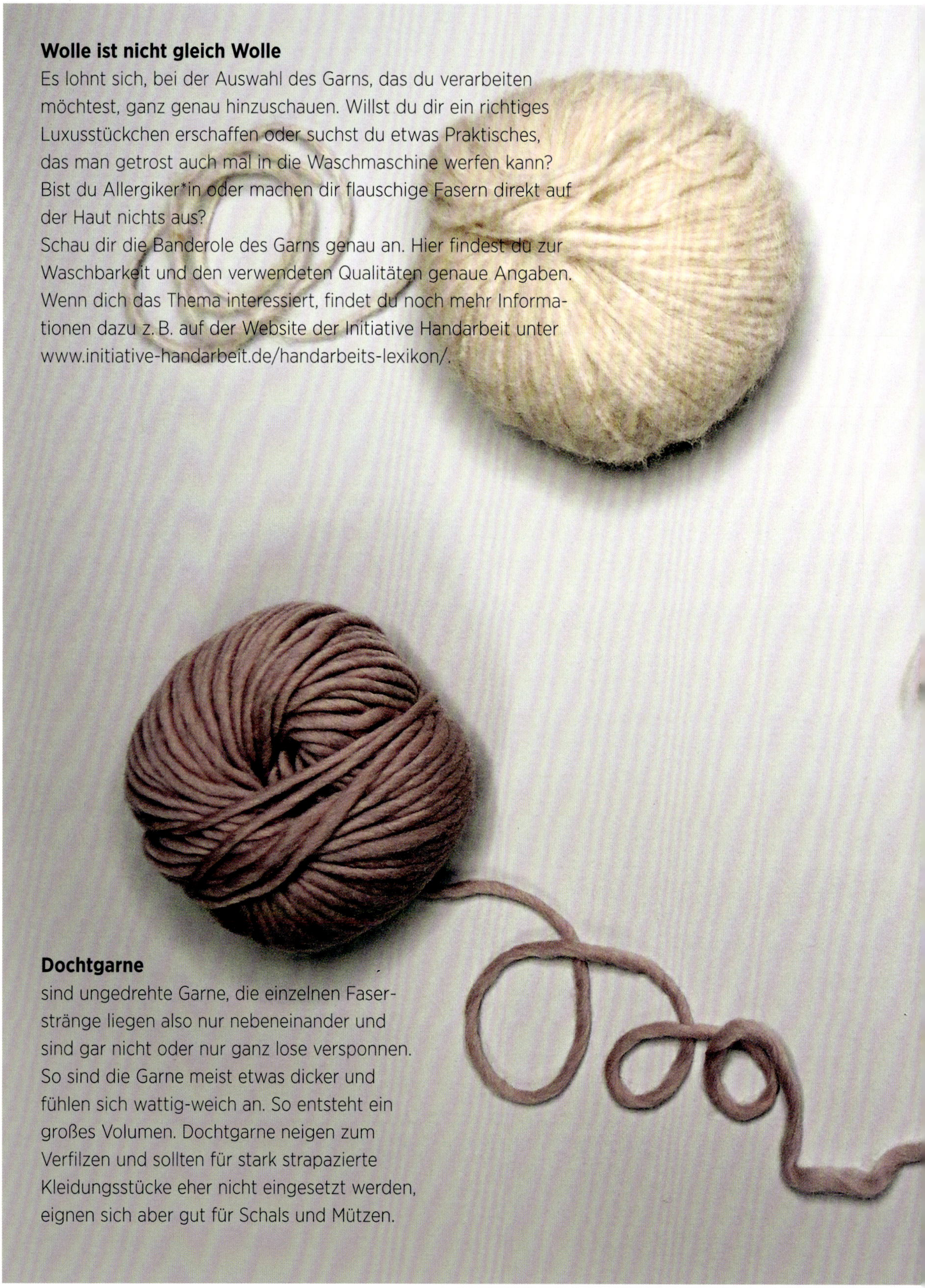

Wolle ist nicht gleich Wolle

Es lohnt sich, bei der Auswahl des Garns, das du verarbeiten möchtest, ganz genau hinzuschauen. Willst du dir ein richtiges Luxusstückchen erschaffen oder suchst du etwas Praktisches, das man getrost auch mal in die Waschmaschine werfen kann? Bist du Allergiker*in oder machen dir flauschige Fasern direkt auf der Haut nichts aus?

Schau dir die Banderole des Garns genau an. Hier findest du zur Waschbarkeit und den verwendeten Qualitäten genaue Angaben. Wenn dich das Thema interessiert, findet du noch mehr Informationen dazu z. B. auf der Website der Initiative Handarbeit unter www.initiative-handarbeit.de/handarbeits-lexikon/.

Dochtgarne

sind ungedrehte Garne, die einzelnen Faserstränge liegen also nur nebeneinander und sind gar nicht oder nur ganz lose versponnen. So sind die Garne meist etwas dicker und fühlen sich wattig-weich an. So entsteht ein großes Volumen. Dochtgarne neigen zum Verfilzen und sollten für stark strapazierte Kleidungsstücke eher nicht eingesetzt werden, eignen sich aber gut für Schals und Mützen.

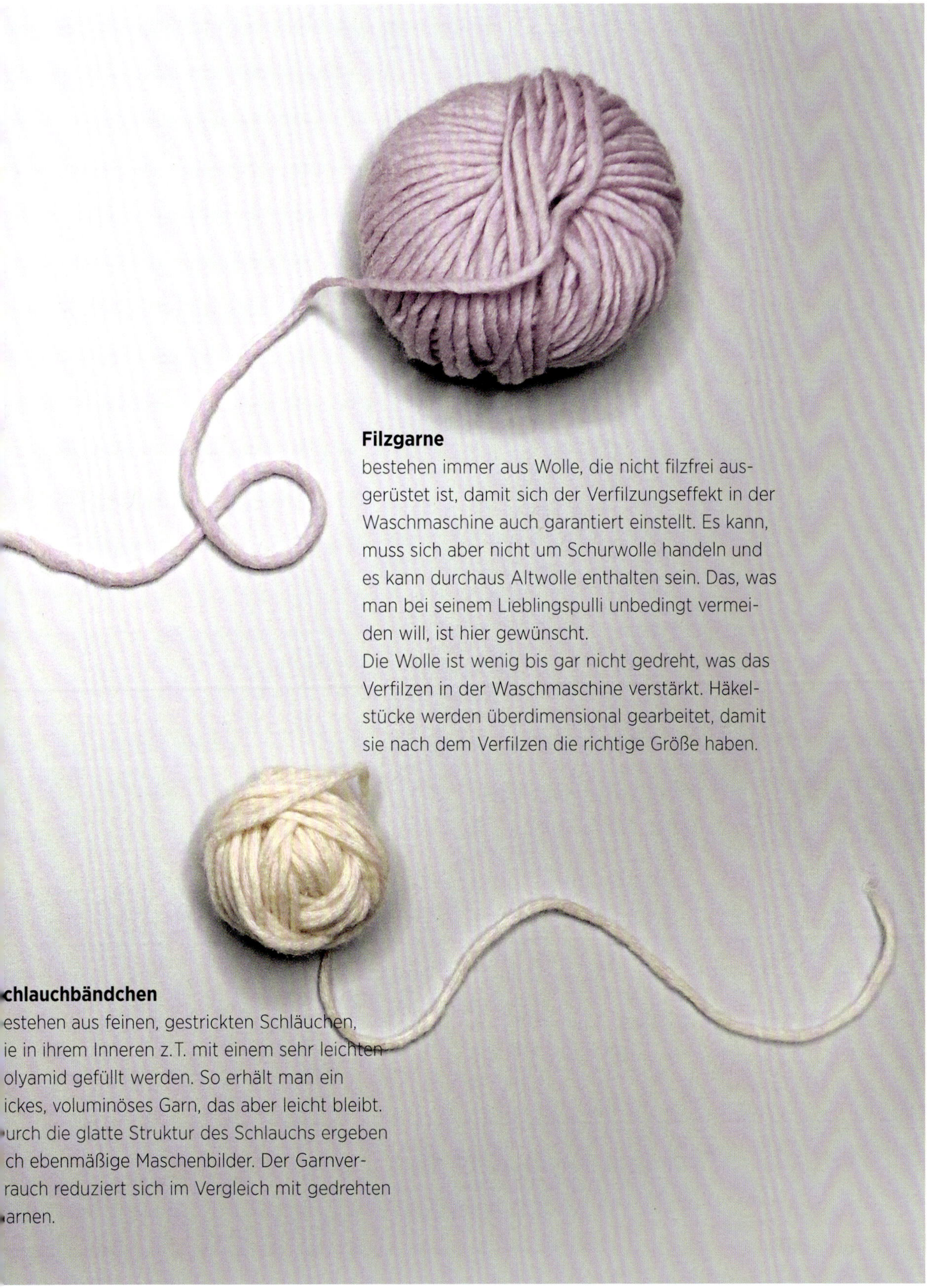

Filzgarne

bestehen immer aus Wolle, die nicht filzfrei ausgerüstet ist, damit sich der Verfilzungseffekt in der Waschmaschine auch garantiert einstellt. Es kann, muss sich aber nicht um Schurwolle handeln und es kann durchaus Altwolle enthalten sein. Das, was man bei seinem Lieblingspulli unbedingt vermeiden will, ist hier gewünscht.

Die Wolle ist wenig bis gar nicht gedreht, was das Verfilzen in der Waschmaschine verstärkt. Häkelstücke werden überdimensional gearbeitet, damit sie nach dem Verfilzen die richtige Größe haben.

chlauchbändchen

estehen aus feinen, gestrickten Schläuchen, ie in ihrem Inneren z.T. mit einem sehr leichten olyamid gefüllt werden. So erhält man ein ickes, voluminöses Garn, das aber leicht bleibt. urch die glatte Struktur des Schlauchs ergeben ch ebenmäßige Maschenbilder. Der Garnverrauch reduziert sich im Vergleich mit gedrehten arnen.

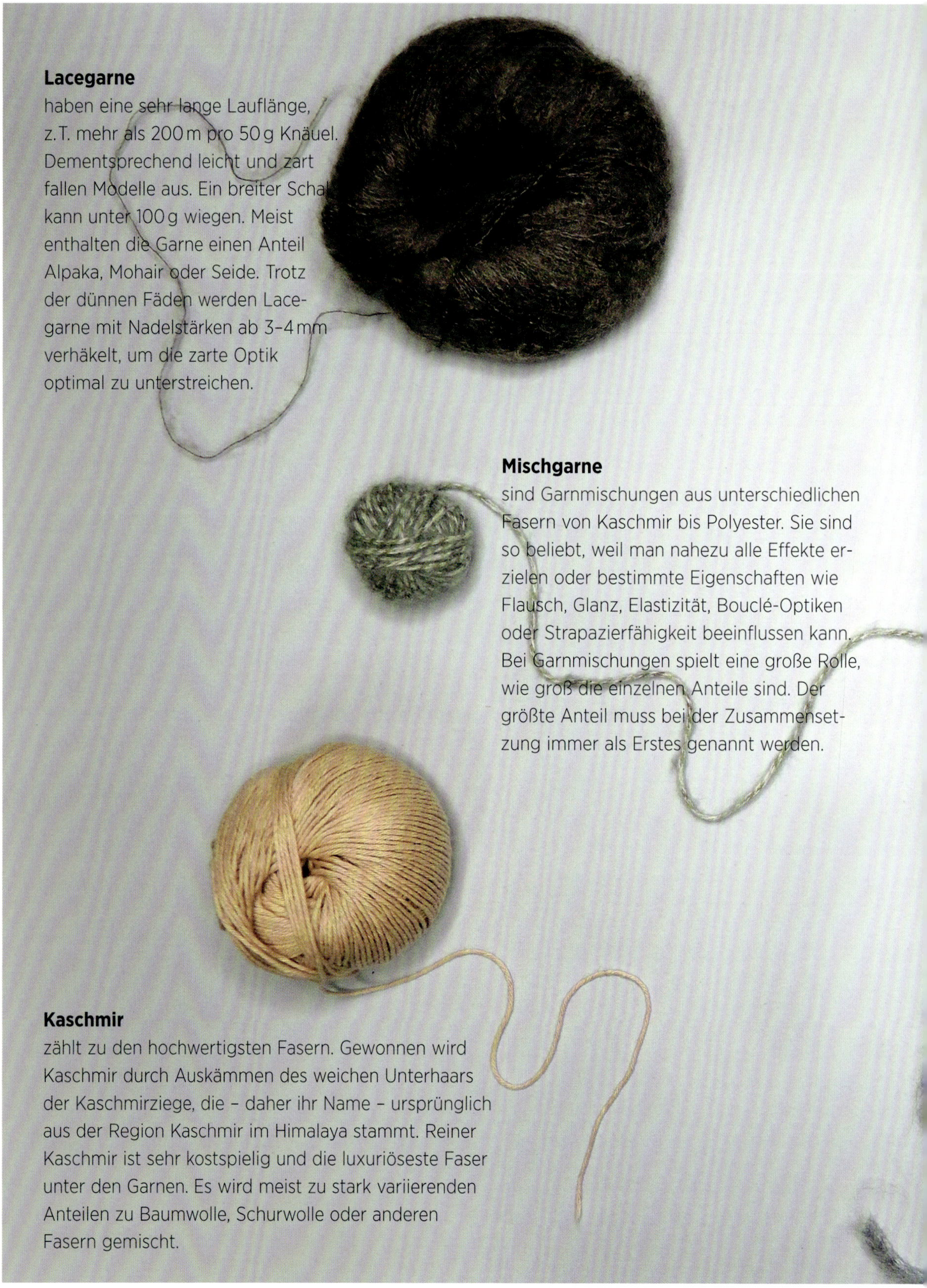

Lacegarne
haben eine sehr lange Lauflänge, z.T. mehr als 200 m pro 50 g Knäuel. Dementsprechend leicht und zart fallen Modelle aus. Ein breiter Schal kann unter 100 g wiegen. Meist enthalten die Garne einen Anteil Alpaka, Mohair oder Seide. Trotz der dünnen Fäden werden Lacegarne mit Nadelstärken ab 3–4 mm verhäkelt, um die zarte Optik optimal zu unterstreichen.

Mischgarne
sind Garnmischungen aus unterschiedlichen Fasern von Kaschmir bis Polyester. Sie sind so beliebt, weil man nahezu alle Effekte erzielen oder bestimmte Eigenschaften wie Flausch, Glanz, Elastizität, Bouclé-Optiken oder Strapazierfähigkeit beeinflussen kann. Bei Garnmischungen spielt eine große Rolle, wie groß die einzelnen Anteile sind. Der größte Anteil muss bei der Zusammensetzung immer als Erstes genannt werden.

Kaschmir
zählt zu den hochwertigsten Fasern. Gewonnen wird Kaschmir durch Auskämmen des weichen Unterhaars der Kaschmirziege, die – daher ihr Name – ursprünglich aus der Region Kaschmir im Himalaya stammt. Reiner Kaschmir ist sehr kostspielig und die luxuriöseste Faser unter den Garnen. Es wird meist zu stark variierenden Anteilen zu Baumwolle, Schurwolle oder anderen Fasern gemischt.

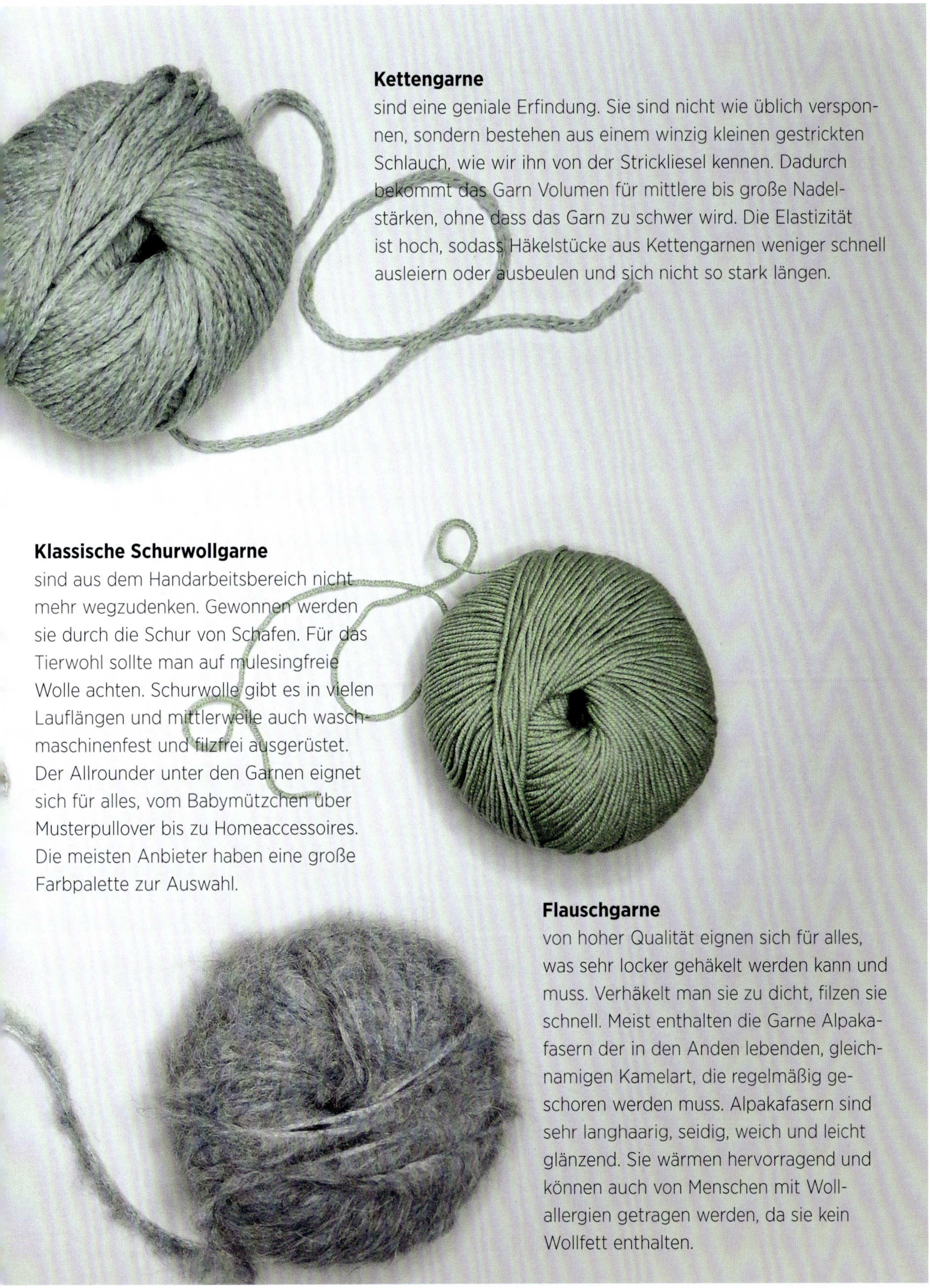

Kettengarne
sind eine geniale Erfindung. Sie sind nicht wie üblich versponnen, sondern bestehen aus einem winzig kleinen gestrickten Schlauch, wie wir ihn von der Strickliesel kennen. Dadurch bekommt das Garn Volumen für mittlere bis große Nadelstärken, ohne dass das Garn zu schwer wird. Die Elastizität ist hoch, sodass Häkelstücke aus Kettengarnen weniger schnell ausleiern oder ausbeulen und sich nicht so stark längen.

Klassische Schurwollgarne
sind aus dem Handarbeitsbereich nicht mehr wegzudenken. Gewonnen werden sie durch die Schur von Schafen. Für das Tierwohl sollte man auf mulesingfreie Wolle achten. Schurwolle gibt es in vielen Lauflängen und mittlerweile auch waschmaschinenfest und filzfrei ausgerüstet. Der Allrounder unter den Garnen eignet sich für alles, vom Babymützchen über Musterpullover bis zu Homeaccessoires. Die meisten Anbieter haben eine große Farbpalette zur Auswahl.

Flauschgarne
von hoher Qualität eignen sich für alles, was sehr locker gehäkelt werden kann und muss. Verhäkelt man sie zu dicht, filzen sie schnell. Meist enthalten die Garne Alpakafasern der in den Anden lebenden, gleichnamigen Kamelart, die regelmäßig geschoren werden muss. Alpakafasern sind sehr langhaarig, seidig, weich und leicht glänzend. Sie wärmen hervorragend und können auch von Menschen mit Wollallergien getragen werden, da sie kein Wollfett enthalten.

Infos **Banderole**

Hier findest du die **Zusammensetzung** des Garns. In diesem Beispiel besteht das Garn zu 100 % aus Baumwolle. Zusätzlich bekommst du manchmal weitere Hinweise wie hier „mercerisiert“ und „glasiert“. Die Baumwolle ist also mit einer Spezialbehandlung bearbeitet worden.

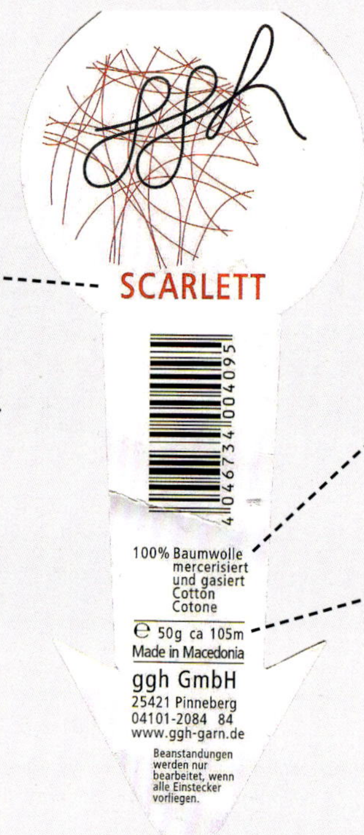

Das ist der **Name** des Garns. So findest du das Garn leicht in Shops oder du kannst dich bei Nachbestellungen darauf berufen.

Die sogenannte **Lauflänge** gibt an, wie lang ein Faden ist, wenn er 50 g wiegt. Hier haben wir eine Länge von 105 m pro 50 g Knäuel. Manche Knäuel sind auch in 25 g Knäuel gewickelt. Je höher die Zahl der Lauflänge ist, desto dünner ist das Garn. 60 m auf 50 g gibt einen sehr dicken Kuschelpulli, 250 m / 50 g ein hauchfeines Lace-Tuch.

Die **Farb-** und **Partienummern** sind sehr wichtig für Nachbestellungen. Hier heißt die Farbe „006". Ebenso wichtig ist die Partienummer. Hier lautet sie „06". Sie sagt aus, aus welchem Farbbad die Wolle kommt. Nur Knäuel, die miteinander gefärbt wurden, sehen auch zu 100 % identisch in der Farbe aus. Im Knäuel sieht man Abweichungen meist nicht, aber verhäkelt fallen kleine Unterschiede auf.

Hier findest du die Waschanleitung. So darfst du dein fertiges Werk waschen oder reinigen.

Der geschätzte **Verbrauch** für ein Herren-, Damen- oder Kindermodell ist hier aufgeführt, gibt aber nur eine sehr grobe Einschätzung an. Die korrekten Verbrauchsangaben findest du immer in der Anleitung.

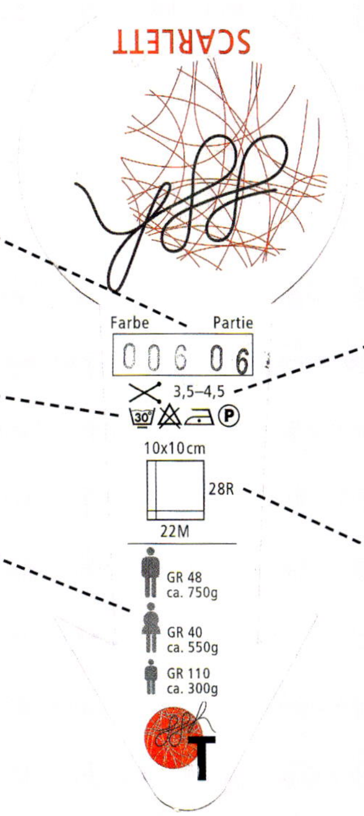

Hier bekommst du eine Empfehlung, mit welcher **Nadelstärke** du am besten arbeitest. Aber beachte auch immer die angegebene Nadel in der Anleitung und beachte die Maschenprobe. Jeder häkelt individuell.

Die angegebene **Maschenprobe** bezieht sich immer nur auf grobe Anhaltspunkte in der angegebenen Nadelstärke und ein schlicht gehäkeltes Probestück in festen Maschen oder Stäbchen. Mach immer eine eigene Maschenprobe so wie in der Anleitung angegeben.

Lesen einer **Häkelschrift**

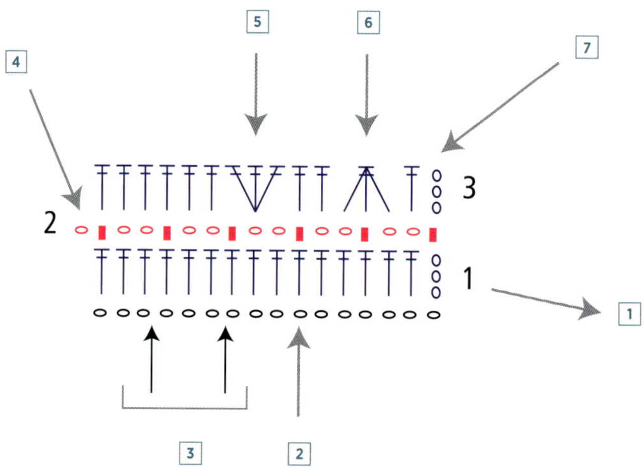

8 **Zeichenerklärung**

• = Kettmasche

o = Luftmasche

▮ = Feste Masche

T = Halb-Stäbchen

= Stäbchen

= Doppelstäbchen

1 **Reihenangaben**
Die Reihenangaben stehen immer dort, wo die Reihe begonnen wird. Die Hinreihen werden mit ungeraden Reihen angegeben, die geraden Reihen sind die Rückreihen. Beginnend bei der Zahl liest du die Hinreihen also von rechts nach links und die Rückreihen von links nach rechts.

2 **Einstichstellen**
Die Maschen werden jeweils über den Maschen der Vorreihe gezeichnet, in die eingestochen wird.

3 **Rapport-Pfeile**
Die Pfeile geben den Bereich einer Reihe an, der mehrmals wiederholt wird. Du häkelst also zunächst in Hinreihen die Maschen, die vor dem rechten Pfeil liegen, dann das 1. Mal die M zwischen den Pfeilen und wiederholst dann die Maschen zwischen den Pfeilen so oft wie angegeben. Die Reihe beendest du mit den Maschen, die links vom linken Pfeil liegen.

4 **Wendemaschen**
Liegt eine Masche außerhalb der Reihe, wird sie zusätzlich gehäkelt. Das kommt vor, wenn sich dadurch die Reihe besser beginnen lässt.

5 **Maschenzunahme**
Werden mehrere Maschen in eine Einstichstelle gehäkelt, laufen sie unten zusammen. In diesem Beispiel häkelst du 3 Maschen in die darunter liegenden Maschen. Entweder nimmt man auf diese Art Maschen zu (= verdoppeln oder verdreifachen der Masche) oder man benötigt diese Technik, um eine bestimmte Musteroptik zu erzielen. Ein Beispiel ist z.B. das Muschelmuster auf Seite 96.

6 **Maschenabnahme**
Werden mehrere Maschen zusammen abgemascht, kann man auf diese Art die Maschenanzahl vermindern. Das ist z.B. bei den meisten Mützen zur Minderung der Maschenzahl im oberen Bereich der Mütze der Fall. Du stichst dazu zuerst in die 1. Masche, beendest diese aber nicht und lässt Schlingen auf der Nadel. Ebenso verfährst du bei der 2. und dritten Masche. Als Letztes holst du den Faden durch alle Maschen. In diesem Beispiel wurde aus 3 Maschen eine Masche gemacht.

7 **Steigeluftmaschen**
Die Maschen, die die erste Masche der Reihe oder Runde ersetzen, nennt man bei Runden Steige- und bei Reihen Wendeluftmaschen. Sie ersetzen immer die 1. Masche und zählen bei der Anzahl der Maschen auch als 1 Masche.

8 **Legende**
In der Legende siehst du nochmal alle in der Häkelschrift verwendeten Maschen-Typen zusammengefasst mit den dazugehörigen Beschreibungen, was die Zeichen bedeuten. Hohe Maschen sind entsprechend lang gezeichnet, kleine Maschen wie die Kettmasche und die feste Masche entsprechend niedriger.

Grundkurs **Häkeln**

Luftmaschenanschlag

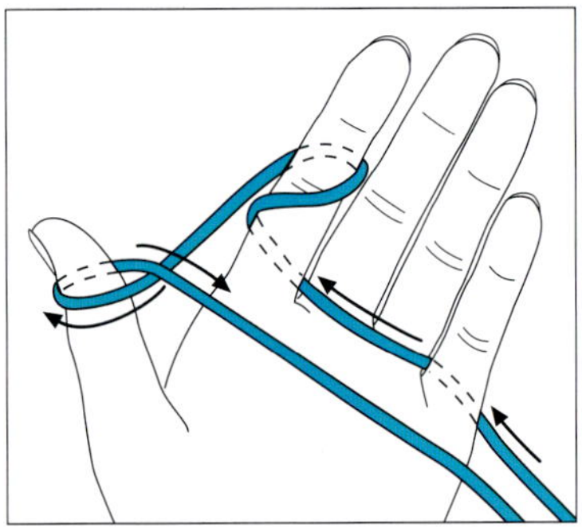

Den Faden wie im Bild gezeigt um die linke Hand legen.

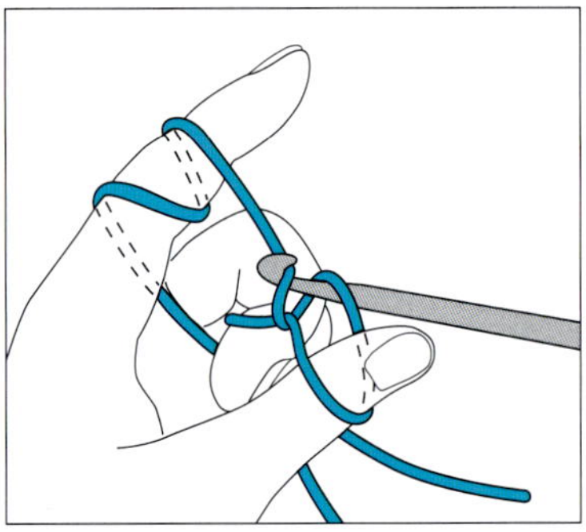

Die Häkelnadel von unten in die Daumenschlinge schieben. Den Faden, der vom Zeigefinger kommt, mit der Häkelnadel fassen und durch die Daumenschlinge ziehen. Den Daumen aus der Schlinge nehmen.

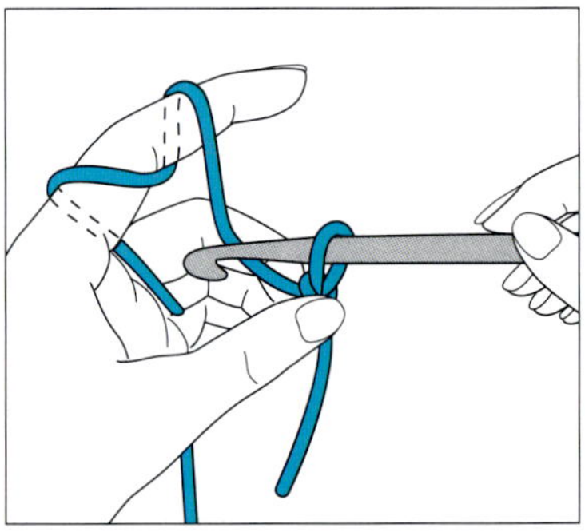

Nun ist der Anschlagsknoten fertig und eine Schlinge liegt auf der Nadel. Die Schlinge so anziehen, dass sie locker auf der Nadel liegt, aber nicht herunterrutscht.

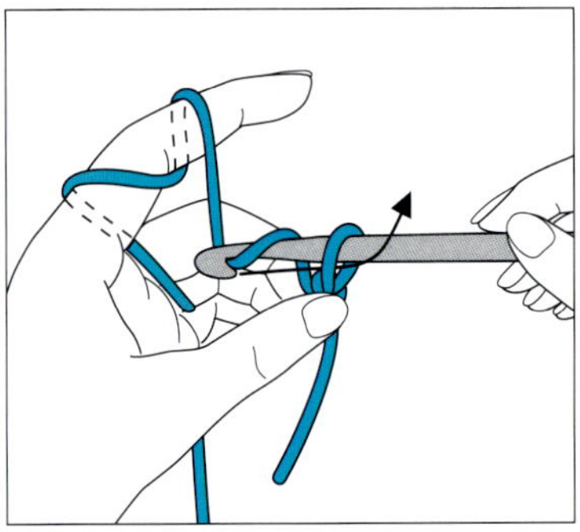

Den Anschlagsknoten mit Daumen und Mittelfinger halten und den Faden, der vom Zeigefinger kommt, von hinten nach vorn über die Nadel legen.

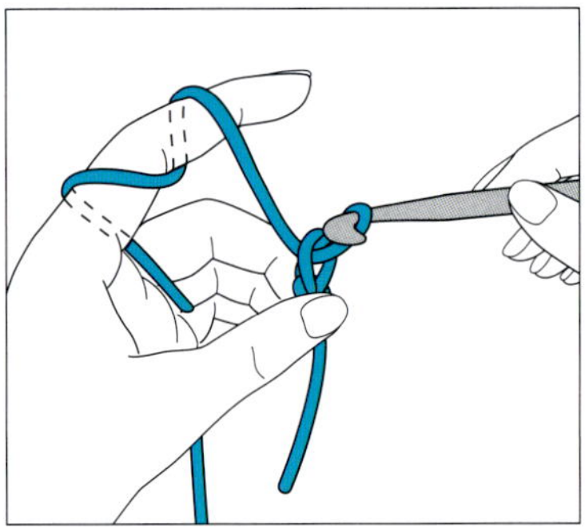

Diesen Umschlag durch die Anfangsschlinge ziehen.

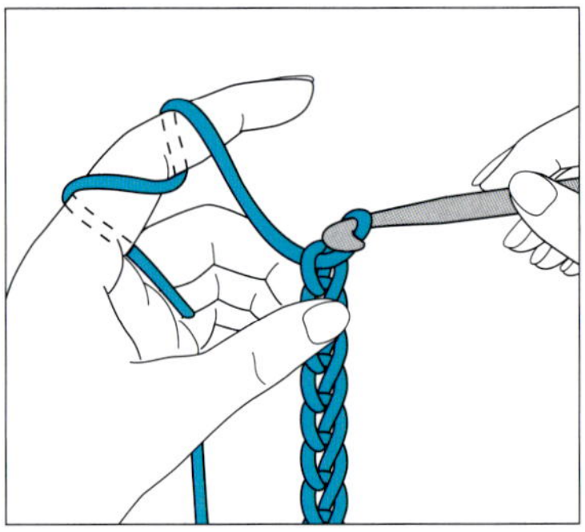

Die Schritte 4 und 5 stets wiederholen, bis die gewünschte Luftmaschenanzahl erreicht ist. Dabei jeweils die letzte Luftmasche mit Daumen und Mittelfinger halten.

Kettmasche

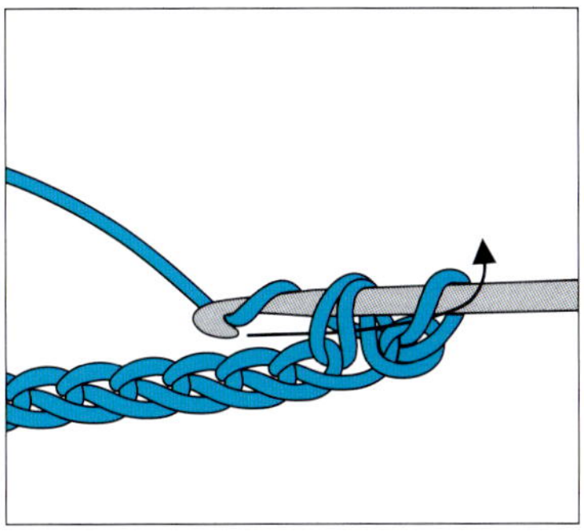

In die 2. Masche von der Nadel aus einstechen, den Faden um die Nadel legen und diesen Umschlag durch alle Schlingen ziehen.

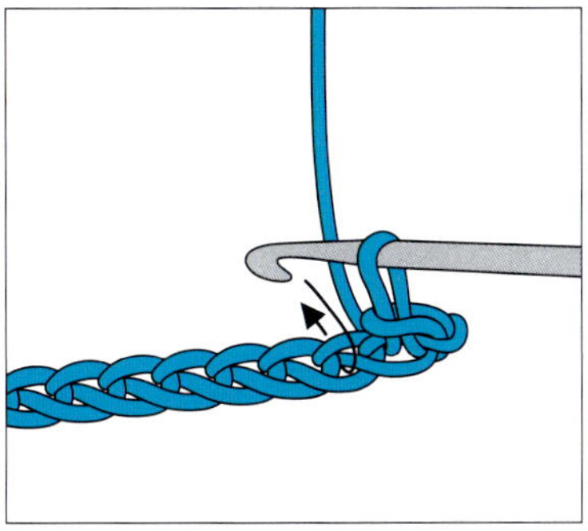

Diesen Ablauf wiederholen, wenn mehr als eine Masche übergangen werden soll oder wenn die Kettmaschen zum Kanten-Umhäkeln eingesetzt werden sollen.

Hier findest du alle Video-Tutorials

Feste Maschen

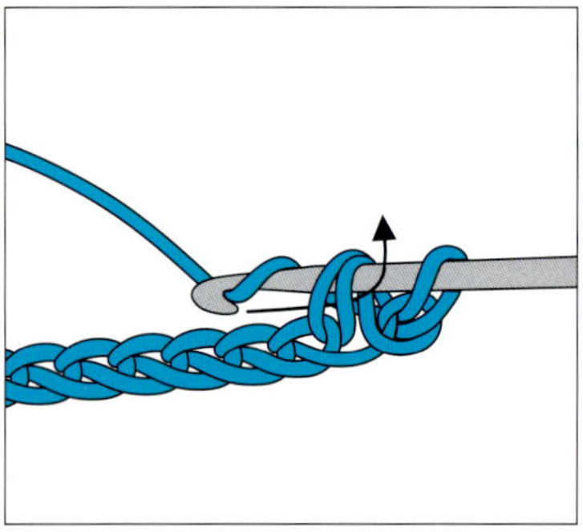

In die 2. Luftmasche von der Nadel aus einstechen, den Faden von hinten nach vorn um die Nadel legen.

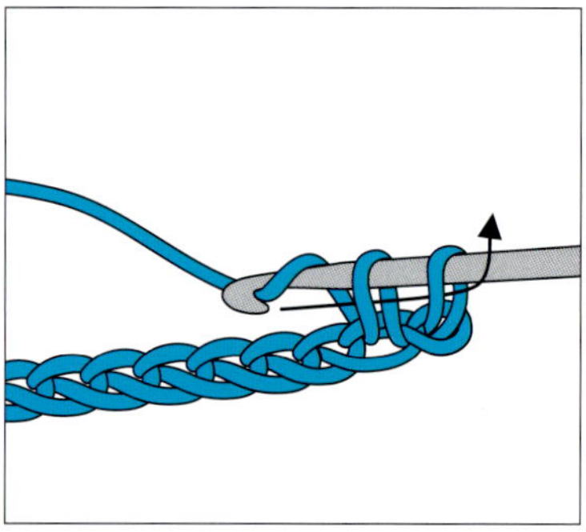

Diesen Umschlag durchziehen, nun liegen 2 Schlingen auf der Nadel. Den Faden erneut um die Nadel legen und durch beide Schlingen ziehen.

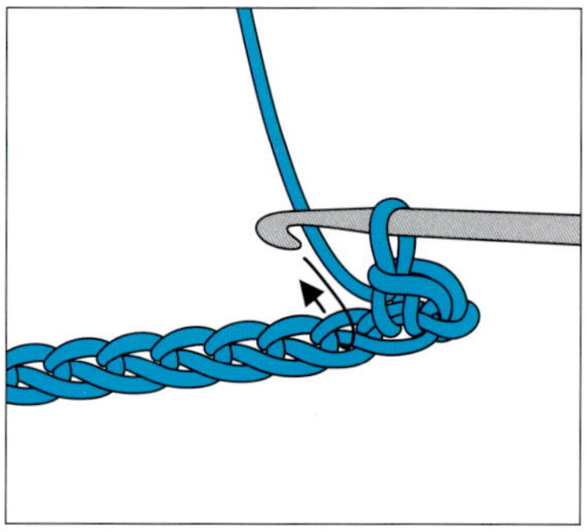

Die 1. feste Masche ist fertig. Nun in die nächste Luftmasche einstechen und die Schritte 1 und 2 wiederholen.

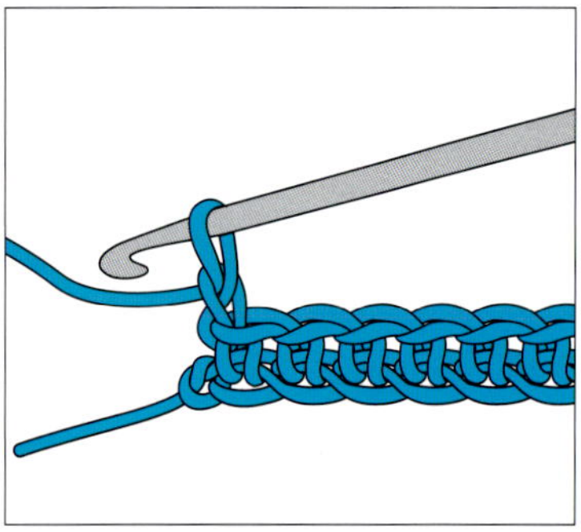

Am Ende der Reihe angekommen, eine Wendeluftmasche arbeiten. Dafür einen Umschlag bilden und durch die Schlinge ziehen.

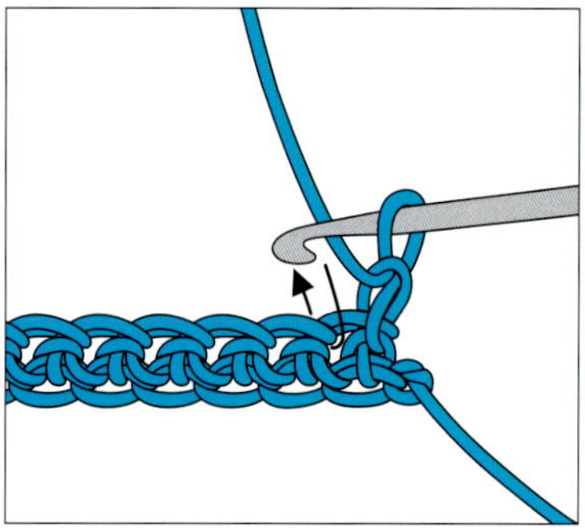

Die Arbeit wenden, in die 1. Masche der Vorreihe einstechen und eine feste Masche, wie in Schritt 1 bis 2 beschrieben, arbeiten, bis das Ende der Reihe erreicht ist. Mit einer Wendeluftmasche die Arbeit wenden. Die 3. und jede weitere Reihe genauso arbeiten.

Stäbchen

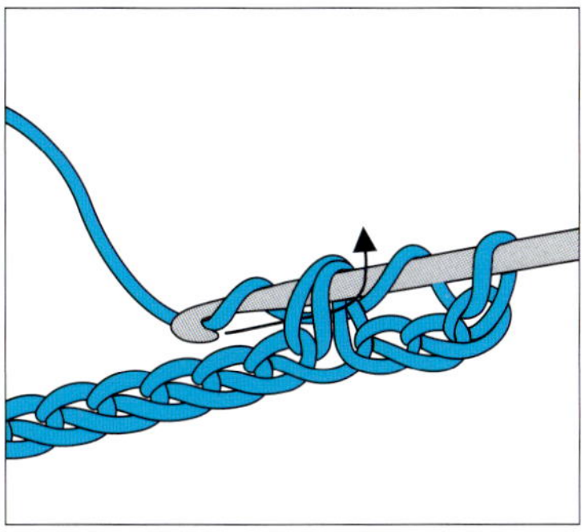

Einen Umschlag um die Nadel nehmen und in die 4. Masche von der Nadel aus einstechen. Den Faden nochmals um die Nadel legen.

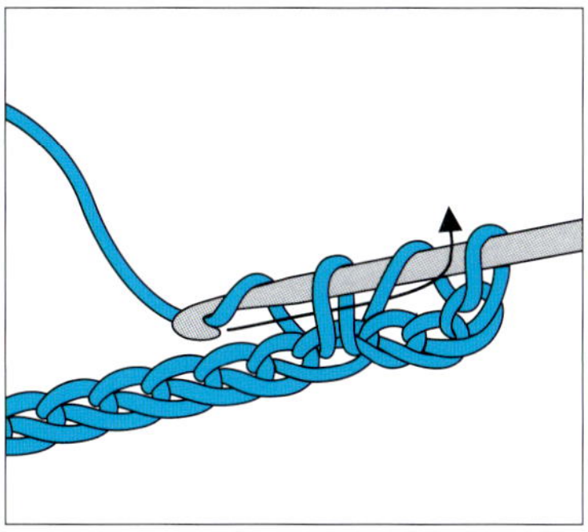

Diesen Umschlag durch die Masche der Vorreihe ziehen. Es liegen nun 3 Schlingen auf der Nadel. Den Faden wieder um die Nadel legen.

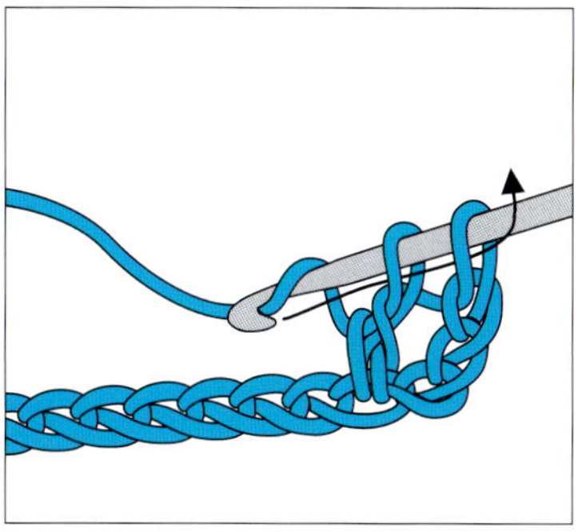

Diesen Umschlag durch 2 der 3 Schlingen ziehen. Es liegen nun 2 Schlingen auf der Nadel. Den Faden wieder um die Nadel legen.

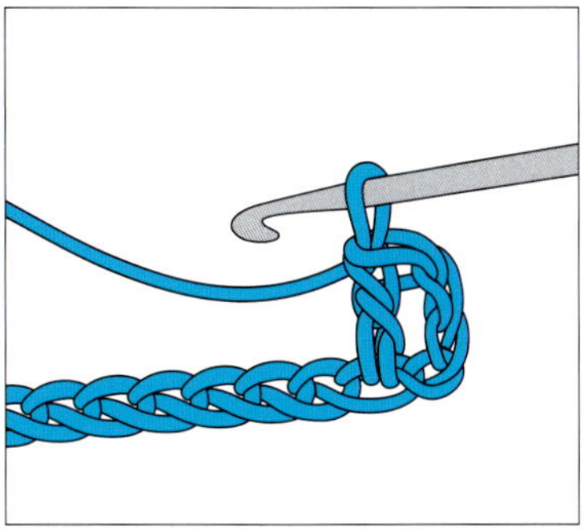

Diesen Umschlag durch beide Schlingen ziehen. Das Stäbchen ist fertig. Die 3 Wendeluftmaschen vor diesem Stäbchen bilden das 1. Stäbchen. Nun für das folgende Stäbchen 1 Umschlag auf die Nadel legen.

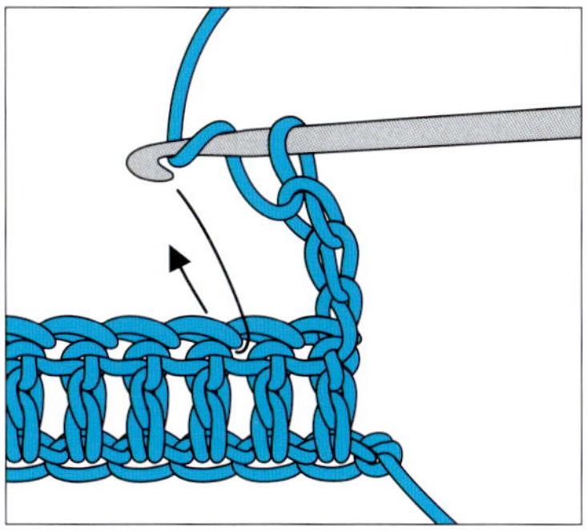

Am Ende der Reihe angekommen, 3 Wendeluftmaschen arbeiten und die Arbeit wenden. Diese 3 Wendeluftmaschen ersetzen das 1. Stäbchen einer Reihe.

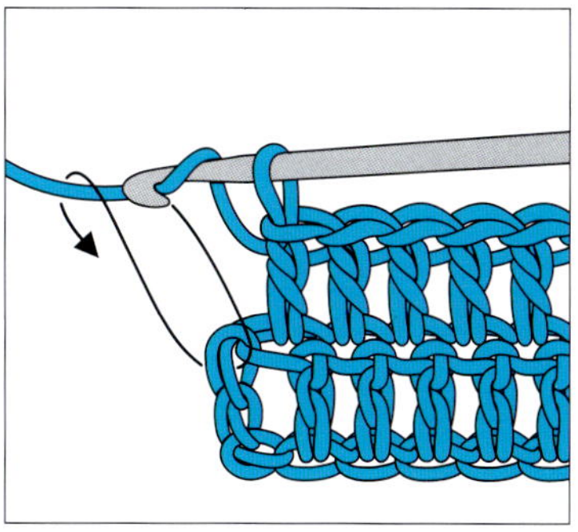

Das letzte Stäbchen jeder Reihe in die oberste Wendeluftmasche der Vorreihe häkeln.

Doppelstäbchen

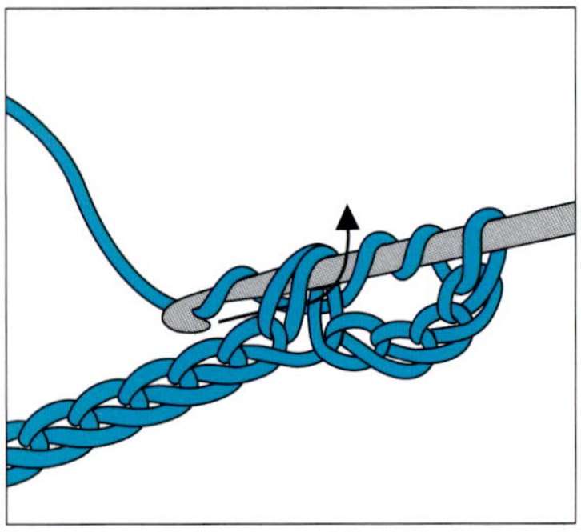

2 Umschläge um die Nadel bilden und am Anfang in die 5. Masche von der Nadel aus (später in die folgende) einstechen. Den Faden um die Nadel legen. Diesen Umschlag durchziehen.

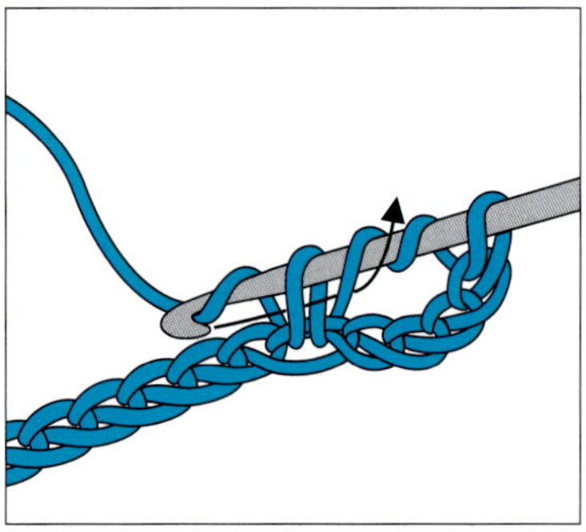

Es liegen nun 4 Schlingen auf der Nadel. Den Faden wieder um die Nadel legen. Diesen Umschlag durch 2 der 4 Schlingen ziehen.

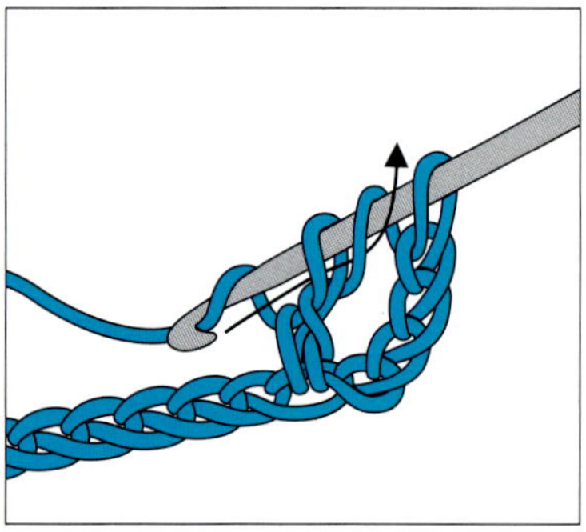

Es liegen nun 3 Schlingen auf der Nadel. Den Faden wieder um die Nadel legen. Diesen Umschlag durch 2 der 3 Schlingen auf der Nadel ziehen.

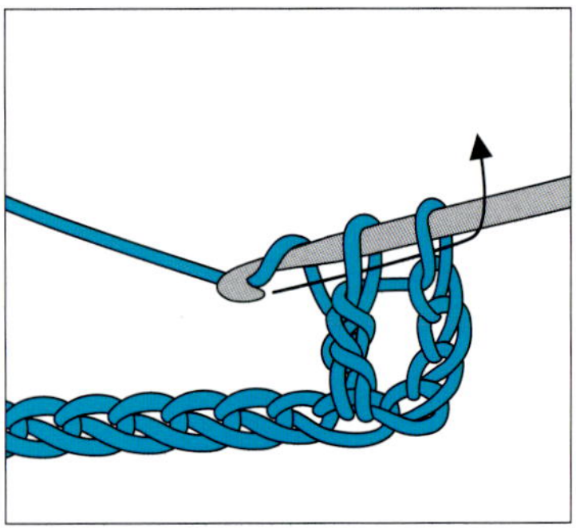

Den Faden noch einmal um die Nadel legen. Diesen Umschlag durch die letzten beiden Schlingen auf der Nadel ziehen.

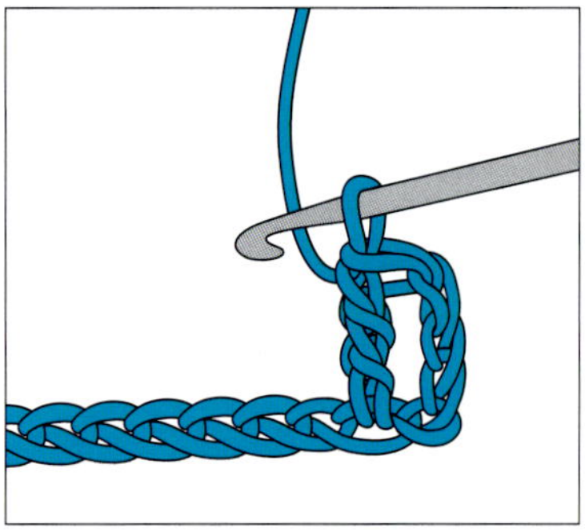

Das Doppelstäbchen ist fertig. Die Schritte 1 bis 4 stets wiederholen. Jede Runde beginnt mit 4 oder der gezeichneten Anzahl von Wendeluftmaschen als Ersatz für das 1. Doppelstäbchen. Das letzte Doppelstäbchen einer Reihe wird stets auf die oberste Wendeluftmasche der Vorreihe gehäkelt.

Halbes Stäbchen

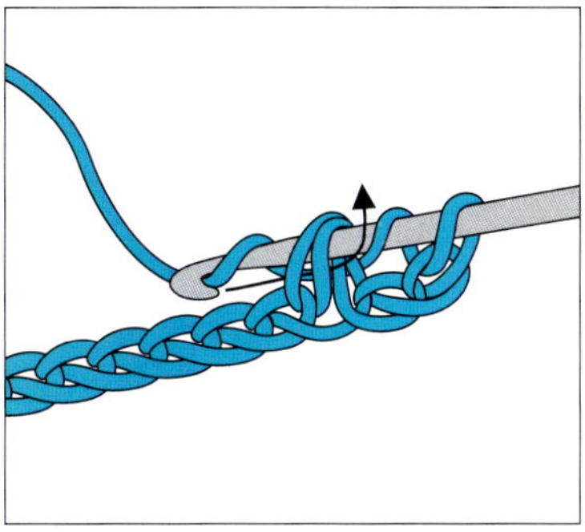

Einen Umschlag um die Nadel legen, einstechen, den Faden holen und durchziehen. Es liegen nun 3 Schlingen auf der Nadel.

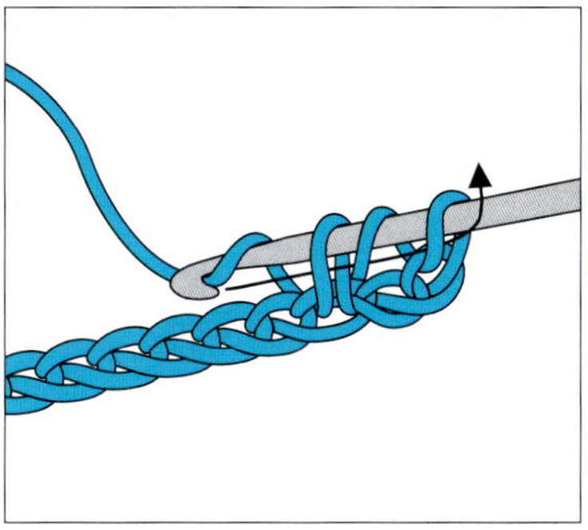

Den Faden abermals holen und durch alle 3 Schlingen ziehen.

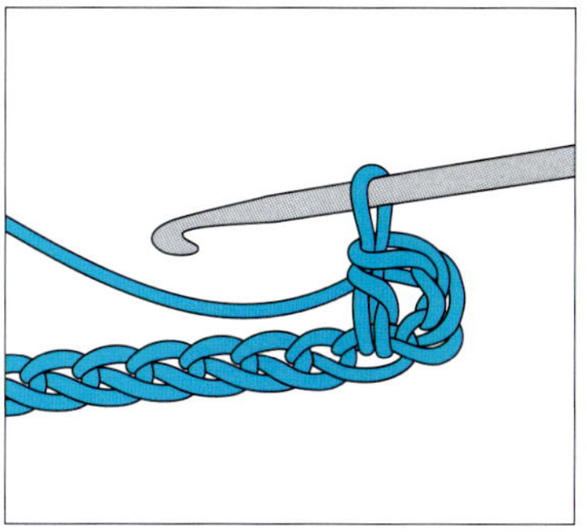

Das erste halbe Stäbchen liegt auf der Nadel.

Vordere Relief-Stäbchen

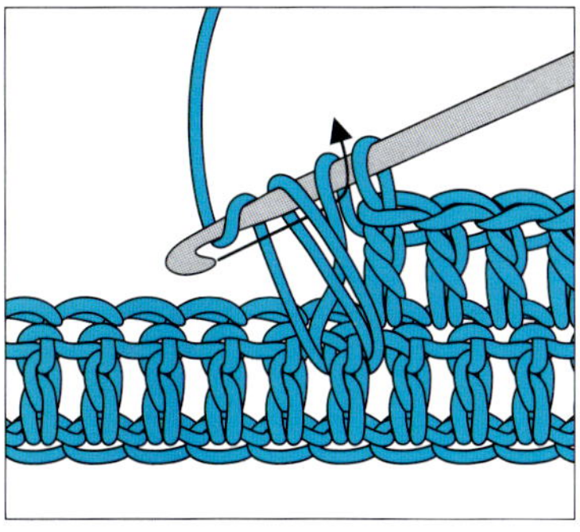

Einen Umschlag bilden, von vorn nach hinten greifend um das Stäbchen der Vorreihe stechen. Den Faden um die Nadel legen und diesen Umschlag durchziehen.

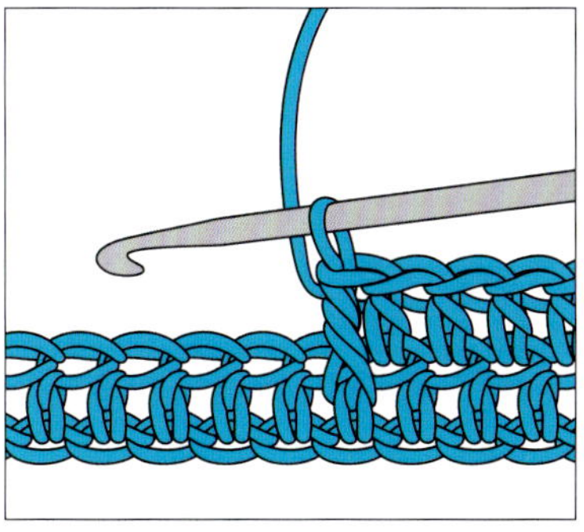

Dann wie bei einem normalen Stäbchen je 2x den Faden um die Nadel legen und den Umschlag jeweils durch 2 auf der Nadel liegende Schlingen ziehen, d.h. diese abmaschen.

Hintere Relief-Stäbchen

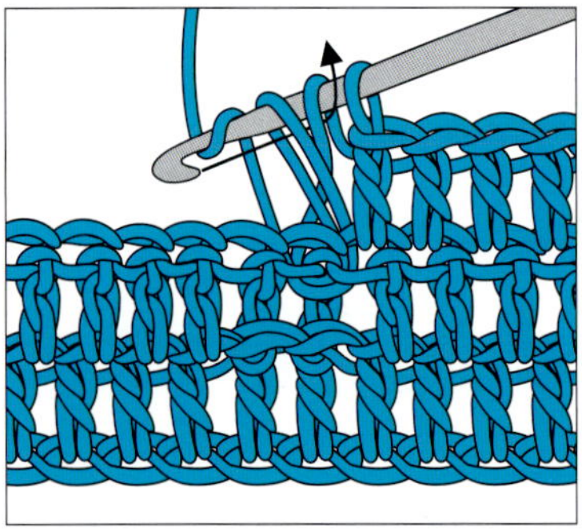

Einen Umschlag bilden, von hinten nach vorn greifend um das Stäbchen der Vorreihe stechen. Den Faden um die Nadel legen und diesen Umschlag durchziehen.

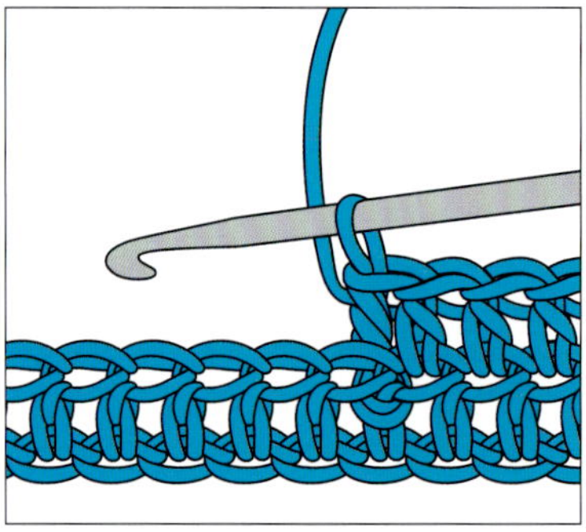

Dann wie bei einem normalen Stäbchen je 2x den Faden um die Nadel legen und den Umschlag jeweils durch 2 auf der Nadel liegende Schlingen ziehen, d.h. diese abmaschen.

Büschelmaschen

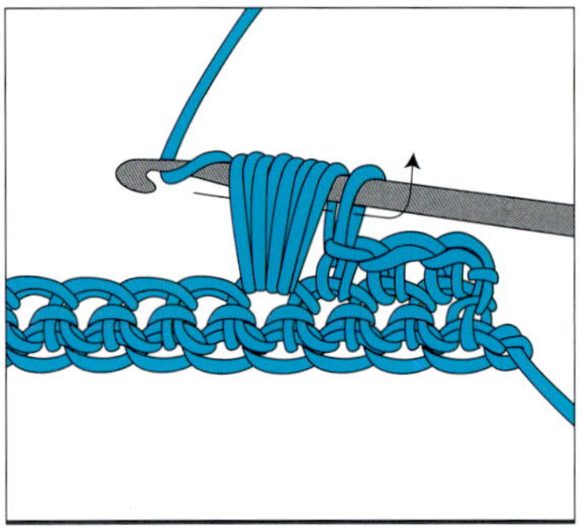

Einen Umschlag um die Nadel legen, einstechen, den Faden holen und durchziehen. Diese Schlinge langziehen. Einen weiteren Umschlag um die Nadel legen, einstechen, eine weitere Schlinge durchholen und langziehen. Dies noch 2x wiederholen.

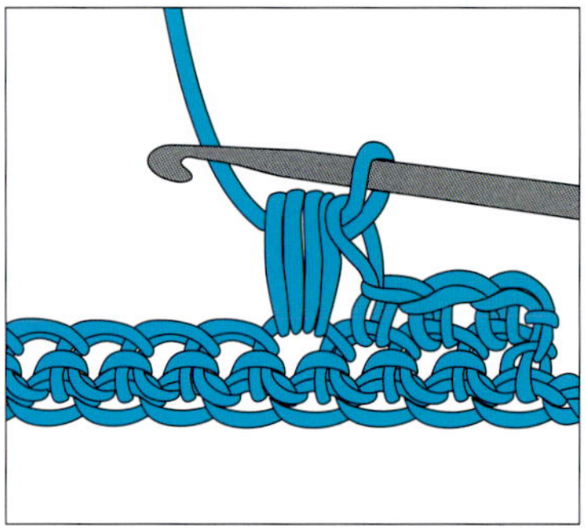

Dann den Faden nochmals holen, durch alle Schlingen ziehen und die Büschelmasche mit einer Luftmasche fixieren.

Flexibler Fadenring (Magic Loop)

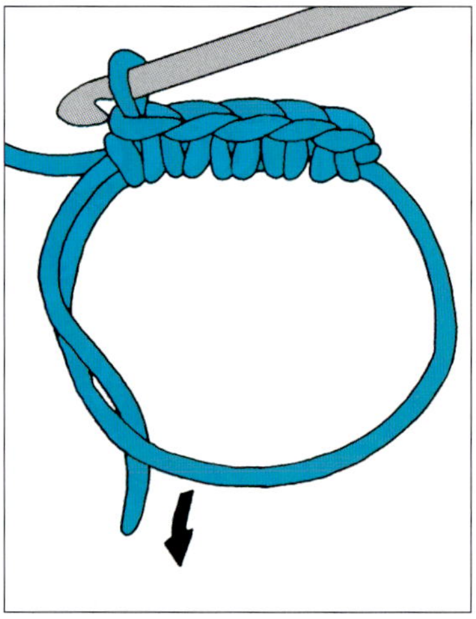

Den Faden mehrere Male um den linken Zeigefinger wickeln. Das Fadenende sicher zwischen Zeigefinger und Daumen halten. Den Fadenring vorsichtig vom Finger gleiten lassen. Den Arbeitsfaden um die Nadel legen und durch die Mitte des Rings ziehen. Dann die erforderliche Zahl Anfangsluftmaschen für die gewählte Maschenart häkeln.

Spiral-Runde

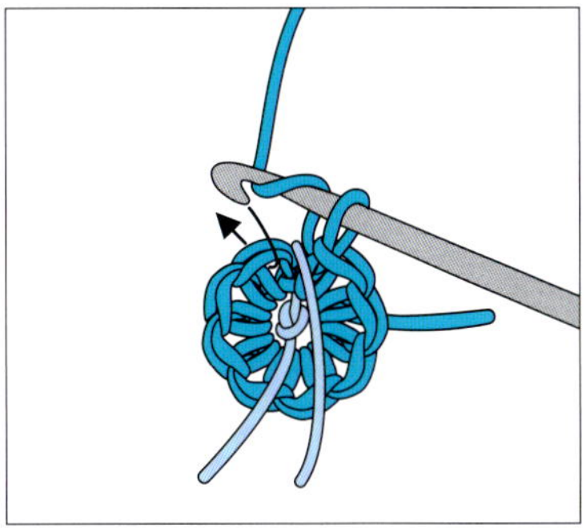

Zunächst die angegebene Maschenzahl in die Fadenschlinge arbeiten. Dabei die Runden nicht mit einer Kettmasche schließen, sondern direkt in die 1. feste Masche der 1. Runde einstechen. Dabei den Rundenübergang mit einem Kontrastfaden markieren, denn die Runden schrauben sich spiralförmig in die Höhe, sodass nur schwer zu erkennen ist, wann eine neue Runde erreicht ist. Die Markierung zeigt den Rundenbeginn.

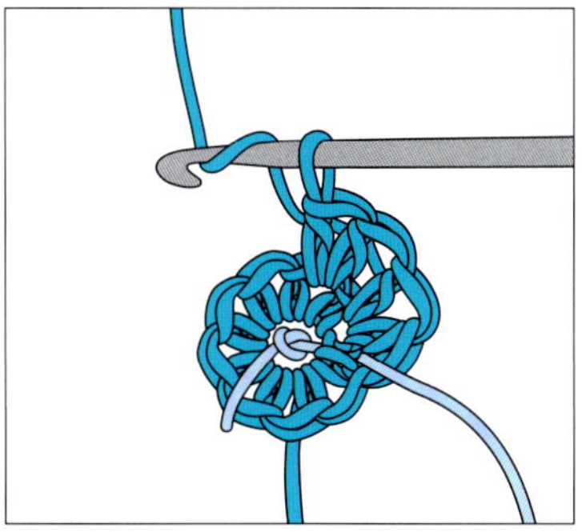

Wie in der Anleitung beschrieben die 2. Reihe häkeln: je 2 Maschen in jede Masche der Vorrunde häkeln.

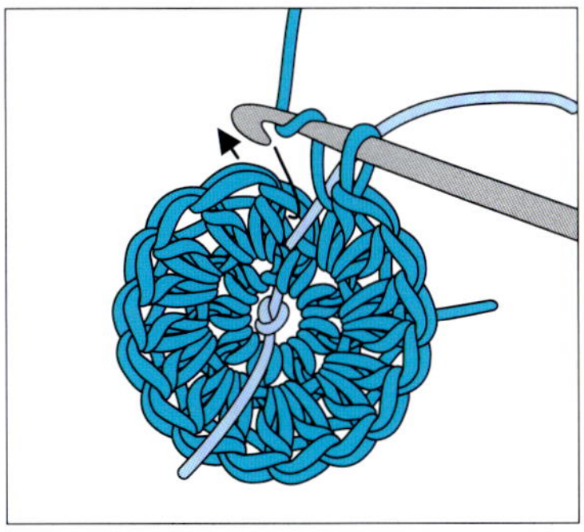

Am Rundenübergang den Markierungsfaden im Wechsel nach vorne bzw. nach hinten legen und entsprechend der Anleitung weiterarbeiten. Nach Beenden der Arbeit den Markierungsfaden herausziehen.

Die Maschen

Auf die Höhe kommt es an – von der Kettmasche zum Doppelstäbchen

Die gängigsten Maschen-Typen werden alle ähnlich ausgeführt und unterscheiden sich nur darin, wie oft bei einer Masche der Faden durch die Maschen geholt wird und mit welcher Anzahl an Umschlägen gearbeitet wird. Das hat entscheidenden Einfluss auf die Höhe der Masche, also auf die Höhe der Reihe: Je mehr Umschläge, desto höher wird die Reihe. Außerdem wird das Häkelstück auch loser und weicher, wenn mit Umschlägen gearbeitet wird. Wie die Maschen ausgeführt werden, kannst du ab Seite 58 nochmal nachlesen.

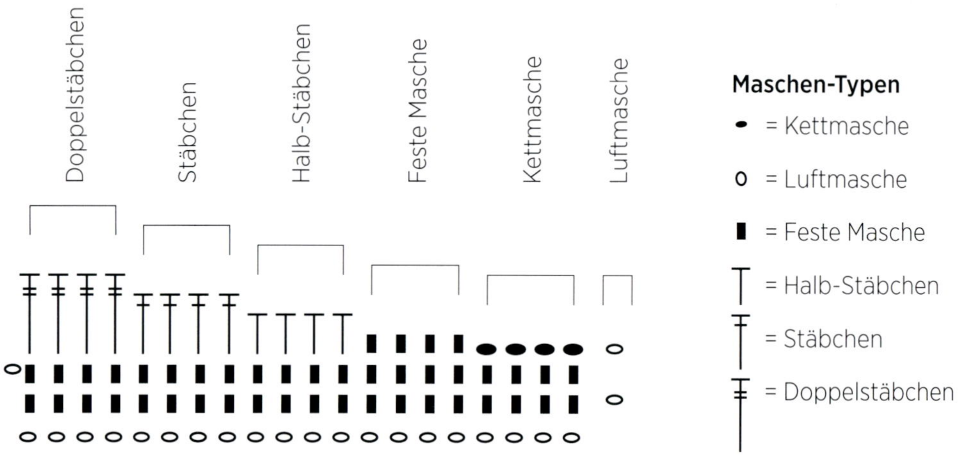

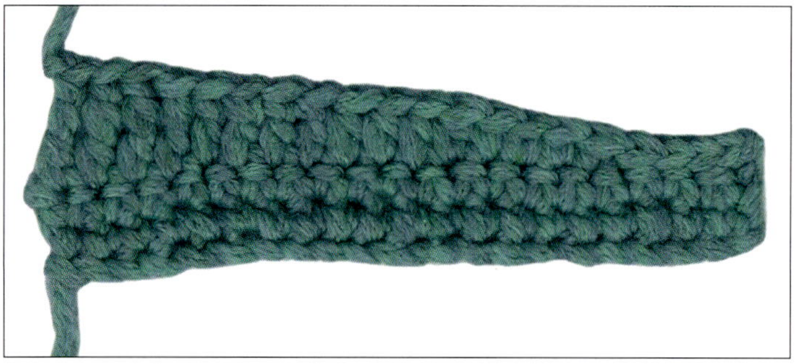

Hier kannst du sehen, wie unterschiedlich hoch die Maschen von der niedrigen Kettmasche ganz rechts zum hohen Doppelstäbchen ganz links ausfallen.

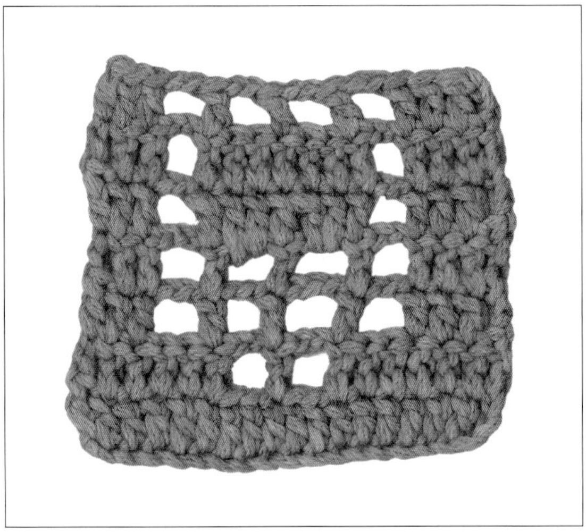

Filetmuster

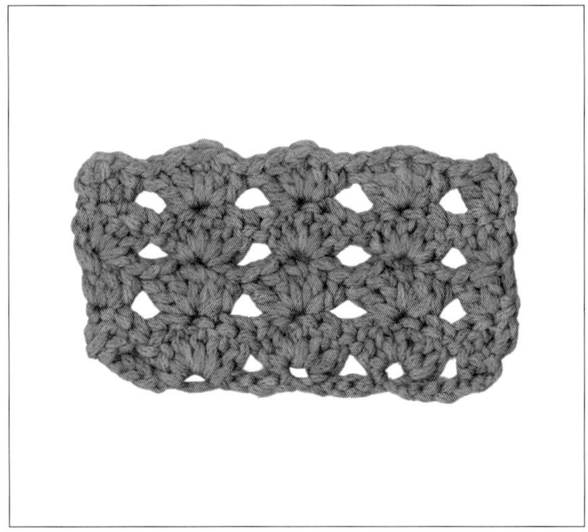

Muschelmuster

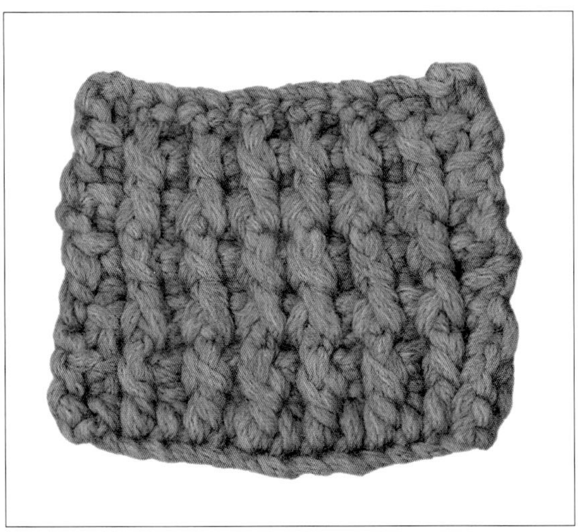

1:1-Rippe

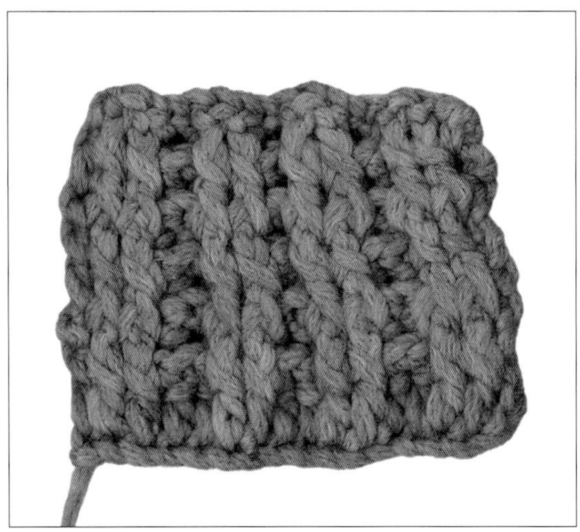

2:2-Rippe

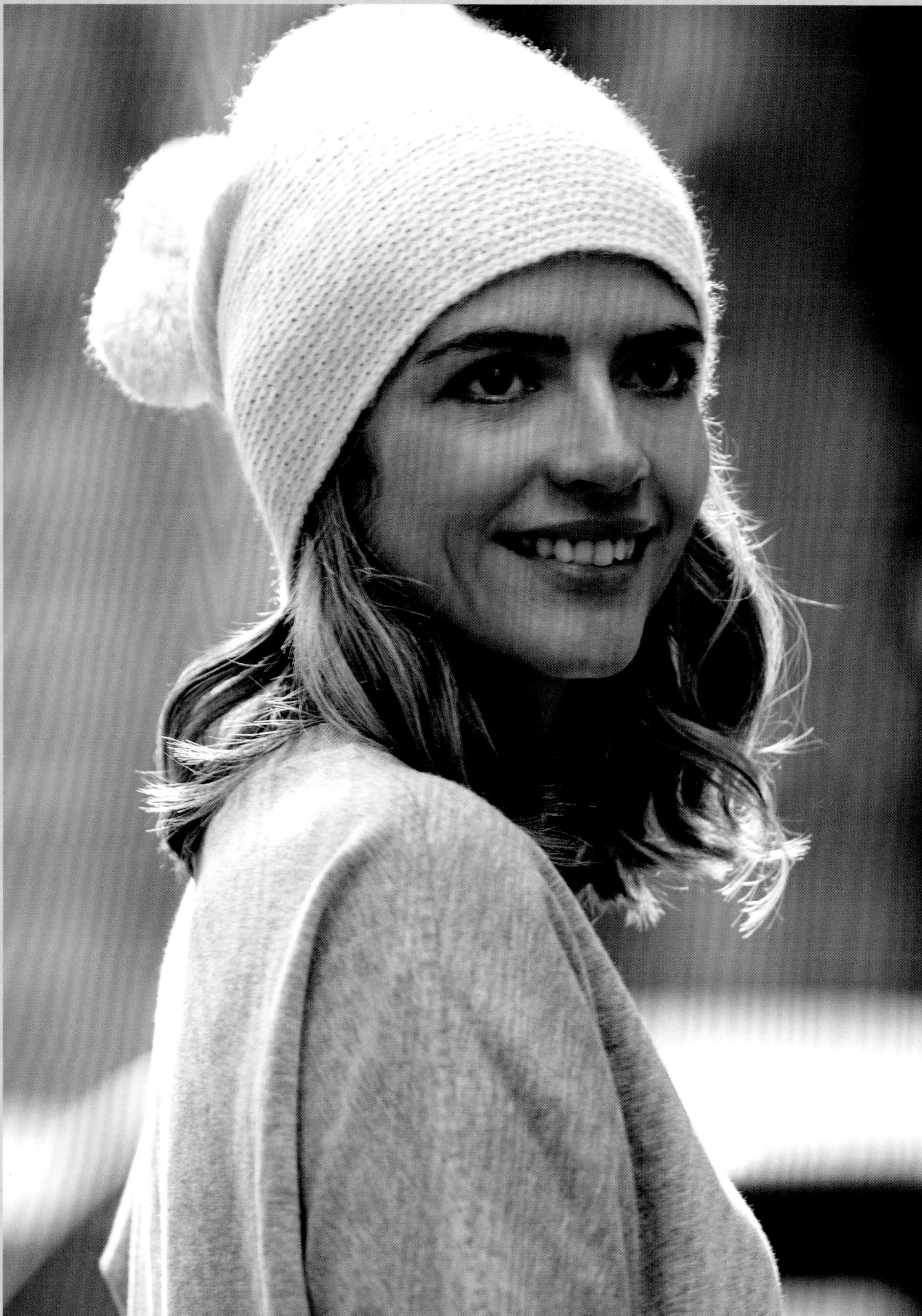

Loop Emily

Tuch Flauschalarm

Mütze All-the-Day

Stirnband Happy

Stola Schätzchen

Beutel Funny Fruits

Beutel Herzallerliebst

Sommershirt Hawaii

Pullover Herbstlaub

Top Jane Austen

Schalenset Krimskrams

Schal Unisex

Weste Soho

Mütze Hamptons im Herbst

Jacke Taylor

Tuch Granny

Decke Hexagon

Mütze Inès

Schal Muschel

Schal Sixties

Modell Seite 8–9

Loop Emily

Der Loop ist wirklich so einfach wie die Topflappen,
die jede und jeder mal in der Grundschule häkeln musste, aber um ein Vielfaches kuscheliger. Und wer will schon Topflappen häkeln? Erste Projekte können so charmant sein. Bist du erst mal im Flow, brauchst du – versprochen – nicht länger, als zwei Folgen „Emily in Paris“ dauern: Für dich gibt's den Loop in Creme, für Emily à la Parisienne in Marine, für Camille in zartem Rosa und für Mindy in Neonpink.

Welche Maschen-Typen musst du beherrschen, um dieses Modell zu häkeln?
Luftmaschen
Kettmaschen
Feste Maschen in Spiral-Runden

Welches Material benötigst du?
100 g Schlauchbändchengarn mit leichtem Flausch aus 74 % Alpaka, 13 % Schurwolle Merino, 13 % Polyamid: ALPAKA MODA von Lana Grossa in Beige (Fb. 02), mit einer Lauflänge von 135 m/50 g
1 Häkelnadel der Stärke 7 mm

Wie groß ist das fertige Modell?
Der Loop ist ca. 40 cm hoch und hat einen Umfang von 65 cm.

Beachte die Maschenprobe!
Mit Nadelstärke 7 mm mit festen Maschen gehäkelt, ergeben 11 Maschen in der Breite und 12 Reihen in der Höhe 10 x 10 cm.

Luftmaschen

Kettmaschen

Feste Maschen in Spiral-Runden

Was du sonst noch wissen musst!
Der Loop wird komplett in Runden und betont locker gehäkelt.
Nachfolgend werden Masche und Maschen mit M abgekürzt und Runde und Runden mit Rd.

Jetzt geht's los!

1. Häkle 70 Luft-M.
2. Lege die Luft-M-Kette zu einer Rd und schließe den Ring mit einer Kett-M in die 1. Luft-M der Luft-M-Kette.
3. Häkle nun eine Luft-M und in die M, in die du eben die Kett-M gehäkelt hast, eine feste M. Das ist die 1. M der Rd.
4. Nun häkelst du in jede Luft-M der Luft-M-Kette eine feste M.
5. Häkle in Rd in alle M feste M. Jede Runde besteht aus 70 festen M.
6. Nun darfst du solange häkeln, bis dein Loop 40 cm hoch ist.
7. In die letzten beiden M der Rd jeweils 1 Kett-M häkeln.
8. Nun den Faden abschneiden, durch die letzte Schlinge ziehen und die Arbeit beenden.
9. Vernäh sorgfältig alle Fäden.
10. Hab Spaß beim Tragen oder Verschenken.

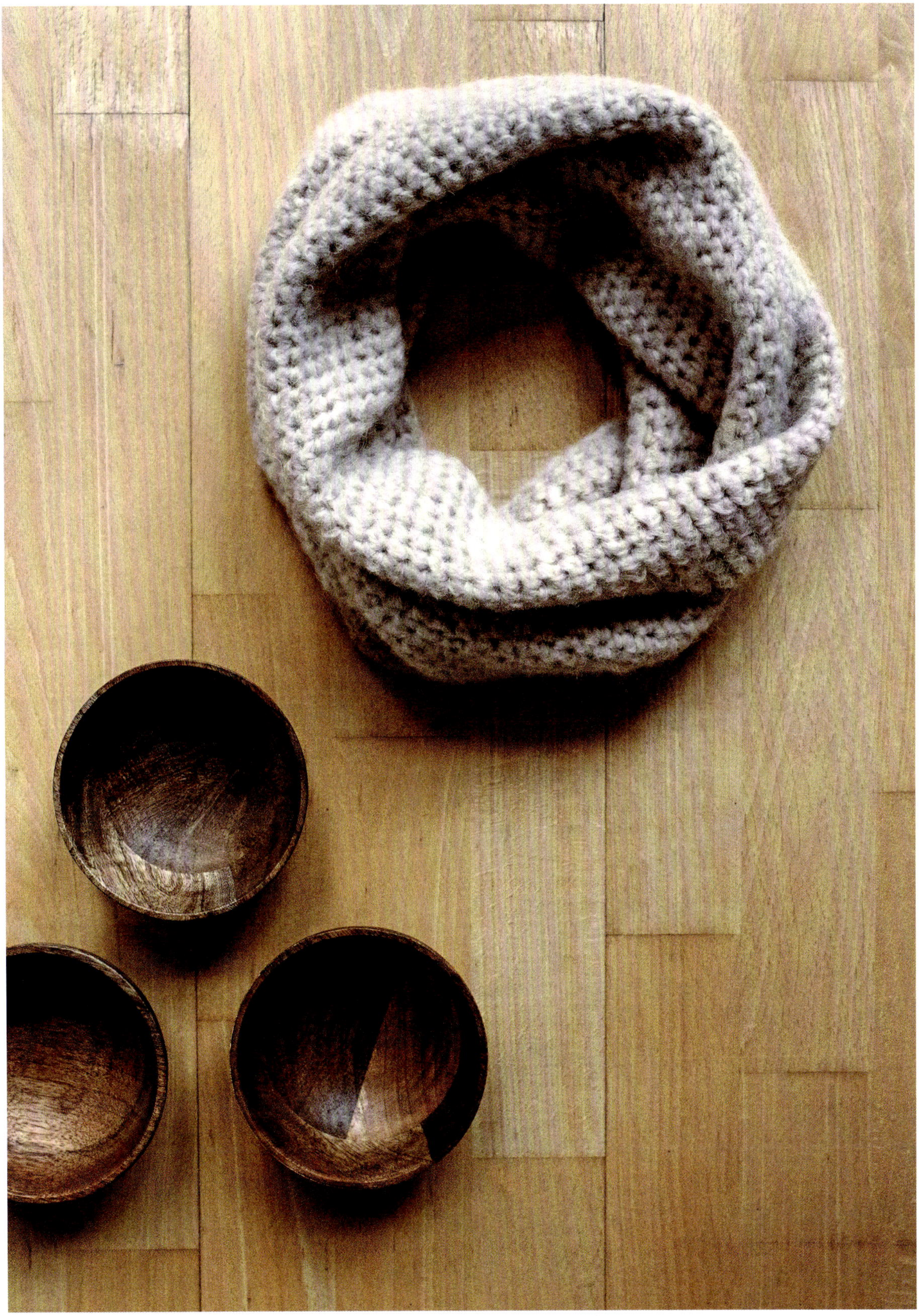

Modell Seite 10–11

Tuch Flauschalarm

Das perfekte Einsteigermodell:
Mehr als feste Maschen und Luftmaschen brauchst du nicht zu können. Die Farbe des Tuchs ist das modische Highlight überhaupt: Eine Mischung aus hellem Grün, etwas Mint, ein Hauch von Grau dazu, und fertig ist ein silbriges Salbei. Klingt doch hochmodisch, oder? Kombiniere es zu allem, was du hast. Süß zu Rosé, cool zu Grau und perfekt zu Marine oder Schwarz.

Welche Maschen-Typen musst du beherrschen, um dieses Modell zu häkeln?
Luftmaschen
Feste Maschen

Welches Material benötigst du?
350 g Schlauchbändchengarn mit leichtem Flausch aus 48 % Baumwolle, 33 % Schurwolle Merino, 19 % Alpaka: ECOPUNO CHUNKY von Lana Grossa in Mint (Fb. 120), mit einer Lauflänge von 70 m / 50 g
1 Häkelnadel der Stärke 7 mm

Wie groß ist das fertige Modell?
Das Tuch ist in der vorderen Mitte ca. 100 cm hoch und hat an der oberen Kante eine Breite von 230 cm.

Beachte die Maschenprobe!
Mit Nadelstärke 7 mm im Bogenmuster gehäkelt, ergeben 4 Bögen in der Breite und 6 Bögen in der Höhe 10 x 10 cm.

Was du sonst noch wissen musst!
Das Tuch wird sehr locker gehäkelt. Beginne an der Spitze in der vorderen Mitte, ende an der langen Seite des Dreiecks.
Nachfolgend werden Masche und Maschen mit M und Reihe und Reihen mit R abgekürzt.

Jetzt geht's los!

1. Häkle in einen flexiblen Fadenring 1 feste M, 3 Luft-M und noch eine feste M.

2. Wende die Arbeit und häkle die folgenden festen M um den Luft-M-Bogen der Vor-R: 5 Luft-M, 1 feste M, 3 Luft-M, 1 feste M.

3. Wende die Arbeit. Ab dieser und in allen folgenden R häkelst du *** um den ersten Luft-M-Bogen der Vor-R 5 Luft-M, 1 feste M, 3 Luft-M, 1 feste M ***. In jeden weiteren Bogen häkelst du eine feste M und zwischen den festen M jeweils 3 Luft-M. Beende die R mit 1 festen M in den letzten Luft-M-Bogen.

4. Wende die Arbeit und wiederhole nun bis zum Ende der Häkelarbeit Schritt 3. In jeden ersten Bogen der R werden – wie beschrieben – 2 Bögen gehäkelt und so stetig zugenommen. Um alle anderen Bögen häkelst du immer einen Luft-M Bogen, der aus 3 Luft-M und 1 festen M besteht. Lediglich am Anfang jeder R beginnst du statt mit 3 Luft-M mit 5 Luft-M.

5. Häkle solange, bis das Tuch eine Breite von 230 cm hat.

6. Schneide aus dem restlichen Knäuel Fäden von 15 cm Länge zu und knote an die Spitze und an den beiden kurzen Seiten um jeden Bogen immer 2 Fäden zu einer Franse ein.

7. Vernäh sorgfältig alle Fäden.

8. Hab Spaß beim Tragen oder Verschenken.

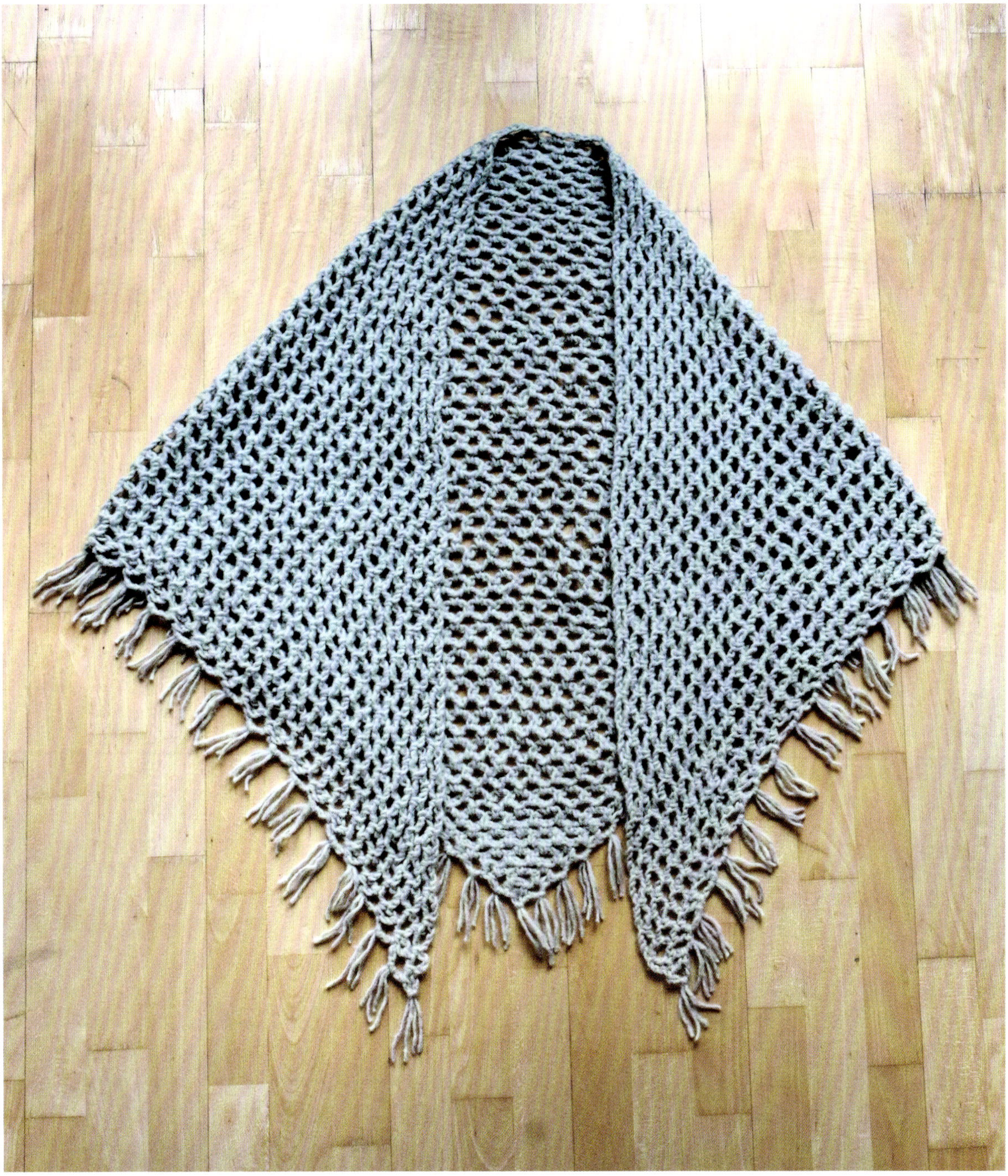

Feste Maschen

Häkelschrift

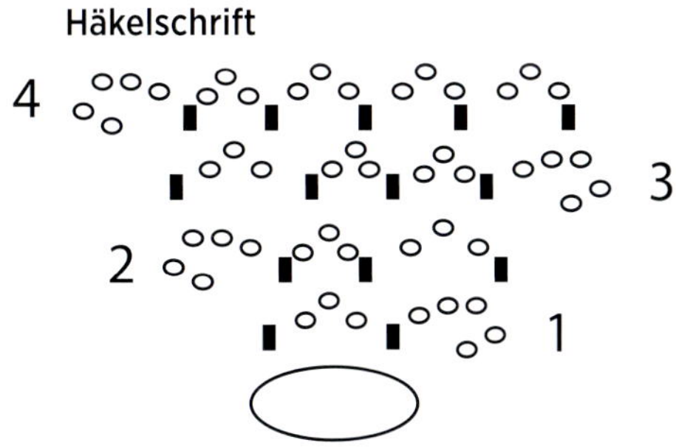

Zeichenerklärung

○ = Luftmasche

▮ = Feste Masche

⬭ = flexibler Fadenring

Modell Seite 12–13

Stola Schätzchen

Meine Lieblingsfarbe ist bunt,
so könnte das Motto für diese fulminante Stola lauten. Bestechende Farben, so federleichte, weiche Wolle, dass wir kaum noch Worte finden, und so schnell gehäkelt, dass wir ruckzuck die ganze Nachbarschaft oder alle Bürokolleginnen beglücken können. Die Farbkarte bietet 24 unglaublich tolle Farben. 5 davon haben wir verwendet. Möglichkeiten in deiner persönlichen Lieblingskombi? Unendlich!

Welche Maschen-Typen musst du beherrschen, um dieses Modell zu häkeln?
Luftmaschen
Stäbchen

Welches Material benötigst du?
500 g Schlauchbändchengarn mit leichtem Flausch aus 74 % Alpaka, 13 % Schurwolle Merino, 13 % Polyamid: ALPACA MODA von Lana Grossa, je 100 g in Flieder (Fb. 17), Dunkelrot (Fb. 10), Rost (Fb. 20), Fuchsia (Fb. 18) und Camel (Fb. 21), mit einer Lauflänge von 135 m / 50 g
Beachte, dass von allen Farben Reste bleiben. Insgesamt wiegt die Stola nur 275 g.
1 Häkelnadel der Stärke 6 mm

Wie groß ist das fertige Modell?
Die Stola ist 40 cm breit und 235 cm lang.

Beachte die Maschenprobe!
Mit Nadelstärke 6 mm in Stäbchen-Reihen gehäkelt, ergeben 12 Maschen in der Breite und 9 Reihen in der Höhe 10 x 10 cm.

Stäbchen

Was du sonst noch wissen musst!
Die Stola wird sehr locker gehäkelt, damit sie schön flauschig wird.
Beachte die Farbfolge: 16 Reihen Flieder, 16 Reihen Dunkelrot, 8 Reihen Camel, 16 Reihen Rost, 16 Reihen Fuchsia, 8 Reihen Camel, 16 Reihen Flieder, 16 Reihen Dunkelrot, 8 Reihen Camel, 16 Reihen Rost, 16 Reihen Fuchsia.
Nachfolgend werden Masche und Maschen mit M und Reihe und Reihen mit R abgekürzt.

Jetzt geht's los!
1. Schlag mit Flieder 47 Luft-M plus 3 Wende-Luft-M an. Die 3 Wende-Luft-M ersetzen das erste Stäbchen.
2. Häkle in die 5. Luft-M ab Nadel das 1. Stäbchen der R und dann in jede der folgenden 45 Luft-M 1 Stäbchen. Die Reihe besteht nun aus 46 Stäbchen plus den 3 Wende-Luft-M, also 47 M insgesamt.
3. Halte ab der 1. Stäbchen-R die oben beschriebene Farbfolge ein. Beginne jede R mit 3 Steige-Luft-M und beende jede R mit einem Stäbchen in die oberste der 3 Steige-Luft-M.
4. Beende nach 152 R die Arbeit, schneide den Faden ab und zieh ihn durch die letzte M.
5. Vernäh sorgfältig alle Fäden.
6. Hab Spaß beim Tragen oder Verschenken.

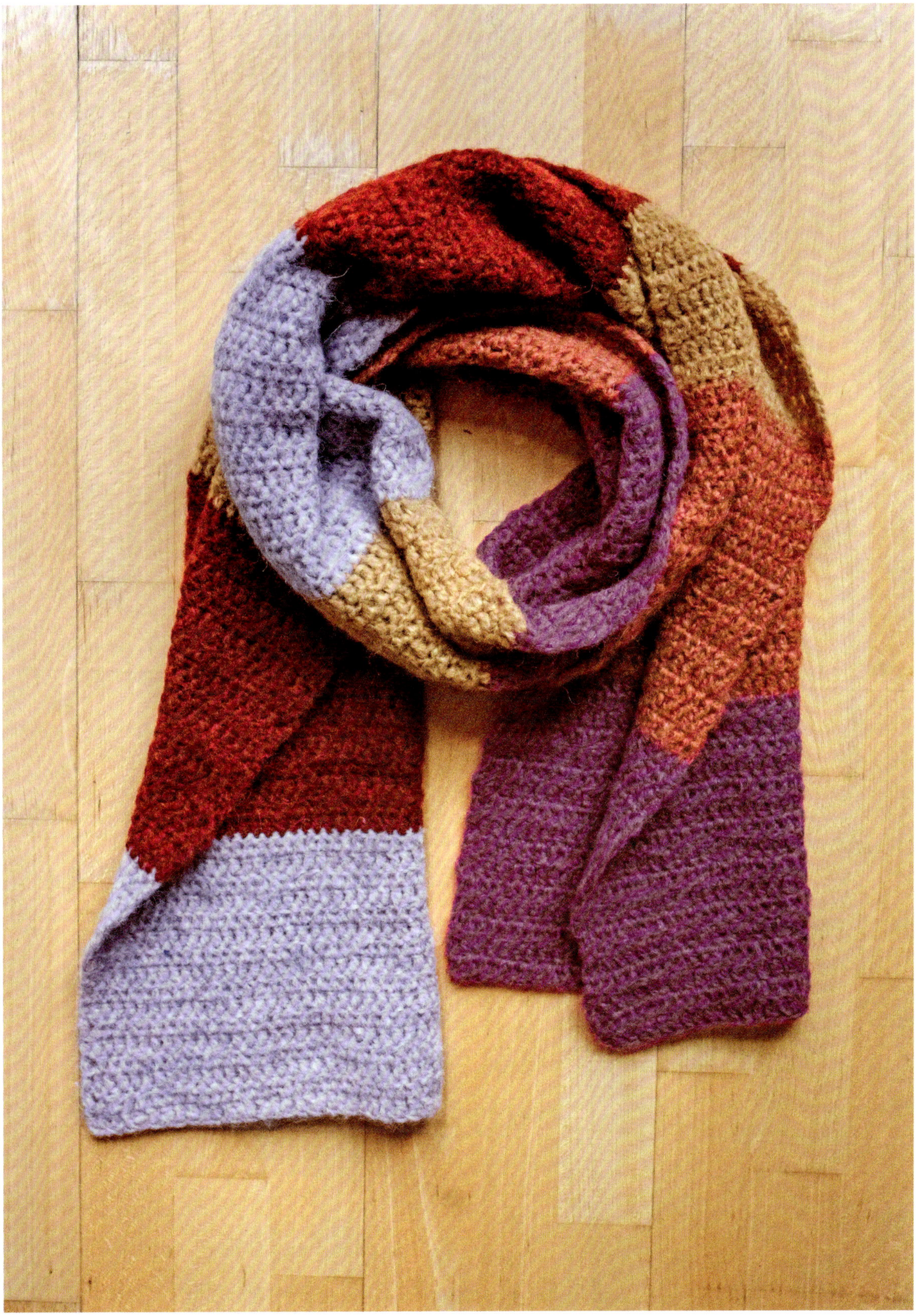

Modell Seite 14–15

Beutel Herzallerliebst

Der Herzchen-Beutel muss kein Herzchen-Beutel bleiben.
Nimm dir Karopapier und zeichne dir für die Vorderseite des Beutels 29 Kästchen in der Breite und 28 Kästchen in der Höhe auf. In die Kästchen kannst du nun einen beliebigen Schriftzug, ein grafisches Muster oder ein Motiv einzeichnen. Macht irgendwie süchtig ...

Welche Maschen-Typen musst du beherrschen, um dieses Modell zu häkeln?
Luftmaschen
Kettmaschen
Feste Maschen
Stäbchen

Welches Material benötigst du?
150 g Baumwollgarn aus 100 % Baumwolle:
PIMA von Lana Grossa in Gelb (Fb. 11), mit einer Lauflänge von 125 m / 50 g
1 Häkelnadel der Stärke 3 mm

Wie groß ist das fertige Modell?
Der Beutel ist ohne Henkel ca. 35 cm breit, hat also einen Umfang von ca. 70 cm, und ist 45 cm hoch.

Beachte die Maschenprobe!
Mit Nadelstärke 3 mm mit Stäbchen gehäkelt, ergeben 8 Kästchen aus je 3 Maschen in der Breite und 8 Reihen in der Höhe 10 x 10 cm.

Was du sonst noch wissen musst!
Nachfolgend werden Masche und Maschen mit M sowie Runde und Runden mit Rd abgekürzt.
Gehäkelt wird hier nach einem Zählmuster. Das Muster nennt man „Filetmuster“ oder „Filethäkelei“. Du kannst jegliches Motiv einhäkeln, indem du ausgefüllte Kästchen aus je 3 Stäbchen häkelst, oder ein offenes Kästchen- oder Gittermuster aus 1 Stäbchen und 2 Luft-M.

Filet-Technik

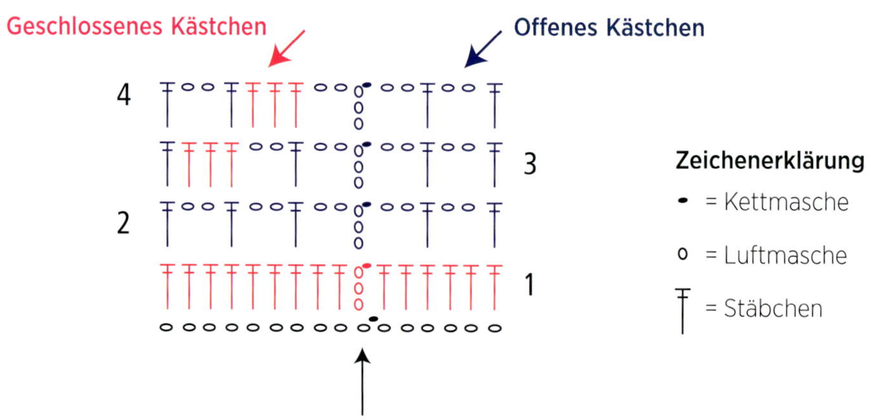

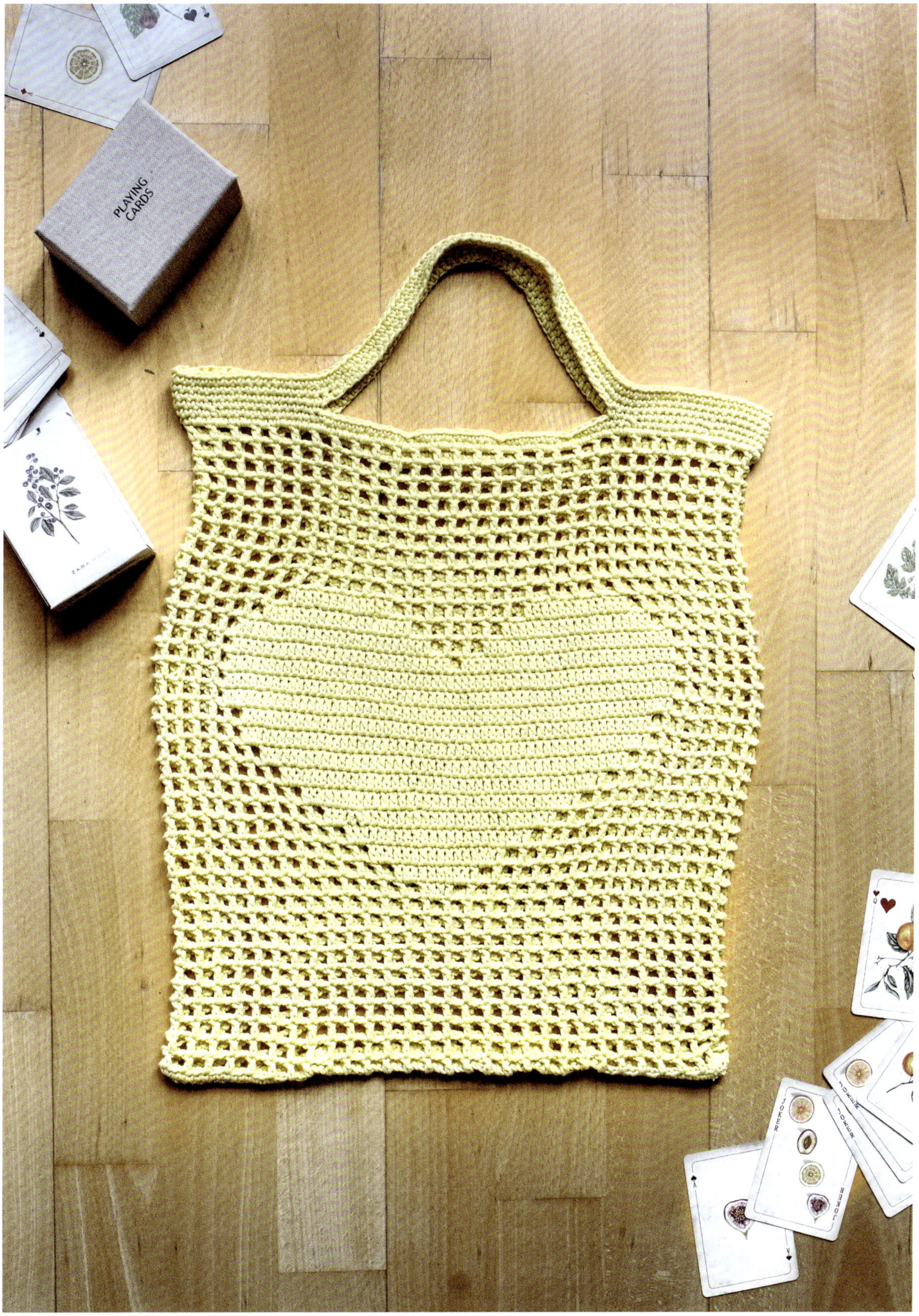
PLAYING CARDS

Jetzt geht's los!

1. Häkle eine Luft-M-Kette aus 174 M.

2. Die Kette schließt du mit einer Kett-M in die erste Luft-M zur einer Rd. Achte darauf, dass du die Kette nicht verdreht schließt.

3. Häkle 3 Steige-Luft-M und 2 Luft-M für das 1. offene Kästchen. Schau dazu auch die Häkelschrift an.

4. Überspringe nun 2 Luft-M und häkle in die 3. Luft-M der Vor-Rd 1 Stäbchen.

5. Häkle 2 Luft-M, überspringe 2 M der Vor-Rd und häkle in die 3. mögliche M 1 Stäbchen.

6. Wiederhole den Schritt 5 bis zum Rd-Ende. Am Ende der Rd solltest du nach dem letzten Stäbchen noch 2 Luft-M übrighaben.

7. Schließe die Rd mit 1 Kett-M in die oberste der 3 Steige-Luft-M; die 1. Runde ist nun geschafft.

8. Häkle die 2. bis 38. Rd, indem du das Motiv 2x nach Schema ausführst, also 1x auf der Vorder- und 1x auf der Rückseite der Tasche. Achte darauf, welche Kästchen offen und welche gefüllt sind. Bei den gefüllten Kästchen kannst du die beiden Stäbchen um die darunter liegenden Luft-M häkeln. Du brauchst nicht in die Luft-M zu stechen. Das geht etwas schneller.

9. In der 39. Rd nimmst du nach Schema ab, indem du an den Stellen mit den roten Kästchen um den Luft-M-Bogen nur 1 statt 2 Stäbchen häkelst (= 162 M).

10. Häkle in der 40. Rd in jede Stäbchen 1 feste M und in jede Luft-M 1 M (= 162 feste M).

11. In der 41. Rd weiter feste M häkeln und jede 16. M übergehen (= 152 M).

12. Noch eine Rd feste M, dann die M für den Henkel vorbereiten: 19 feste M, 38 M mit 50 Luft-M übergehen, das wird der vordere Henkel; 38 feste M, 38 M mit 50 Luft-M übergehen, das wird der hintere Henkel. Mit 19 festen M. die Rd beenden.

13. Noch 3 Rd feste M häkeln, dabei in der 1. Rd in jede Luft-M 1 feste M arbeiten.

14. Die letzte Rd mit einer Kett-M beenden.

15. Vernäh sorgfältig alle Fäden und dämpf die Tasche mit viel Dampf platt.

16. Hab Spaß beim Einkaufen, Verstauen oder Verschenken.

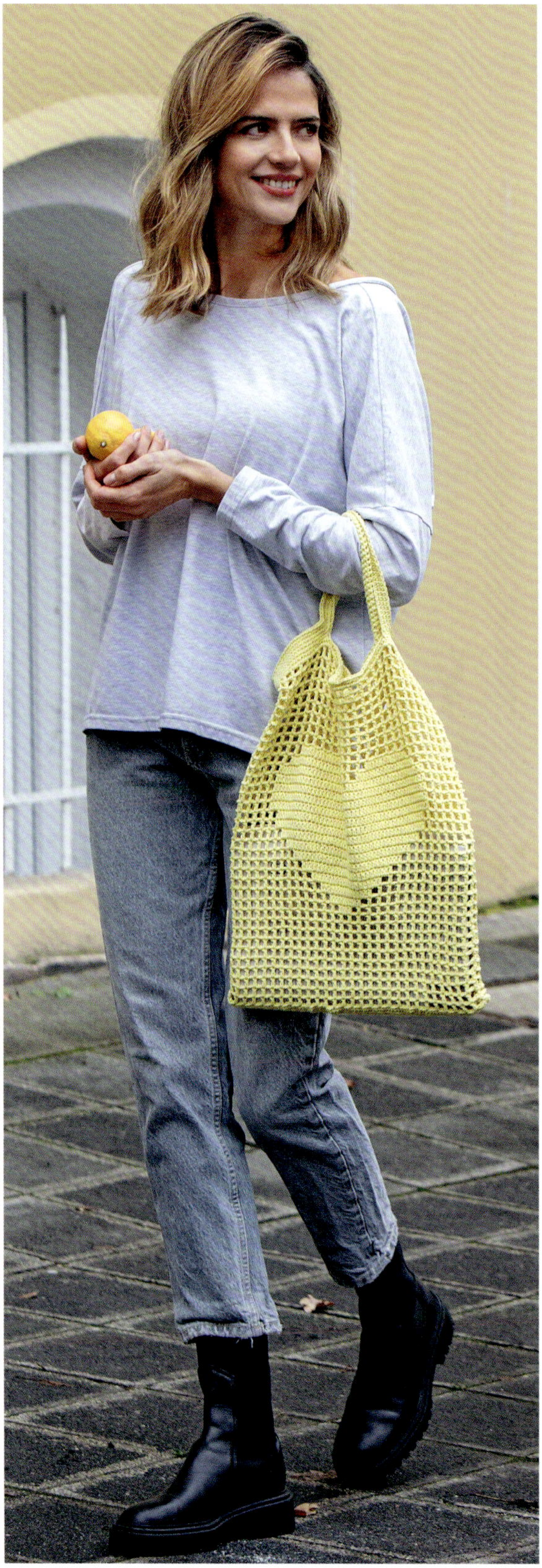

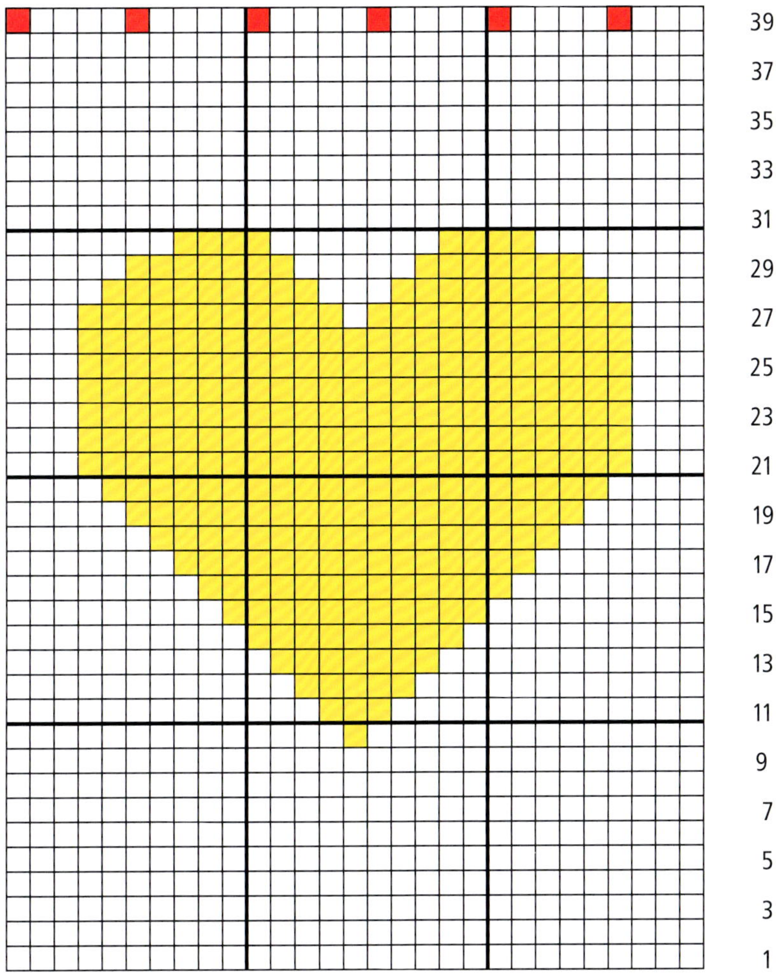

Vorderseite und Rückseite
Jeweils 29 Filet-Kästchen = 87 Maschen

Zeichenerklärung

☐ = 1 Stäbchen und 2 Luftmaschen = 1 offenes Filet-Kästchen

Gelbes Kästchen = 3 Stäbchen = 1 ausgefülltes Filet-Kästchen

Rotes Kästchen = Abnahme: 1 offenes Kästchen aus 1 Stäbchen und 1 Luftmasche

Modell Seite 16–17

Beutel Funny Fruits

Den fröhlich bunten Beutel sollte man in rauen Mengen *immer und überall deponieren, denn einzupacken gibt es doch immer was, oder? Auch daheim im Besenschrank oder Keller kann er helfen, für farbenfrohe Ordnung zu sorgen, ohne Regalplatz einzunehmen, und stattdessen schön dezent und aufgeräumt an der Wand zu hängen.*

Welche Maschen-Typen musst du beherrschen, um dieses Modell zu häkeln?

Luftmaschen
Kettmaschen
Feste Maschen
Halb-Stäbchen
Stäbchen

Welches Material benötigst du?

Pro Tasche 300 g mercerisiertes Baumwollgarn aus 100 % Baumwolle: COTONE von Lana Grossa, je 150 g in Kürbis (Fb. 39) oder Weinrot (Fb. 4), und je 150 g in Flieder (Fb. 07) oder Nelke (Fb. 02), mit einer Lauflänge von 125 m / 50 g
1 Häkelnadel der Stärke 3 mm

Halb-Stäbchen

Wie groß ist das fertige Modell?

Der Beutel wird ohne Henkel ca. 35 cm breit, hat also einen Umfang von ca. 70 cm, und ist 40 cm hoch.

Beachte die Maschenprobe!

Mit Nadelstärke 3 mm mit Stäbchen gehäkelt, ergeben 18 Maschen (6 Gruppen à 3 Stäbchen) in der Breite und 13 Reihen in der Höhe 10 x 10 cm.

Was du sonst noch wissen musst!

Nachfolgend werden Masche und Maschen mit M sowie Runde und Runden mit Rd abgekürzt.
Die Angaben für die Variante 1 in Kürbis-Flieder stehen vor der Klammer, die für die Variante 2 in Weinrot-Nelke in der Klammer.

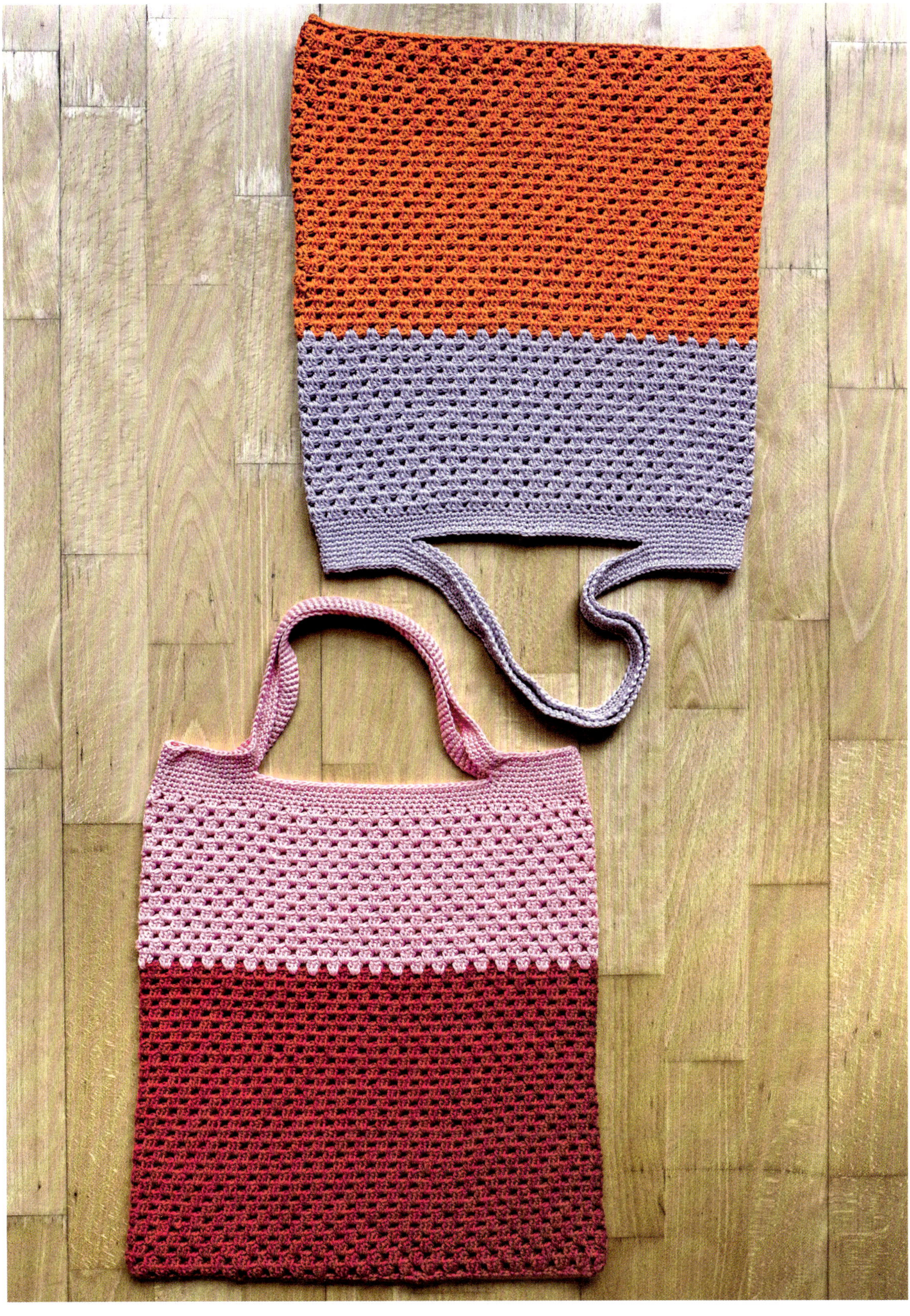

Modell Seite 16–17

Jetzt geht's los!

1. Häkle mit der Nadel 3 mm mit Kürbis (Weinrot) eine Kette aus 132 Luft-M.

2. Die Kette schließt du mit einer Kett-M in die erste Luft-M zu einer Runde. Achte darauf, dass du die Kette nicht verdreht schließt.

3. Häkle 3 Steige-Luft-M und 2 Stäbchen in die M, in die du auch die Kett-M gehäkelt hast.

4. Überspringe nun 2 Luft-M und häkle in die 3. Luft-M 3 Stäbchen.

5. Wiederhole den Schritt 4 bis zum Rd-Ende. Am Ende der Rd solltest du nach der letzten 3er-Gruppe noch 2 Luft-M übrighaben.

6. Schließ die Rd mit 1 Halb-Stäbchen in die oberste der 3 Steige-Luft-M.

7. Die neue Rd beginnst du nun in dem unter dem Halb-Stäbchen liegenden Zwischenraum. Du häkelst zunächst eine Luft-M um diesen Zwischenraum plus 2 Luft-M. Diese 3 Luft-M ersetzen wieder das 1. Stäbchen der Rd. Noch zwei weitere Stäbchen in den Zwischenraum und die neue Rd ist gestartet.

8. Häkle in jeden weiteren Zwischenraum zwischen den 3er-Stäbchen-Gruppen wieder 3 Stäbchen. Die Rd schließt du wieder wie unter Schritt 6 beschrieben.

9. Die folgende und alle weiteren Rd beginnst du wie unter Schritt 7 beschrieben.

10. Schritte 6 und 7 wiederholst du noch 27x (= insgesamt 29 Runden).

11. Nun wechselst du die Farbe zu Flieder (Pink) und häkelst weitere 15 Rd.

12. Für den oberen Abschluss weiter in festen Maschen in Spiral-Rd weiterhäkeln. In der ersten dieser Rd häkle in jedes Stäbchen eine feste M (= 132 M). Markiere den Rd-Übergang mit einem Maschenmarkierer oder einem Faden.

13. Nach 2 cm häkelst du für die Henkel nun wie folgt: 16 feste M, dann 70 Luft-M, mit denen du die folgenden 34 festen M übergehst. Die folgende feste M häkelst du also in die 51. M der Vor-Rd. Weitere 32 feste M häkeln, dann wieder die folgenden 34 M mit 70 Luft-M übergehen und nochmals 16 feste M häkeln bis zum Rd-Ende.

14. In der folgenden Rd nun 16 feste M, 70 feste M in die 70 Luft-M für den Henkel, 32 feste M, 70 feste M in die 70 Luft-M, 16 feste M. Insgesamt besteht die Rd nun aus 204 festen M.

15. Noch 3 Rd feste M häkeln.

16. Die letzte Rd mit einer Kett-M beenden.

17. Hab Spaß beim Einkaufen, Verstauen oder Verschenken.

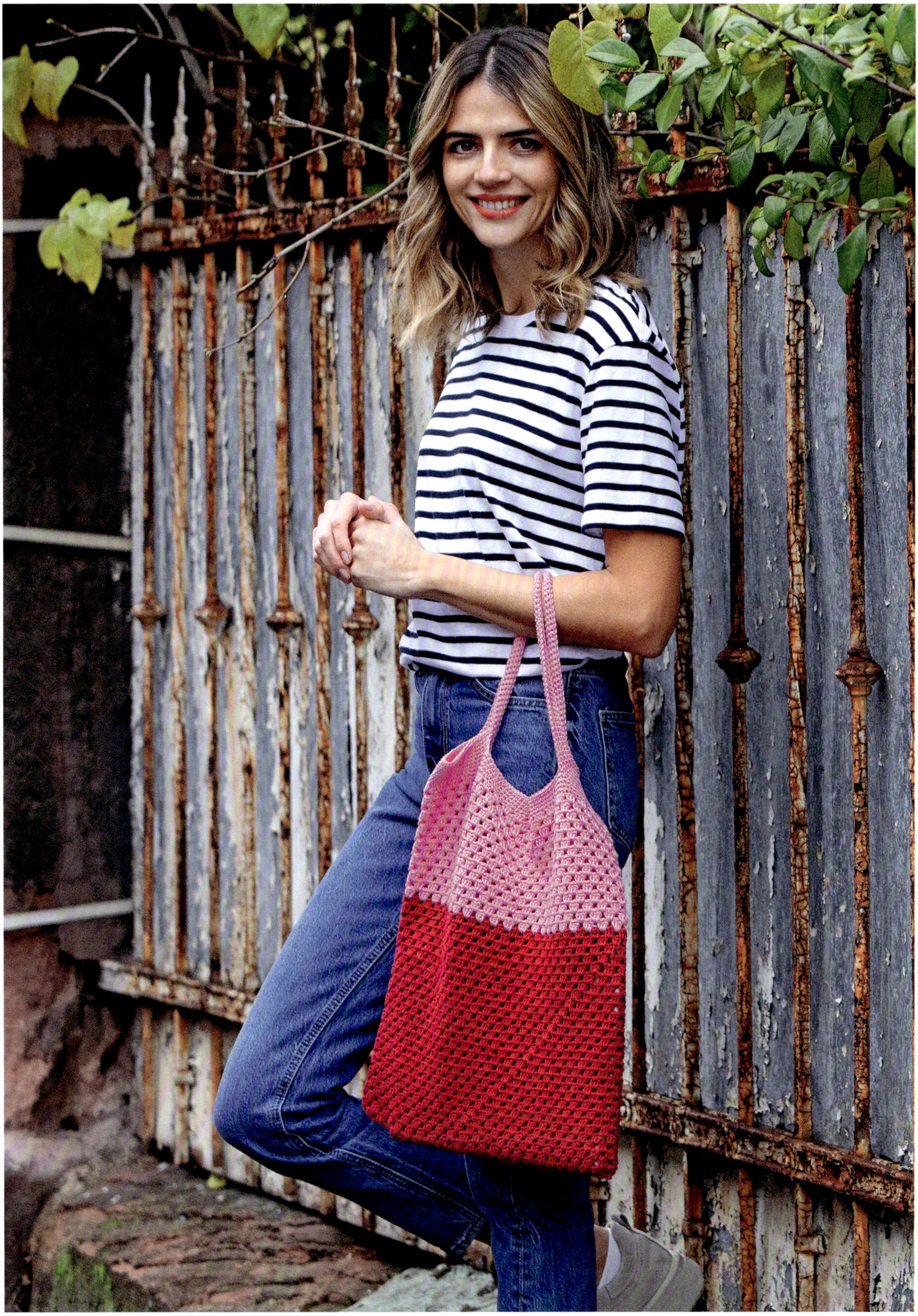

Modell Seite 18–19

Stirnband Happy

Bad-Hair-Days gehören der Vergangenheit an.

Mit dem Stirnband wird jeder Tag zum Happy Day. Daher sollte man mehrere davon in einer großen Farbauswahl parat haben. Schnell gehäkelt, super soft und nebenbei das perfekte modische Statement, kaschiert es auch mal den Haaransatz, wenn der Friseur wieder wochenlang ausgebucht ist.

Welche Maschen-Typen musst du beherrschen, um dieses Modell zu häkeln?
Luftmaschen
Kettmaschen
Feste Maschen in Spiral-Runden
Halb-Stäbchen

Welches Material benötigst du?
100 g mitteldickes Kettengarn aus 78 % Merino-Schurwolle, 12 % Kaschmir und 10 % Polyamid: ALTA MODA CASHMERE 16 von Lana Grossa in Minttürkis (Fb. 34), mit einer Lauflänge von 110 m / 50 g
Je 1 Häkelnadel der Stärke 5 mm und 4 mm

Wie groß ist das fertige Modell?
Das Stirnband ist ca. 11 cm breit und hat einen Umfang, der zu einem Kopfumfang von ca. 52–55 cm passt. Soll das Band einen kleineren oder größeren Umfang haben, kannst du die Größe einfach durch eine Reihe mehr oder weniger anpassen. Eine Reihe ist 1 cm hoch.

Beachte die Maschenprobe!
Mit Nadelstärke 5 mm mit Halb-Stäbchen gehäkelt, ergeben 15 Maschen in der Breite und 10 Reihen in der Höhe 10 x 10 cm.

Was du sonst noch wissen musst!
Nachfolgend werden Masche und Maschen mit M, Reihe und Reihen mit R sowie Runde und Runden mit Rd abgekürzt.

Jetzt geht's los!
1. Häkle mit Häkelnadel 5 mm 18 Luft-M.
2. Häkle das erste Halb-Stäbchen in die 4. M ab Nadel und in jeder der folgenden Luft-M ebenfalls ein Halb-Stäbchen. Du hast nun 15 Halb-Stäbchen gehäkelt, zusätzlich ersetzen die 3 Wende-Luft-M das erste Halb-Stäbchen der R (= insgesamt 16 M).
3. Häkle 48 R, dann schneide den Faden lang ab und nutze ihn später zum Zusammennähen.
4. Mit Nadel 4 mm häkelst du nun für das Raffband in der Mitte des Stirnbandes 16 Luft-M und in die erste Luft-M eine Kett-M.
5. Häkle in die M, in die du die Kett-M gehäkelt hast, und in alle weiteren Luft-M jeweils 1 feste M und versuche, möglichst fest zu häkeln.
6. In Spiral-Rd nun 10 Runden feste M häkeln.
7. Faden abschneiden und vernähen.
8. Fädel nun das Raffband auf das Stirnband. Damit wird das Stirnband in der Mitte zusammengerafft.
9. Schließ nun die Naht des Stirnbandes von links im Überwendlichstich.
10. Das Raffband musst du nun noch in der Mitte platzieren und die Falte rechts und links davon schön zupfen.
11. Hab Spaß beim Tragen oder Verschenken.

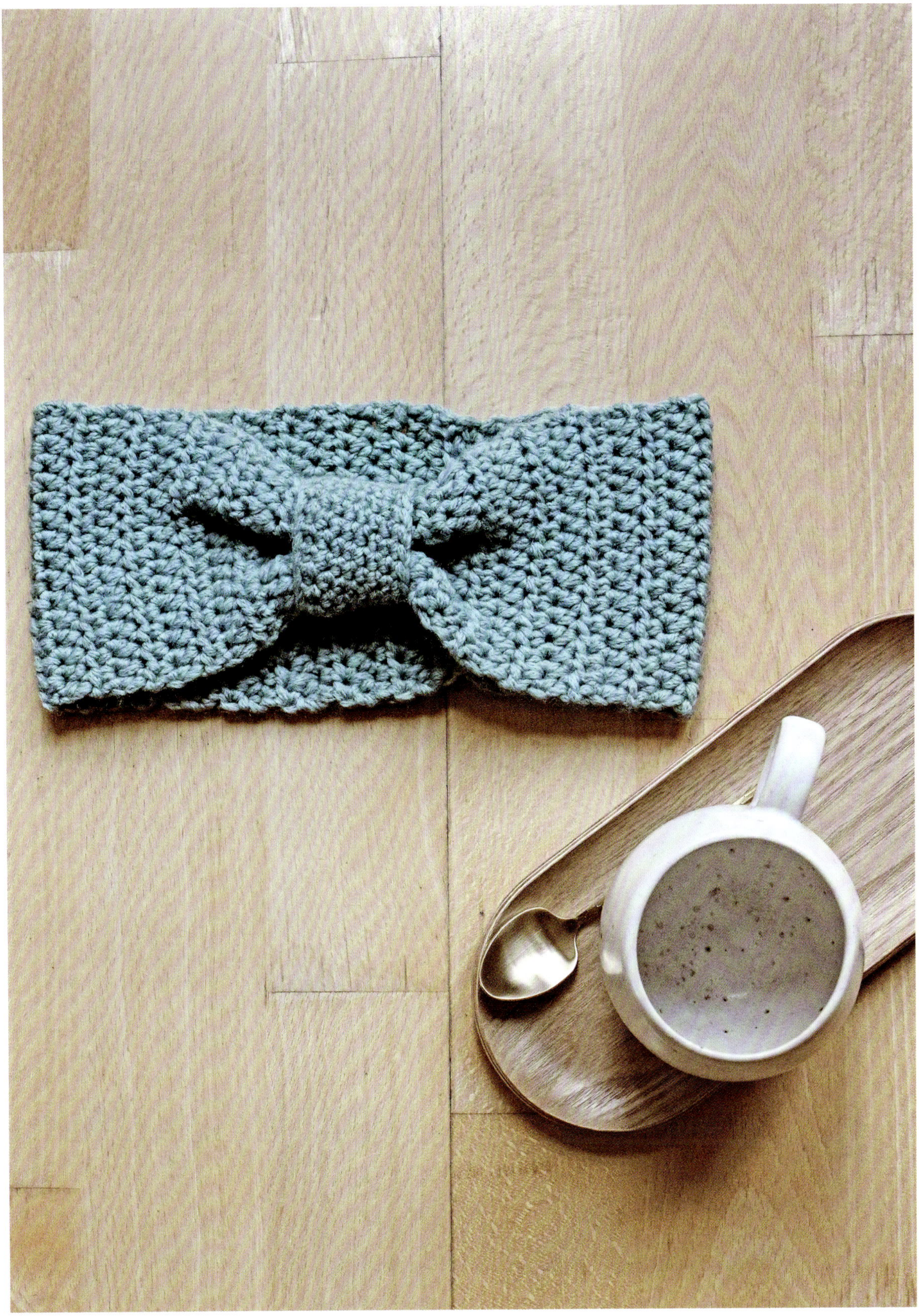

Sommershirt Hawaii

Die Färbung der Wolle zaubert dieses kunterbunte, *wie mit Aquarellfarben gemalte Streifenmuster. Du musst nichts machen außer staunen, was das Zeug hält, und fasziniert Masche für Masche zuschauen, wie immer neue Farben aus dem Knäuel hüpfen. Der Schnitt ist unkompliziert und das Beste daran ist, dass du die Ärmel nicht einnähen musst, sondern gleich in einem Stück anhäkelst. Und zack: fertig!*

Welche Maschen-Typen musst du beherrschen, um dieses Modell zu häkeln?

Luftmaschen
Kettmaschen
Stäbchen
In Runden häkeln

Welches Material benötigst du?

500 g voluminöses Kettengarn aus Merinowolle mit Farbverlauf aus 90 % Schurwolle Merino, 10 % Polyamid: PAPPAGALLO von Lana Grossa in Bordeaux-Grün-Orange-Pink-Grau-Terracotta-Dunkeloliv-Beere-Brombeer-Lachs gestreift (Fb. 7), mit einer Lauflänge von 250 m / 100 g
1 Häkelnadel der Stärke 4 mm

Wähle die richtige Größe aus!

Du kannst das Shirt in vier verschiedenen Größen häkeln: Größe 36–38, 40–42, 44–46 oder 48–50. Die Angaben für die kleinste Größe stehen vor der Klammer, für die Größe 40–42 in der Klammer an erster Stelle, für 44–46 in der Klammer an zweiter Stelle und für die größte Größe am Ende der Klammer. Steht nur eine Angabe in der Anleitung, so gilt sie für alle Größen.

Beachte die Maschenprobe!

Mit Nadelstärke 4 mm mit Stäbchen gehäkelt, ergeben leicht gedehnt 24 Maschen in der Breite und 15 Reihen in der Höhe 10 x 10 cm.

Was du sonst noch wissen musst!

Zunächst wird in Runden gehäkelt. Erst auf Höhe der Ärmel wird in Reihen gearbeitet. Das hat den entscheidenden Vorteil, dass du nur die Schulternähte schließen musst.
Es steht eine Häkelschrift zur Verfügung. Kontrolliere hier nochmals, ob du das Muster verstanden hast.
Nachfolgend werden Masche und Maschen mit M, Reihe und Reihen mit R und Runde und Runden mit Rd abgekürzt.

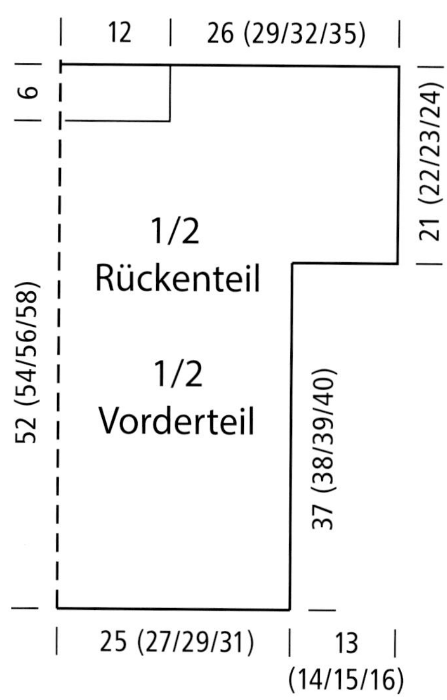

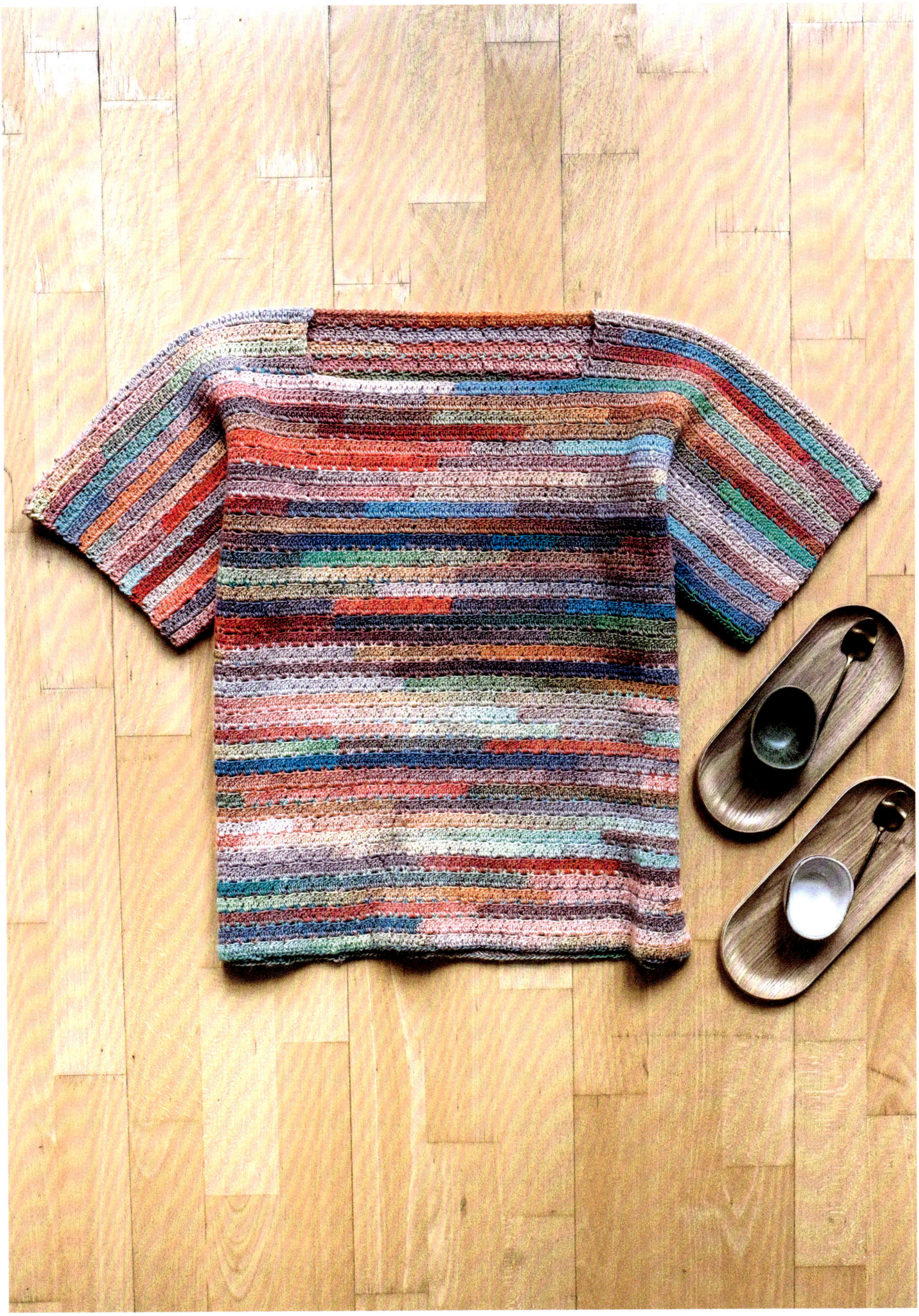

Jetzt geht's los!

VORDER- UND RÜCKENTEIL

1. Schlag 240 (264 / 288 /312) Luft-M an.

2. Die Kette schließt du mit einer Kett-M in die erste Luft-M zur einer Rd. Achte darauf, dass die Luft-M-Kette nicht verdreht ist. Vergleiche im Folgenden auch mit der Häkelschrift „Muster in Runden".

3. Starte die 1. Rd mit 3 Steige-Luft-M und häkle das 1. Stäbchen in die 5. Luft-M ab Nadel. Die 3 Steige-Luft-Maschen ersetzen das 1. Stäbchen der Rd.

4. Häkle in die folgenden 239 (263/287/311) Luft-M jeweils 1 Stäbchen.

5. Schließ die Rd mit einer Kett-M in die oberste der Steige-Luft-M.

6. Beginne die 2. Rd mit einer Steige-Luft-M, ***übergeh mit 2 Luft-M die folgenden beiden Stäbchen und häkle 1 feste M in das 3. mögliche Stäbchen***. Wiederhole den Vorgang von *** bis *** bis Rd-Ende. Schließe die Rd mit 1 Kett-M in die Steige-Luft-M.

7. Wiederhole die 1. und 2. Rd nun solange, bis du insgesamt 26x (27x/28x/29x) die beiden Rd gehäkelt hast.

OBERES RÜCKENTEIL MIT ÄRMELN

8. Schlag mit einem neuen Faden 2 Luft-M-Ketten zu je 30 Luft-M + 3 Steige-Luft-M an. Beginn über der ersten Luft-M-Kette nach der Häkelschrift „Muster in Reihen" und häkle das 1. Stäbchen in die 5. Luft-M ab Nadel.

9. Häkle über die Luft-M-Kette, und dann fortlaufend über die folgenden 120 (132/144/156) M des Rückenteils, und dann weiter über die Luft-M der zweiten Luft-M-Kette. Die Luft-M-Ketten bilden die Ärmel. Insgesamt häkelst du nun über 180 (192/204/216) M.

10. Häkle insgesamt 14x die 1. und 2. R nach Häkelschrift und noch 1x die 1. R, damit du mit einer Stäbchen-R endest. Das Rückenteil ist nun fertig.

OBERES VORDERTEIL MIT ÄRMELN

11. Beginne das Vorderteil wie das Rückenteil bei Schritt 8.

12. Häkle insgesamt 10x die 1.–2. R nach Häkelschrift und 1x die über 180 (192/204/216) M.

13. Für den vorderen Ausschnitt häkelst du nun eine Rück-R nur über die 1.–67. M. Dann wendest du die Arbeit.

14. Nun werden noch 3x die 1.–2. R nach Häkelschrift und noch 1x als Abschluss eine Stäbchen-R gehäkelt. Und die linke Vorderteilhälfte ist fertig.

15. Für die zweite Vorderhälfte zählst du nun 67 M von rechts ab und schlingst dort den Faden wieder an. Du befindest dich in einer Rück-R. und in einer 2. R. Häkle 67 M.

16. Arbeit wenden und weiter wie bei Schritt 14 vorgehen.

ZU GUTER LETZT

17. Schließ die Schulternähte von rechts im Überwendlichstich.

18. Vernäh alle Fäden.

19. Hab Spaß beim Tragen.

Muster in Runden

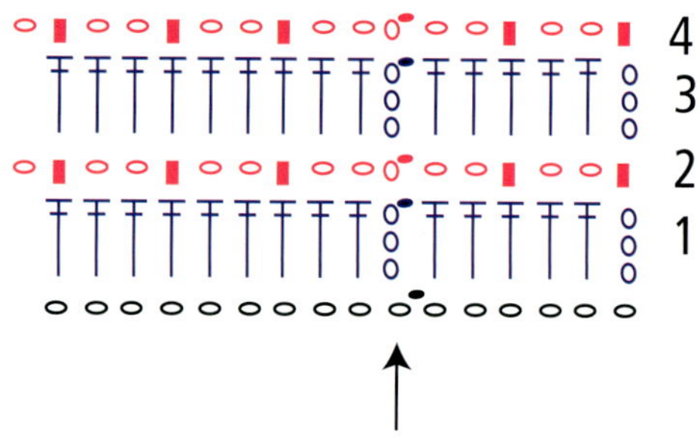

Muster in Reihen

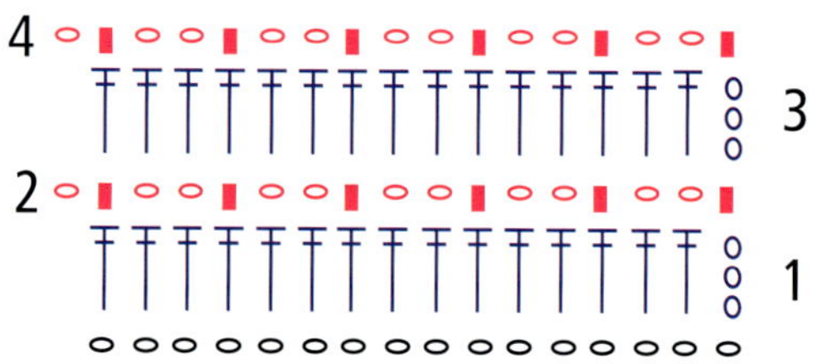

Zeichenerklärung

• = Kettmasche
▮ = Feste Masche
o = Luftmasche
⊤ = Stäbchen

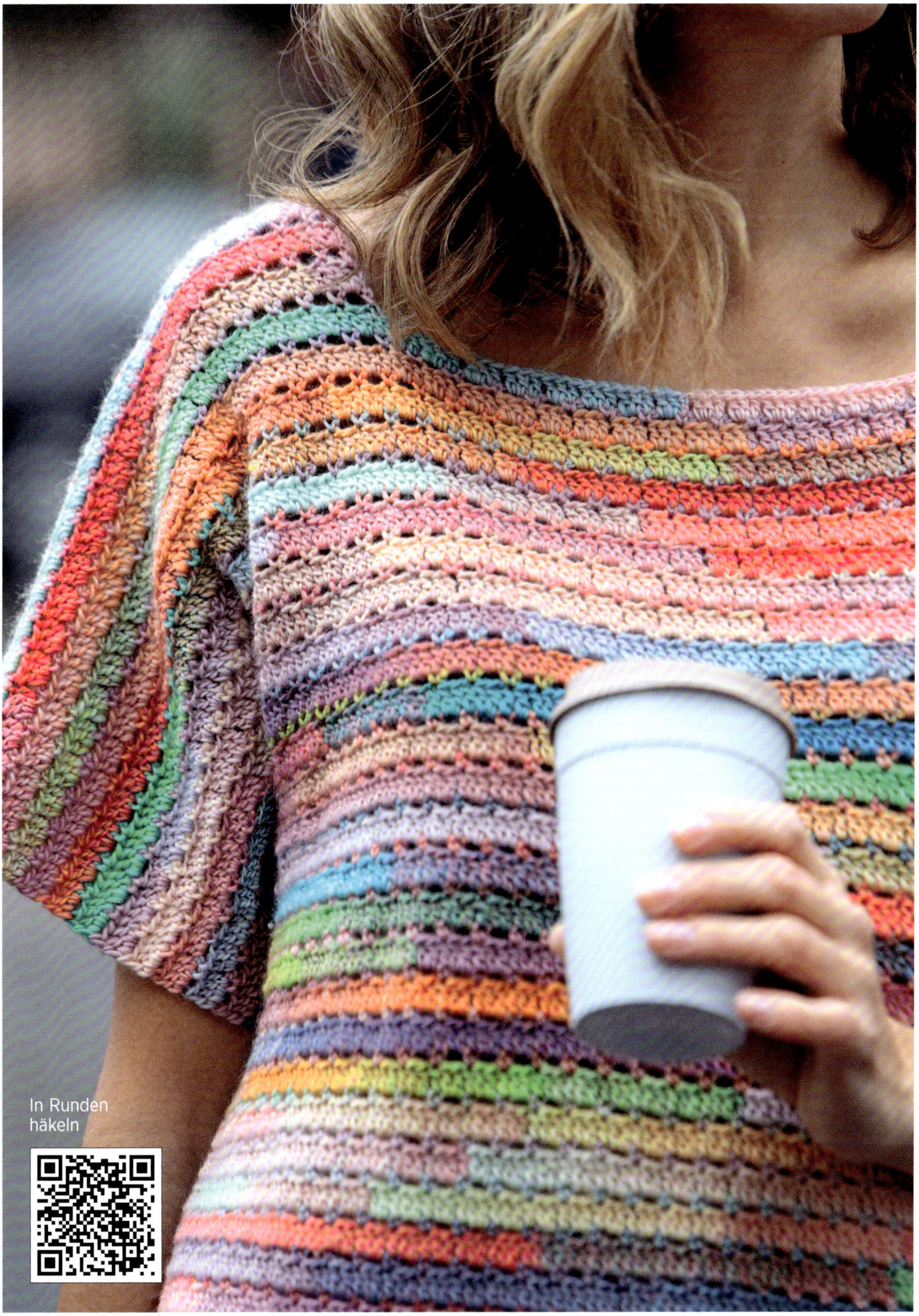
In Runden
häkeln

Modell Seite 22–23

Tuch Granny

Grannys erleben ja gerade ein fulminantes Revival.

Nichts für dich und viel zu sehr „Seventies", meinst du? Aber nein, das geht auch anders. Statt knallbunt in Orange und Pink ist dieses edle Tuch in einem dezenten Ton gehäkelt und hat eine süße kleine, flauschige Rüsche an der Kante. Das macht enormen Eindruck und deine Freundinnen werden staunen, allesamt im Chor, garantiert. Tipp: Auch eine kleine rosa Kante oder ein feines Hellblau in Kontrastfarbe sieht hier hübsch aus.

Welche Maschen-Typen musst du beherrschen, um dieses Modell zu häkeln?

Luftmaschen
Stäbchen

Welches Material benötigst du?

Für das Tuch 500 g feinste Merinowolle aus 100 % mulesingfreier Merinoschurwolle: SOFT MERINO von ggh in Walnussbraun (Fb. 67), mit einer Lauflänge von 170 m / 50 g
Für die Rüsche 50 g feinstes Lacegarn aus 100 % Alpaka: SOFT MERINO von ggh in Walnuss (Fb. 009), mit einer Lauflänge von 133 m / 25 g
1 Häkelnadel der Stärke 4 mm

Wie groß ist das fertige Modell?

Das Tuch ist in der vorderen Mitte ca. 90 cm hoch und hat an der oberen Kante eine Länge von 190 cm.

Beachte die Maschenprobe!

Mit Nadelstärke 4 mm im Grannymuster gehäkelt, ergeben 7 Gruppen à 3 Stäbchen in der Breite und 12 Reihen in der Höhe 10 x 10 cm.

Was du sonst noch wissen musst!

Zu diesem Modell gibt es eine Häkelschrift, in der du das Zunahmeschema gut erkennen kannst. Nachfolgend werden Masche und Maschen mit M und Reihe und Reihen mit R abgekürzt.

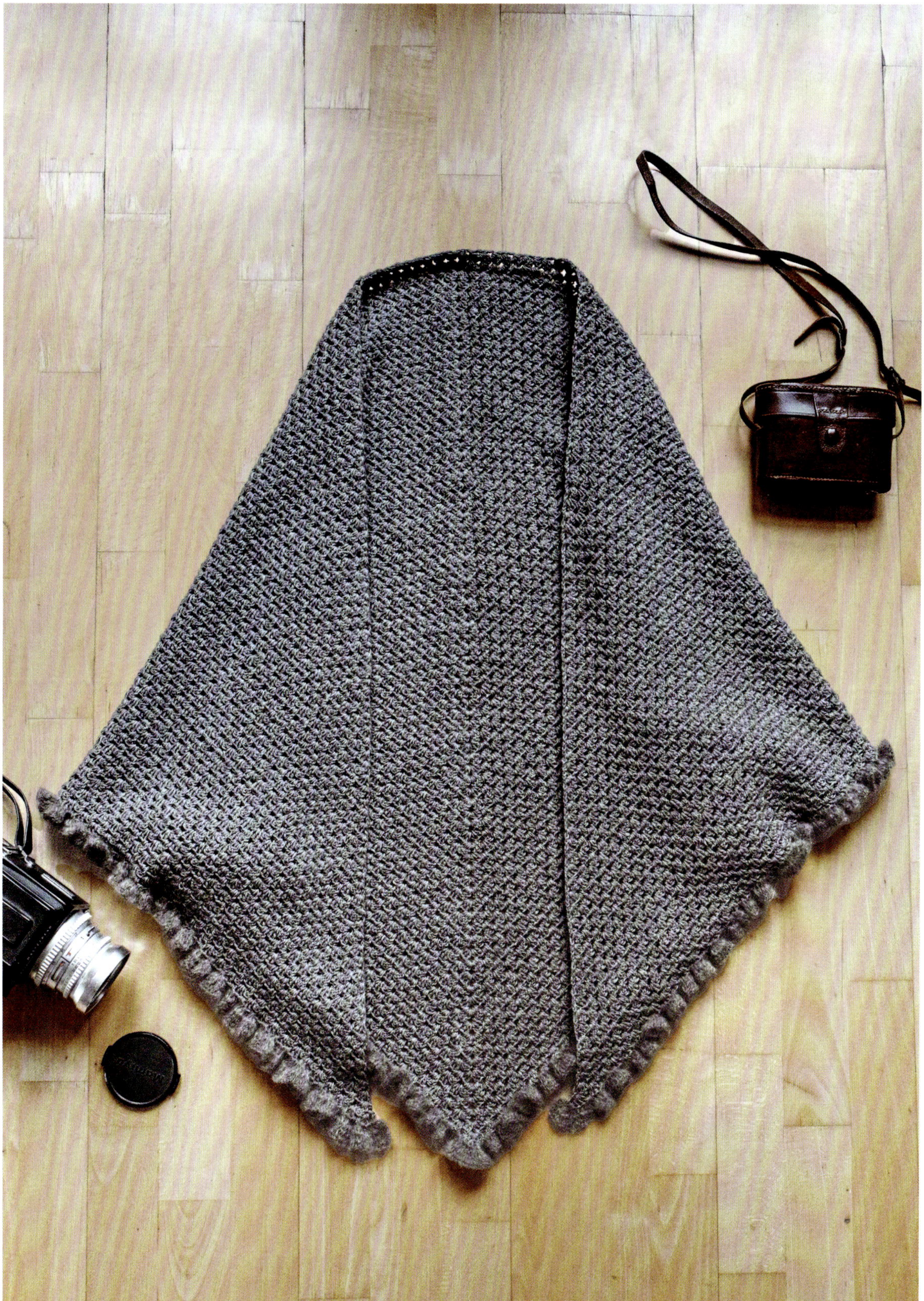

Jetzt geht's los!

DAS TUCH

1. Starte mit der Merinowolle und häkle in einen flexiblen Fadenring 5 Luft-M, 3 Stäbchen, 3 Luft-M, 3 Stäbchen, 1 Luft-M und noch 1 Stäbchen. Das ist die 1. R. Vergleiche mit der Häkelschrift.

2. Wende die Arbeit und beginne wieder – in dieser und in allen weiteren noch folgenden R – mit 5 Luft-M. In den ersten Luft-M-Bogen der einzelnen Luft-M häkelst du 3 Stäbchen, in den mittleren 3er-Luft-M-Bogen der Vor-R 3 Stäbchen, 3 Luft-M und 3 Stäbchen, und in den letzten Luft-M-Bogen der einzelnen Luft-M der Vor-R 3 Stäbchen. Du endest mit 1 Luft-M und einem Stäbchen in die 4. Luft-M der Steige-Luft-M der Vor-R. Die 2. Reihe ist nun fertig.

3. Geh weiter wie in der Häkelschrift beschrieben in allen Reihen vor, bis das Tuch an der langen Seite ca. 190 cm breit ist. Die letzte Reihe besteht aus 80 3er-Stäbchen-Gruppen rechts von der Spitze, den 2 Stäbchen-Gruppen in der Spitze und nochmals 80 Stäbchen-Gruppen links der Spitze.

4. Schneid den Faden ab und zieh ihn durch die letzte Masche.

DIE RÜSCHE

5. Starte mit dem Lacegarn. Schling den Faden an einer Ecke an und beginne mit 4 Luft-M. Häkle dann Stäbchen wie folgt:

6. Um den ersten Luft-M-Bogen der Ecke 5 Stäbchen, in jedes Stäbchen der R 1 Stäbchen und in jeden Zwischenraum zwischen den 3er-Gruppen jeweils 5 Stäbchen. In den mittleren Bogen in der Spitze des Tuchs häkelst du 10 Stäbchen. Das sind nun wirklich viele Maschen und leider musst du hier etwas Geduld beweisen. Aber es ist fast geschafft.

7. Wende die Arbeit, beginne wieder mit 4 Luft-M und häkle in jeden Zwischenraum der Stäbchen zwei Stäbchen. Natürlich kannst du auch in jedes Stäbchen zwei Stäbchen häkeln, aber das ist sehr viel aufwendiger, als in die Zwischenräume zu häkeln. Und das Ergebnis ist identisch. Das wird jetzt eine richtig lange, lange Reihe, aber danach:

8. Geschafft!!!

9. Vernäh sorgfältig alle Fäden.

10. Hab Spaß beim Tragen oder Verschenken.

Granny-Dreieck

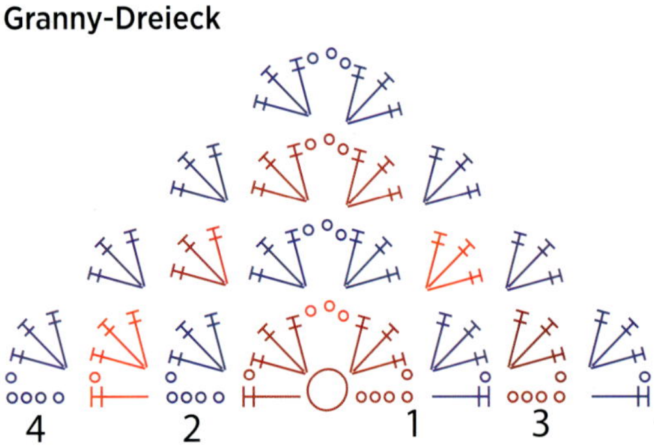

Zeichenerklärung

o = Luftmasche

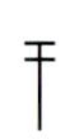 = Stäbchen

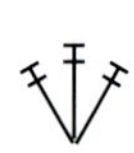 = 3 Stäbchen in den Zwischenraum von 2 Stäbchengruppen der Vorreihe

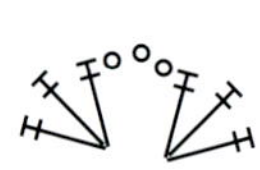 = 3 Stäbchen, 3 Luftmaschen, 3 Stäbchen um den Luftmaschen-Bogen der Vorreihe

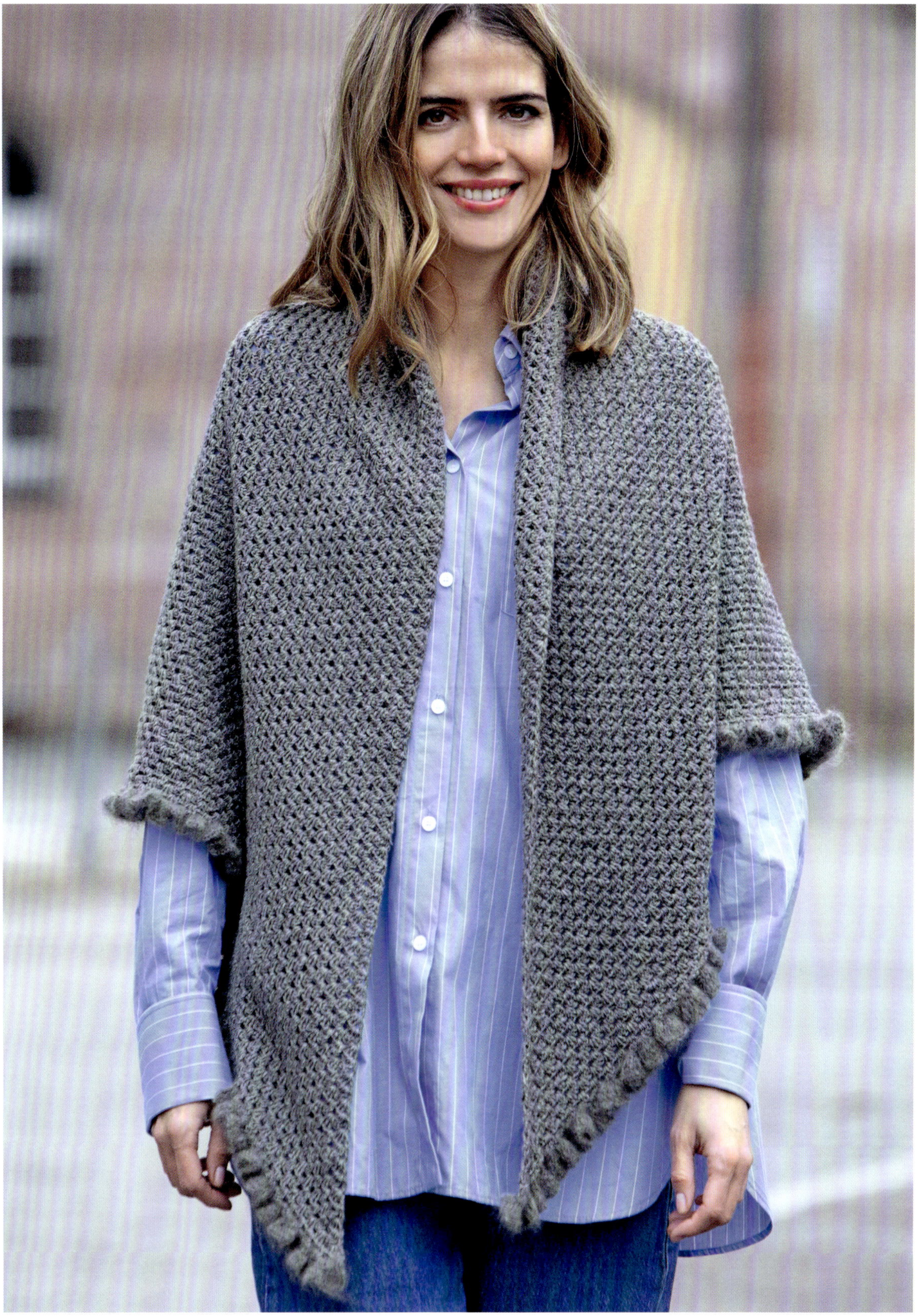

Modell Seite 24–25

Schal Muschel

Du wirst Aufsehen erregen.

Der federleichte Schal, – das zarte Teilchen wiegt weniger als 200 g –, schaut aus wie das Couture-It-Piece der Saison. Das spannende Muschelmuster entsteht, indem jeweils um eine Luftmasche ganz simple Stäbchen gehäkelt werden. Und schon hat man eine fluffige Stola, die ziemlich was hermacht. Übrigens auch in Schwarz meeeeegaaaaa süß. Trag sie im Kontrast zu derber Wolle, Lederjacke oder Tweed. Coole Sache!

Welche Maschen-Typen musst du beherrschen, um dieses Modell zu häkeln?

Luftmaschen
Kettmaschen
Stäbchen

Welches Material benötigst du?

200 g hochflauschige Seiden-Alpaka-Mischung aus 70 % Alpaka, 20 % Seide, 10 % Schurwolle Merino: SETASURI BIG von Lana Grossa in Rost (Fb. 508), mit einer Lauflänge von 100 m/25 g
1 Häkelnadel der Stärke 7 mm

Wie groß ist das fertige Modell?

Die Stola ist 45 cm breit und 190 cm lang.

Beachte die Maschenprobe!

Mit Nadelstärke 7 mm in Muschelreihen gehäkelt, ergeben 2 Muscheln in der Breite ca. 11 cm und 4 Muscheln in der Höhe 10 cm.

Was du sonst noch wissen musst!

Die Stola wird sehr locker gehäkelt, damit sie schön flauschig wird. Häkle nach Häkelschrift. Wenn dir das noch schwerfällt, dann schau dir die Hinweise zum Lesen einer Häkelschrift aus Seiten 56-57 nochmal an.
Nachfolgend werden Masche und Maschen mit M und Reihe und Reihen mit R abgekürzt.

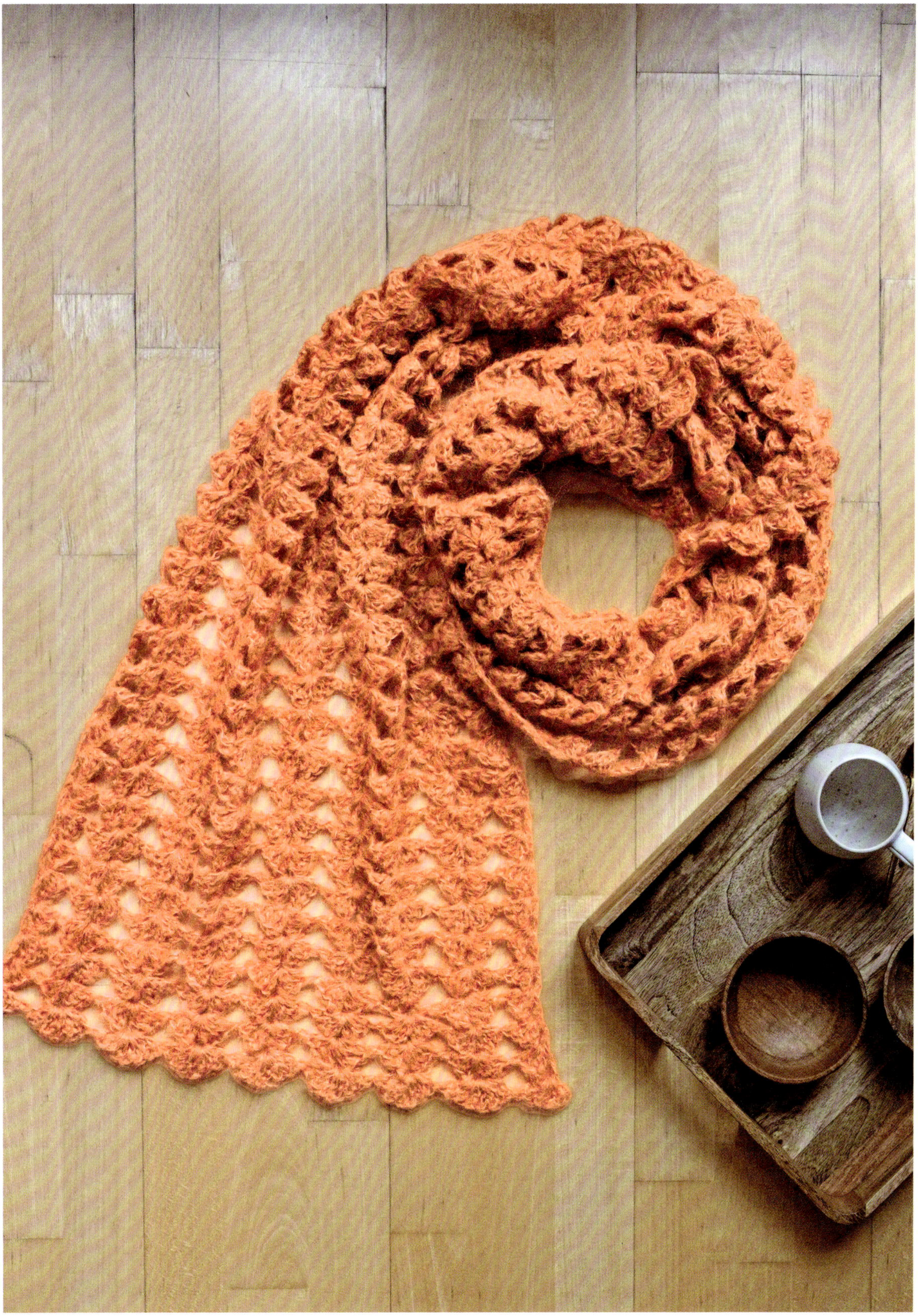

Jetzt geht's los!

DIE ERSTE HÄLFTE

1. Schlag 49 Luft-M plus 4 Wende-Luft-M plus 1 M für die Mitte der ersten Muschel an (= 54 Luft-M). Die letzten 4 Luft-M ersetzen das 1. Stäbchen der R.

2. Häkle in die 6. Luft-M ab Nadel 4 Stäbchen.

3. Überspring 5 Luft-M und *** häkle in die 6. mögliche Luft-M 4 Stäbchen, 1 Luft-M und weitere 4 Stäbchen. Dann überspringst du wieder 5 Luft-M***. Wiederhole den Vorgang von *** bis *** noch 5x. So entsteht das Muschelmuster.

4. Nun beendest du die R mit einer halben Muschel, indem du 4 Stäbchen, 1 Luft-M und ein letztes Stäbchen häkelst. Die erste Reihe ist fertig.

5. Wiederhole die Reihe noch 34x.

6. Schneid den Faden ab und zieh ihn durch die letzte M. Voilà, die erste Hälfte des Schals ist fertig.

DIE ZWEITE HÄLFTE

7. Dreh den Schal um 180 Grad und dreh auch deine Häkelschrift.

8. In der Häkelschrift ist neben dem Pfeil bei 1 A ein kleiner, schwarzer Punkt. Dort schlingst du mit einer Kett-M den Faden wieder an.

9. Häkle 5 Luft-M und in die M, in die du den Faden wieder angeschlungen hast, 4 Stäbchen.

10. Nun gehst du wieder so vor wie bei Schritt 3 beschrieben.

11. Auch in diese Richtung häkelst du insgesamt 35 Muschel-R.

12. Schneide den Faden ab und zieh ihn durch die letzte M.

13. Vernäh sorgfältig alle Fäden.

14. Hab Spaß beim Tragen oder Verschenken.

Muschelmuster 1. Hälfte

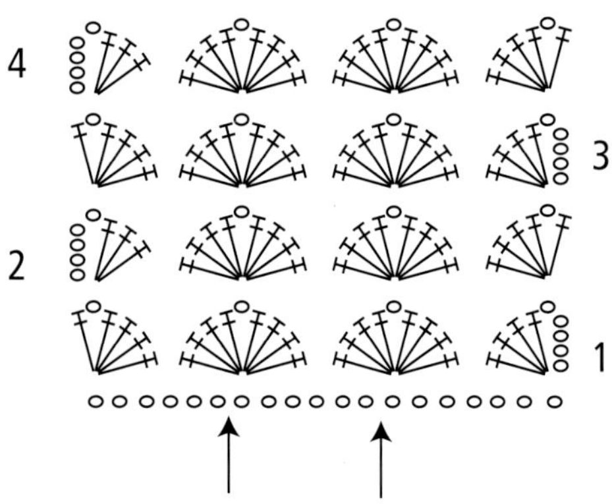

Muschelmuster 2. Hälfte

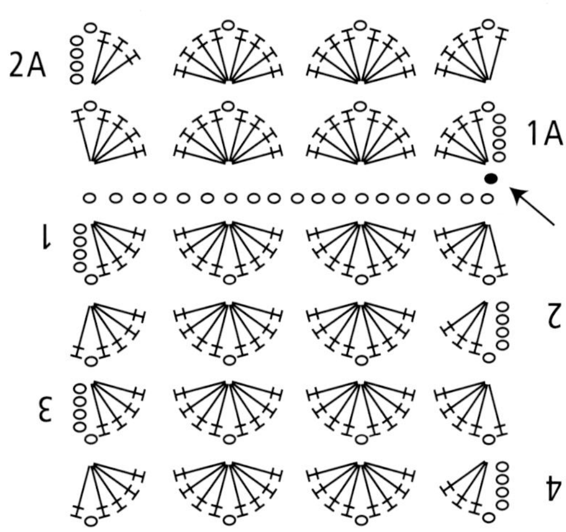

Zeichenerklärung

o = Luftmasche

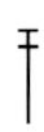 = Stäbchen

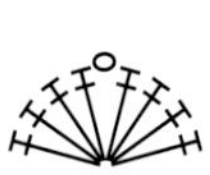 = 1 Muschel (= 4 Stäbchen, 1 Luftmasche, 4 Stäbchen) in eine Einstichstelle

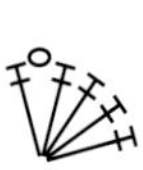 = ½ Muschel (= 4 Steige-Luftmaschen, 1 Luftmasche, 4 Stäbchen) in eine Einstichstelle

• = Faden neu anschlingen mit 1 Kettmasche

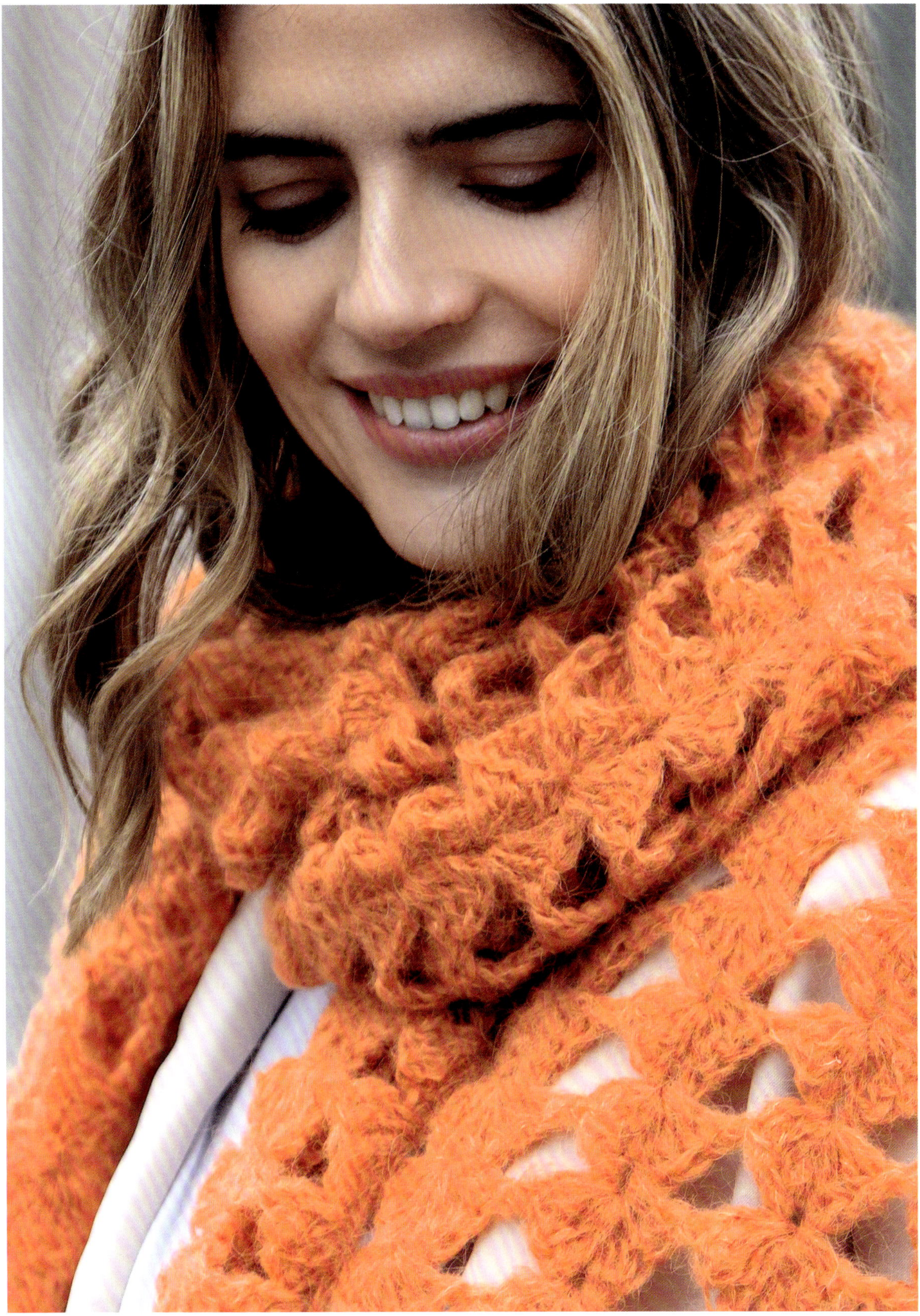

Decke Hexagon

Dir sind bei diesem Schmuckstück von Decke keine Grenzen gesetzt.
Ganz edel wird sie, wenn du statt Senfgelb ein Mauve oder blasses Rosé verwendest. Schwarz-Weiß wäre auch ganz cool für reduzierte Einrichtungen, und die kleine Nichte freut sich über eine Kombi aus Pink, Violett, Rosa und Cremé. Wenn du immer ein Knäuel Wolle, die Häkelschrift und eine Häkelnadel dabeihast, lassen sich Wartezeiten beim Arzt, auf dem Amt oder die langweilige Bahnfahrt plötzlich ganz kreativ verkürzen.

Welche Maschen-Typen musst du beherrschen, um dieses Modell zu häkeln?
Luftmaschen
Kettmaschen
Stäbchen

Welches Material benötigst du?
1650 g mitteldickes Schurwollgarn aus 100 % Schurwolle Merino: 400 g SAMSON von ggh in Senfgelb (Fb. 62), 450 g in Angorakanin (Fb. 47), 400 g in Wollweiß (Fb. 1), 350 g in Französischgrau (Nr. 58), mit einer Lauflänge von 80 m/50 g
1 Häkelnadel der Stärke 5 mm
1 Wollnähnadel mit großem Öhr und stumpfer Spitze

Wie groß ist das fertige Modell?
Die Decke ist ca. 115 cm x 130 cm groß.

Beachte die Maschenprobe!
Mit Nadelstärke 5 mm gehäkelt, ist ein Hexagon ca. 14 x 14 cm groß.

Was du sonst noch wissen musst!
Du häkelst nach der Häkelschrift. Jedes Hexagon besteht aus 5 Runden. Zur besseren Übersicht sind die Runden in zwei verschiedenen Farben dargestellt, ein Hexagon wird aber durchgehend in einer Farbe gehäkelt.
Am schnellsten geht es, wenn du die abgeschnittenen Fäden mit einhäkelst, indem du sie hinter den Maschen in Häkelrichtung mitlaufen lässt und du den Faden parallel mithäkelst. Näh immer sofort ein fertiges Hexagon an die Decke, so siehst du, wie schnell sie wächst und kannst sie auch beliebig verkleinern oder vergrößern.
Näh die Hexagone im Überwendlichstich zusammen, indem du von der Rückseite ausgehend nähst und immer nur in das obenauf liegende Maschenglied stichst. Danach den Faden gleich vernähen. Orientiere dich bei der Anordnung der Farben an der Zeichnung.
Du benötigst insgesamt 96 Hexagone, davon 27 in Senfgelb, je 25 in Wollweiß und Angorakanin und 19 in Französischgrau.
Nachfolgend werden Masche und Maschen mit M und Runde und Runden mit Rd abgekürzt.

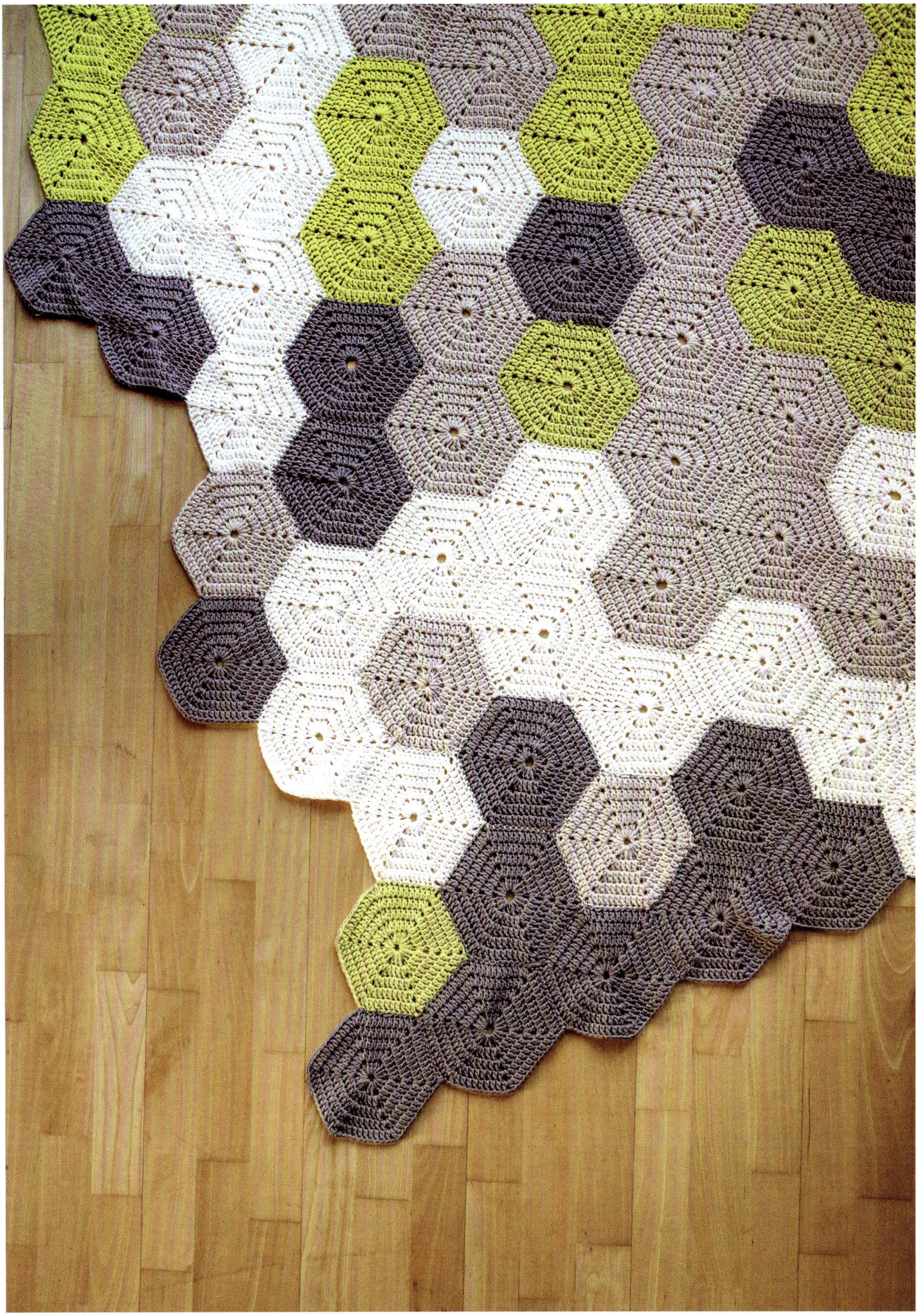

Modell Seite 26–27

Jetzt geht's los!

1. Bilde einen flexiblen Fadenring, auch Magic Loop genannt, in einer der 4 Farben.

2. Starte mit 3 Luft-M und häkle in den Ring 2 Stäbchen, ***2 Luft-M und 3 Stäbchen*** und wiederhole den Vorgang von *** bis *** noch 4x. Beende die Rd mit 1 Luft-M. Schließ die Rd mit einer Kett-M in die oberste der 3 Luft-M. Die 1. Rd ist geschafft.

3. Beginne die 2. Rd wieder mit 3 Luft-M, häkle 1 Stäbchen in die oberste der 3 Steige-Luft-M der Vor-Rd, je 1 Stäbchen in die folgenden beiden Stäbchen. Nun häkelst du um den Luft-M-Bogen 1 Stäbchen, 2 Luft-M, 1 Stäbchen. *** Je ein Stäbchen in die folgenden 3 M, um den Luft-M-Bogen 1 Stäbchen, 2 Luft-M, 1 Stäbchen***. Von *** bis *** wiederholst du noch 3x. Die Rd wird beendet mit je 1 Stäbchen in die folgenden 3 M und 1 Luft-M. Schließ die Rd mit einer Kett-M in die oberste der 3 Luft-M. Die 2. Rd ist geschafft.

4. Arbeite nun noch die 3.–5. Rd ebenso. Die Stäbchen zwischen den Luft-M-Bögen nehmen in jeder Rd um 2 Stäbchen zu.

5. Nach der 5. Rd schneid den Faden lang ab, da du ihn gleich zum Annähen an das nächste Hexagon benötigst. Zieh ihn durch die letzte M.

6. Vernäh sorgfältig alle Fäden.

7. So häkelst du noch 95 weitere Hexagone in unterschiedlichen Farben.

Du schaffst sicher 2 am Abend und bist dann schon nach 48 Tagen fertig.

8. Hab Spaß beim Drunterkuscheln oder Verschenken.

Hexagon

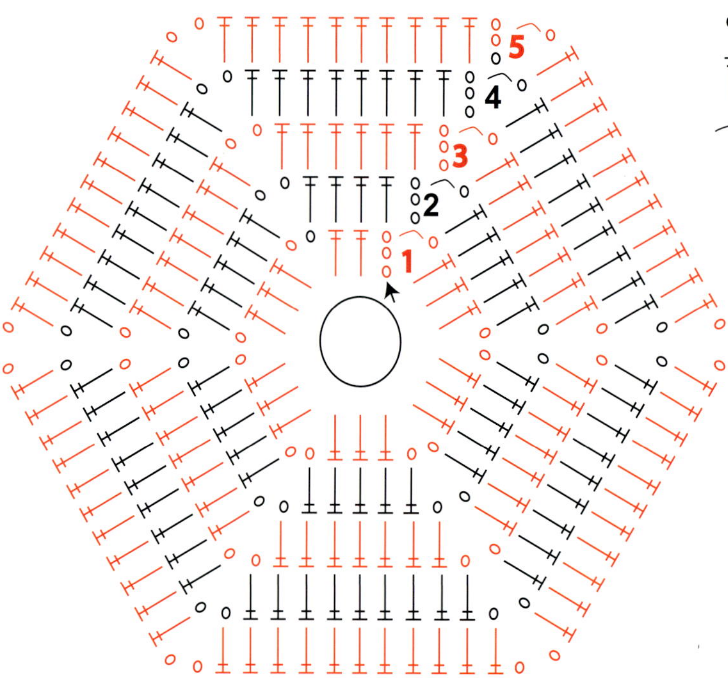

Zeichenerklärung

o = Luftmasche

⊤ = Stäbchen

⌒ = Kettmasche

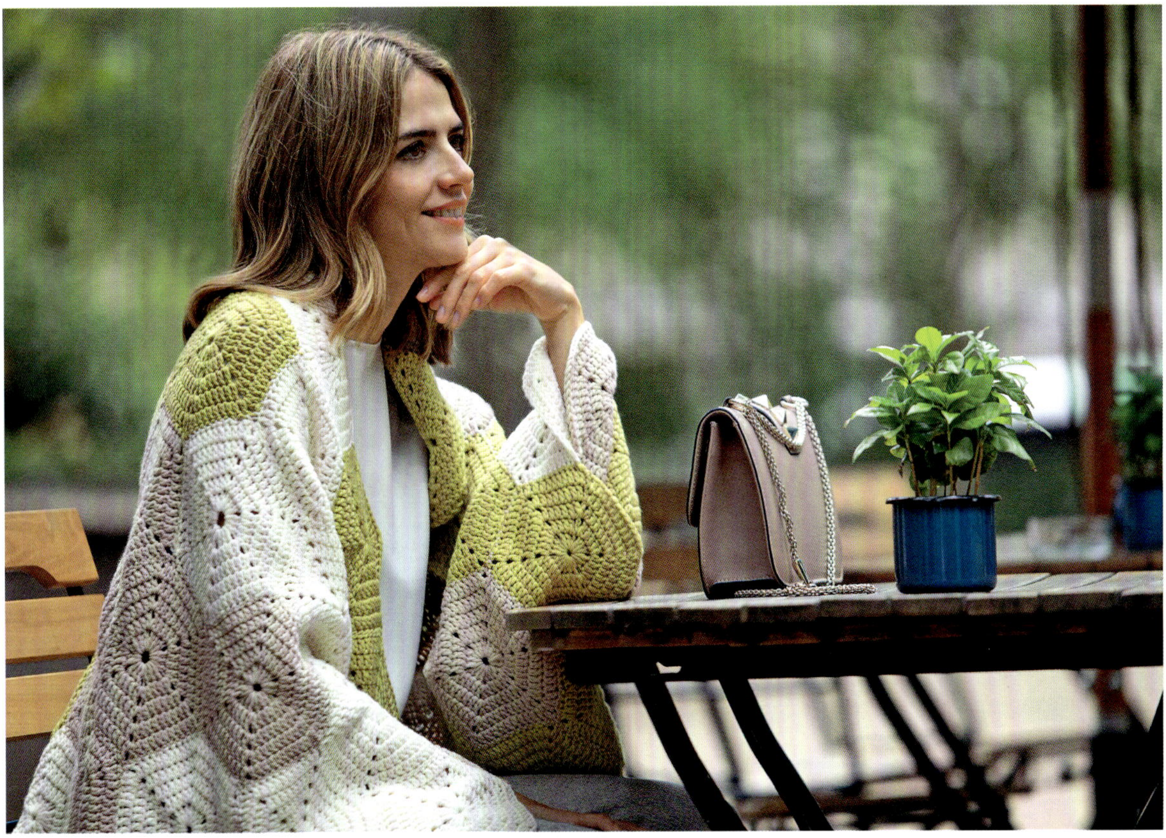

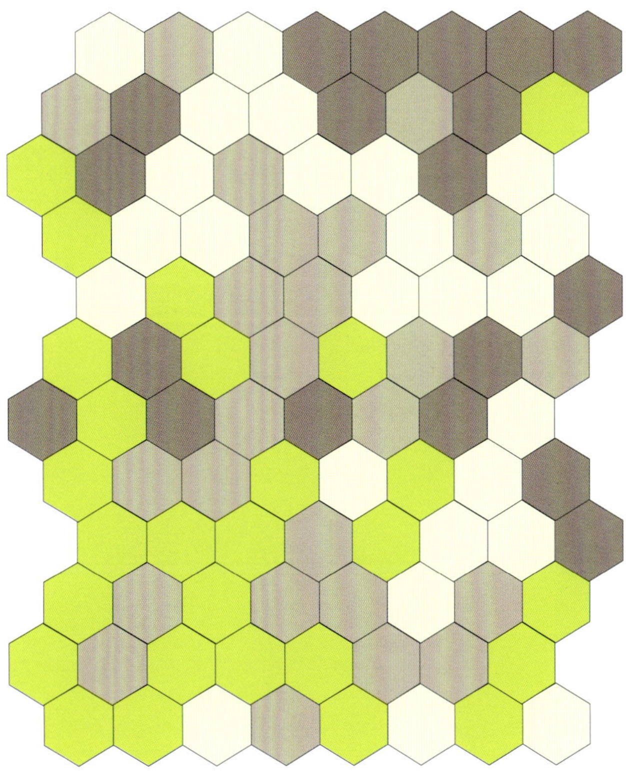

= 1 Hexagon in Senfgelb (Fb. 62)

= 1 Hexagon in Wollweiß (Fb. 1)

= 1 Hexagon in Angorakanin (Fb. 47)

= 1 Hexagon in Französischgrau (Fb. 58)

Modell Seite 28–29

Mütze All-the-Day

Morgens, mittags, abends und bei Nacht,
spätestens ab November muss eine stylische Mütze her. Diese praktische Semi-Beanie ist leicht, aber wärmt, sieht super-süß aus und lässt jeden Bad-Hair-Day blass aussehen. Und wenn's abends mal etwas später war als geplant und ihr euch für eine halbe Stunden länger schlafen entschieden habt: Haarstyling ist überbewertet und auf „All-the-Day" ist Verlass.

Welche Maschen-Typen musst du beherrschen, um dieses Modell zu häkeln?

Luftmaschen
Kettmaschen
Feste Maschen in Spiral-Runden
Maschen abnehmen

Welches Material benötigst du?

100 g Schurwollmischgarn aus 42 % Schurwolle, 28 % Alpaka Wolle, 30 % Polyacryl: CUMBA von ggh in Weiß (Fb. 31) oder Arktisblau (Fb. 56), mit einer Lauflänge von 150 m / 50 g
1 Häkelnadel der Stärke 4 mm

Wähle die richtige Größe aus!

Miss deinen Kopfumfang, indem du das Maßband unterhalb der Ohren und am Haaransatz entlangführst. Bei einem Kopfumfang von ca. 52–55 cm ist die Größe M für dich richtig, bei einem Umfang von 55–60 cm passt dir die Größe L. Die Mütze in L ist auch etwas länger als die Größe M.

Beachte die Maschenprobe!

Mit Nadelstärke 4 mm mit festen Maschen gehäkelt ergeben 20 Maschen in der Breite und 21 Reihen in der Höhe 10 x 10 cm.

Was du sonst noch wissen musst!

Die festen Maschen werden immer in das sogenannte hintere Maschenglied gestochen. Häkelt man auf diese Art in Runden, wird eine außen aufliegende Linie sichtbar. Das Maschenbild wird besonders interessant und schaut aus, als wäre es gestrickt.
Nachfolgend werden Masche und Maschen mit M abgekürzt, Runde und Runden mit Rd.
Die Angaben für Größe M stehen vor der Klammer, für Größe L in der Klammer. Ist nur eine Angabe gemacht, gilt diese für beide Größen.

Maschen abnehmen
bzw. vermindern

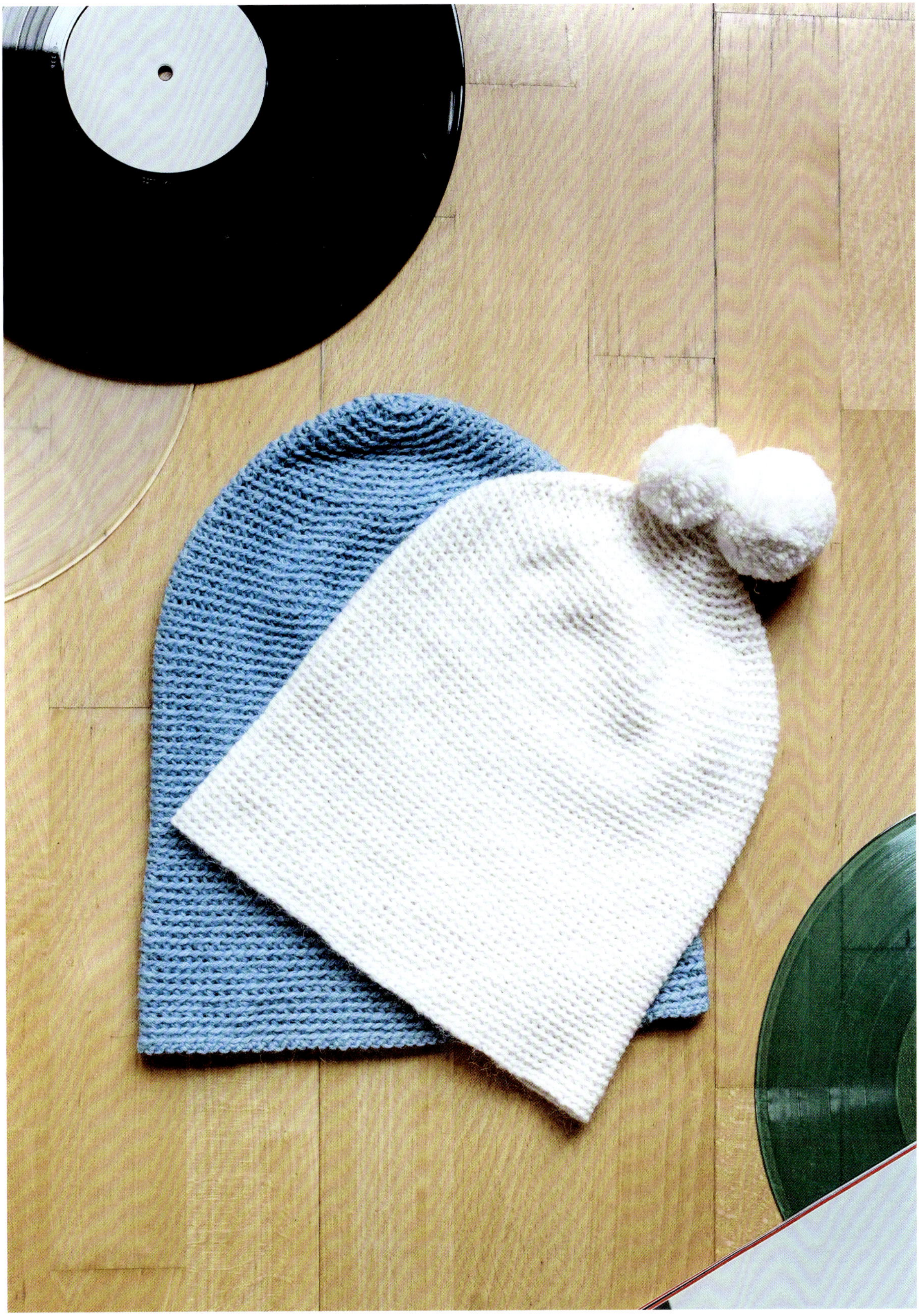

Modell Seite 28–29

Jetzt geht's los!

1. Häkle 100 (108) Luft-M.

2. Lege die Luft-M-Kette zu einer Rd und schließe den Ring mit einer Kett-M in die 1. Luft-M der Luft-M-Kette.

3. Häkle nun eine Luft-M und in die M, in die du eben die Kett-M gehäkelt hast, eine feste M. Das ist die 1. M der Rd.

4. Nun häkelst du in jede Luft-M der Luft-M-Kette eine feste M (= 1. Runde).

5. Ab der 2. Rd häkelst du nun in jede M der Vor-Rd wieder 1 feste M, aber stichst dabei nur in das hintere Maschenglied ein: Jede M hat oben quer aufliegend 2 Maschenglieder, die hintereinander liegen. Statt wie gewohnt unterhalb beider Maschenglieder einzustechen, wird nur in das hintere Maschenglied eingestochen. Das vordere Maschenglied liegt also vor der M und bildet eine dekorative Linie. Da die Rd nun nicht mehr mit Kett-M geschlossen werden, kann kontinuierlich in endlosen Rd weitergehäkelt werden. Das nennt man Spiral-Rd.

6. In Spiral-Rd häkeln, bis eine Höhe von 20 (23) cm erreicht ist. Danach mit den Abnahmen für die Oberkopfrundung beginnen.

7. Für Größe M 10x ***8 feste M häkeln und die 9. und 10. M zusammenhäkeln***. Für Größe L 9 x ***10 fM häkeln und die 11. und 12. M zusammenhäkeln***. Die Rd hat nun 90 (99) M. Danach 1 Rd feste M über alle 90 (99) M häkeln.

8. Für die zweite Abnahme-Rd nun 10x (9x) ***7 (9) fM häkeln und die 8. (10.) und 9. (11.) M zusammenhäkeln***. Die Rd hat nun 80 (90) M. Danach wieder 1 Rd feste M über alle 80 (90) M häkeln.

9. Die Abnahmen setzt du fort wie unter Schritt 7 und 8 beschrieben, bis die Rd nur noch aus 10 (9) Maschen besteht.

10. Nun den Faden abschneiden, durch die letzten Maschen fädeln, fest zusammenziehen und nach innen führen. Dort vernähst du den Faden sehr fest, damit das Loch nicht mehr aufgehen kann.

11. Wenn du magst, wickelst du 3 unterschiedlich große Bommel, z.B. mit einem Durchmesser von 3, 4,5 und 6 cm, mit dem Pompom-Maker und befestigst sie an der Mützenspitze.

12. Vernäh sorgfältig alle Fäden.

13. Hab Spaß beim Tragen.

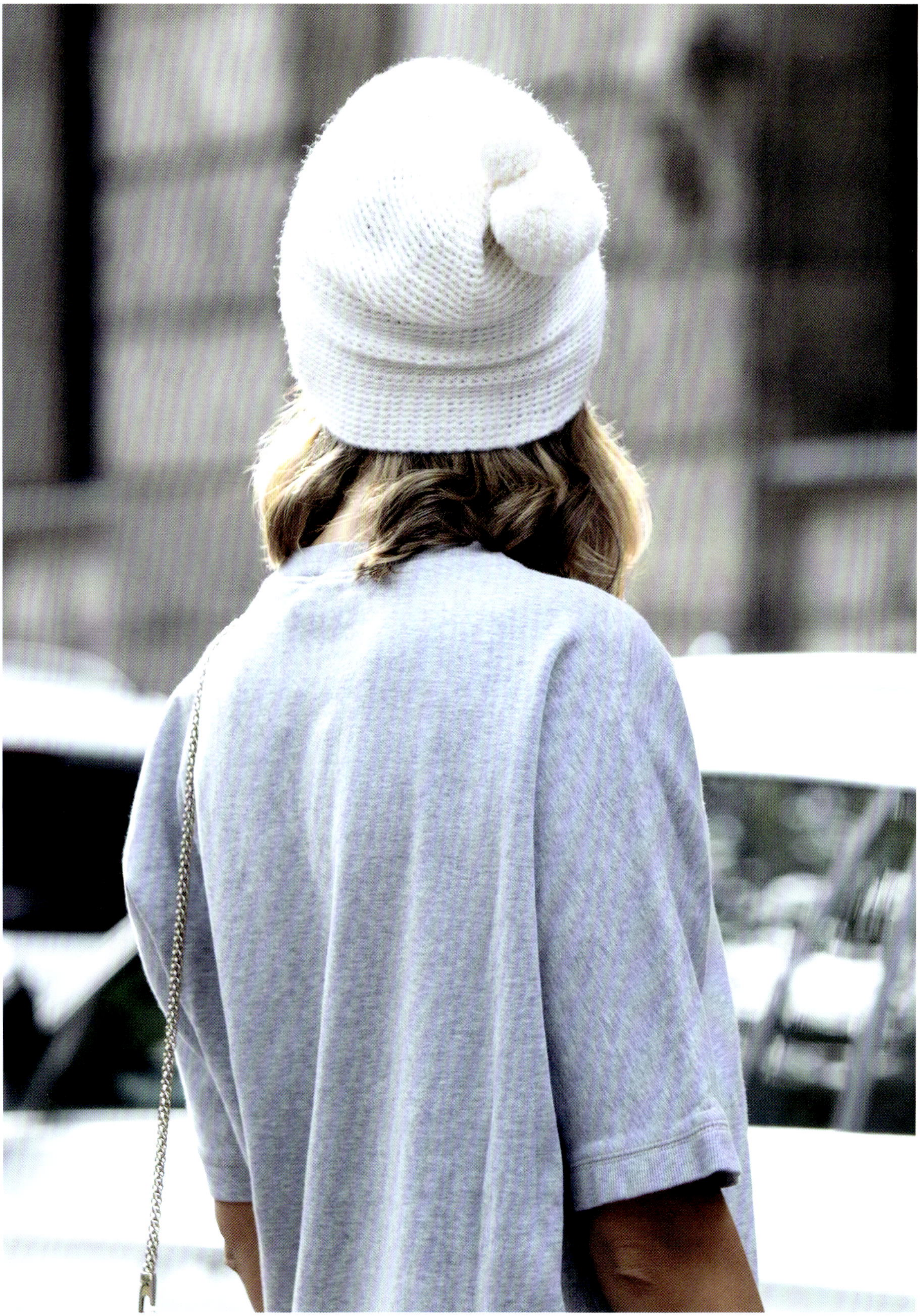

Modell Seite 30–31

Schalenset Krimskrams

Schlüssel, Kleingeld, Modeschmuck, Brillenetuis,
*die Nagellacksammlung oder die Brötchen für das Sonntagsfrühstück: Immer her damit, das Schalenset räumt alles ordentlich auf. Erst ganz locker gehäkelt, dann ab in die Waschmaschine, und es ergibt sich eine tolle, stabile Filzoptik. Prima für Einsteiger*innen, denn kleine Fehlerchen sind nach dem Filzen wie durch Zauberhand verschwunden.*

Welche Maschen-Typen musst du beherrschen, um dieses Modell zu häkeln?

Luftmaschen
Kettmaschen
Stäbchen
Maschen verdoppeln
Maschen abnehmen

Welches Material benötigst du?

700 g Filzgarn aus 100 % Wolle: FELTRO von Lana Grossa, 250 g in Puderrosa (Fb. 70) und je 150 g in Hellbeige (Fb. 102), Flieder (Fb. 99) und Wollweiß (Fb. 01), mit einer Lauflänge von 50 m / 50 g
1 Häkelnadel der Stärke 9 mm

Wie groß ist das fertige Modell?

Die Schalen haben nach dem Filzen einen Durchmesser von 17, 21 und 25 cm.

Beachte die Maschenprobe!

Mit Nadelstärke 9 mm mit Stäbchen gehäkelt, ergeben 9 Maschen in der Breite und 4,5 Reihen in der Höhe 10 x 10 cm.

Was du sonst noch wissen musst!

Die Schalen werden komplett in Runden und betont locker gehäkelt. Es wird in der Mitte der inneren Schale begonnen und am Boden der äußeren Schale geendet.
Nachfolgend werden Masche und Maschen mit M abgekürzt sowie Runde und Runden mit Rd.
Jede Rd wird mit 3 Steige-Luft-M begonnen und mit einer Kett-M in die oberste Steige-Luft-M geschlossen. Das wird in der weiteren Anleitung nicht nochmal erwähnt. Die 3 Steige-Luft-M ersetzen immer das 1. Stäbchen der Rd und werden als 1 M gezählt.

Maschen verdoppeln

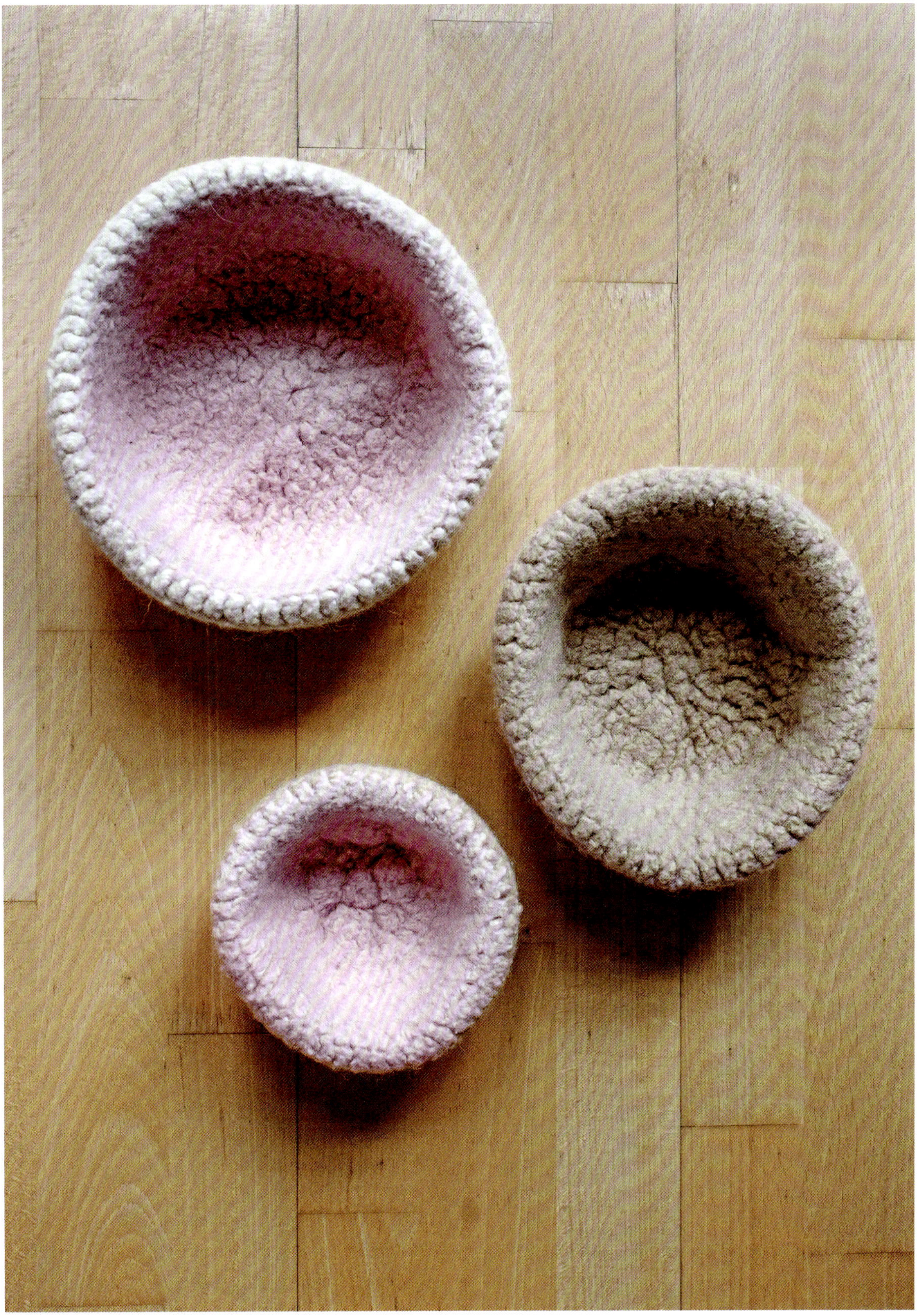

Modell Seite 30–31

Jetzt geht's los!

MINI-KRIMSKRAMS-SCHALE

1. Häkle in einen flexiblen Fadenring mit Hellbeige beginnend mit 3 Luft-M 11 Stäbchen und schließ die Rd mit einer Kett-M.

2. In der 1. Rd verdoppelst du jede M, indem du in jede M der Vor-Rd immer 2 Stäbchen häkelst. Zu Beginn der Rd häkelst du nach den 3 Steige-Luft-M 1 Stäbchen in die erste M, an der die Luft-M „hängen" (= 24 M).

3. In der 2. Rd verdopple nun jede 4. M (= 30 M).

4. In der 3. Rd verdoppelst du jede 5. M und in der 4. Rd jede 6. M (= 42 M).

5. In der 5. Runde wird jede 7. M verdoppelt (= 48 M). Die 6. Runde häkelst du ohne Zunahme.

6. Wechsel die Farbe und häkle weiter mit Puderrosa. In dieser 7. Runde häkelst du über 48 M, stichst dabei aber immer nur in das hintere Maschenglied ein, damit sich der Rand schön umlegt.

7. In der 8. Rd ebenfalls ohne Abnahme häkeln.

8. Ab der 9. Rd nimmst du die zugenommenen M wieder ab, indem du jede 7. und 8. M zusammenhäkelst (6 Maschen weniger = 42 M).

9. In der 10., 11. und 12. Rd nimmst du ebenfalls je Rd 6 M ab, indem du die 6. und 7. M, dann die 5. und 6. M, und in der letzten Rd die 3. und 4. M zusammenhäkelst (= 24 M).

10. In der 13. Rd häkelst du immer 2 M zusammen (= 12 M).

11. Faden abschneiden, durch alle M fädeln und fest zusammenziehen.

MITTLERE KRIMSKRAMS-SCHALE

12. Häkle in einen flexiblen Fadenring mit Flieder beginnend mit 3 Luft-M 11 Stäbchen und schließ die Rd mit einer Kett-M.

13. In der 1. Rd verdoppelst du jede M, indem du in jede M der Vor-Rd immer 2 Stäbchen häkelst. Zu Beginn der Rd häkelst du nach den 3 Steige-Luft-M 1 Stäbchen in die erste M, an der die Luft-M „hängen" (= 24 M).

14. In der 2. Rd verdopple nun jede 2. M (= 36 M).

15. In der 3. Rd verdopple nun jede 6. M (= 42 M).

16. In der 4. Rd verdoppelst du jede 7. M und in der 5. Rd jede 8. M und in der 6. Rd jede 9. M (= 60 Maschen).

17. Die 7. und 8. Rd häkelst du ohne Zunahme.

18. Wechsel die Farbe und häkle weiter mit Hellbeige. In dieser 9. Rd häkelst du über 60 M, stichst dabei aber immer nur in das hintere Maschenglied ein, damit sich der Rand schön umlegt.

19. In der 10. und 11. Rd ebenfalls ohne Abnahme häkeln.

20. Ab der 12. Runde nimmst du die zugenommenen M wieder ab, indem du jede 9. und 10. M zusammenhäkelst (6 Maschen weniger = 54 M).

21. In der 13., 14. und 15. Rd nimmst du ebenfalls je Rd 6 M ab, indem du die 8. und 9. M, dann die 7. und 8. M und in der letzten Rd die 6. und 7. M zusammenhäkelst (= 36 M).

22. In der 16. Rd häkelst du jede 2. und 3. M zusammen, und in der 17. Rd immer 2 M zusammen (= 12 M).

23. Faden abschneiden, durch alle M fädeln und fest zusammenziehen.

GROSSE KRIMSKRAMS-SCHALE

24. Häkle in einen flexiblen Fadenring mit Puderrosa beginnend mit 3 Luft-M 11 Stäbchen und schließ die Rd mit einer Kett-M.

25. In der 1. Rd verdoppelst du jede M, indem du in jede M der Vor-Rd immer 2 Stäbchen häkelst. Zu Beginn der Rd häkelst du nach den 3 Steige-Luft-M 1 Stäbchen in die erste M, an der die Luft-M „hängen" (= 24 M).

26. In der 2. Rd verdopple nun jede 2. Masche (= 36 M).

27. In der 3. Rd verdopple nun jede 3. M (= 48 M).

28. In der 4. Rd verdoppelst du jede 8. M, in der 5. Runde jede 9. M und in der 6. Rd jede 10. M (= 66 M).

29. In der 7. Rd wird noch mal jede 11. M verdoppelt (= 72 M).

30. Die 8.–10. Rd häkelst du ohne Zunahme.

31. Wechsel die Farbe und häkle weiter mit Wollweiß. In dieser 11. Rd häkelst du über 72 M, stichst dabei aber immer nur in das hintere Maschenglied ein, damit sich der Rand schön umlegt.
32. In der 12.–14. Rd ebenfalls ohne Abnahme häkeln.
33. Ab 15. Rd nimmst du die zugenommenen M wieder ab, indem du jede 11. und 12. M zusammenhäkelst (6 Maschen weniger = 66 M).
34. In der 16.–20. Rd nimmst du ebenfalls je Runde 6 M ab, indem du die 10. und 11 M, dann die 9. und 10. M, die 8. und 9. M, die 3. und 4. M und die 2. und 3. M zusammenhäkelst (= 24 M).
35. In der 21. Rd häkelst du immer 2 M zusammen (= 12 M).
36. Faden abschneiden, durch alle M fädeln und fest zusammenziehen.

FILZEN
37. Stülp den inneren und den äußeren Teil ineinander und näh sie an mehreren Stellen unsichtbar durch, sodass sie sich beim Waschen nicht verschieben können. Die losen Fäden kannst du einfach nach innen ziehen. Sie sind nach dem Filzen nicht mehr sichtbar.
38. Hab Spaß beim Aufräumen oder Verschenken.

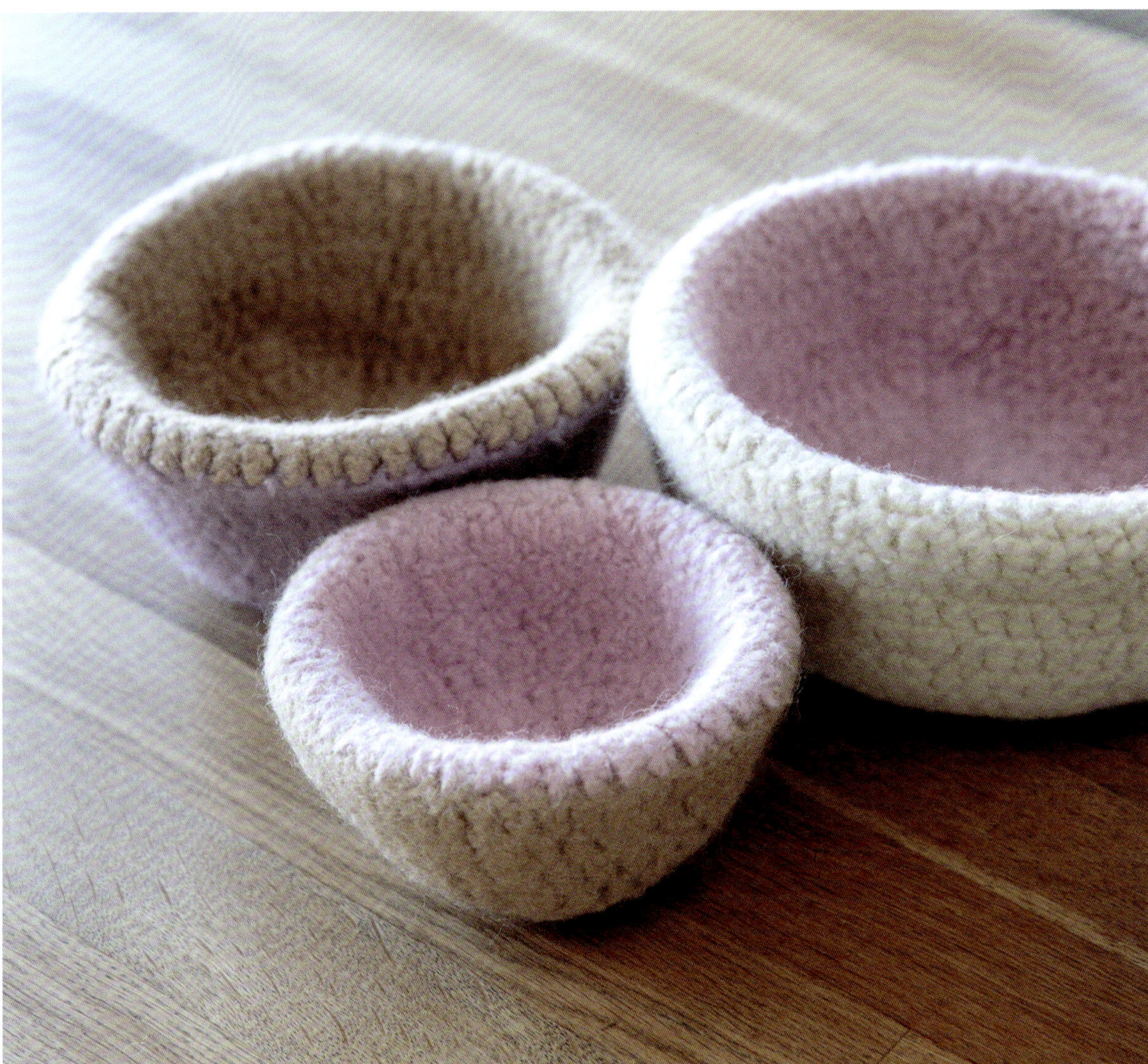

Modell Seite 32–33

Schal Unisex

Mit diesem Schal beschenkst du dich entweder selbst,
das ist immer eine gute Idee, oder auch einen besonders netten Herrn. Das Modell ist so neutral, dass es für Damen und Herren supergut funktioniert. Wenn du den Schal nur einmal häkelst, versteck ihn gut, sonst wird er schnell eine neue Besitzerin oder einen neuen Besitzer gefunden haben. Besonders gut wirken neutrale Garne, die nicht zu flauschig sind und die eine Lauflänge zwischen 140 m/50 g und 180 m/50 g haben.

Welche Maschen-Typen musst du beherrschen, um dieses Modell zu häkeln?
Luftmaschen
Stäbchen
Halb-Stäbchen
Vordere Relief-Stäbchen

Welches Material benötigst du?
300 g Schurwollmischgarn aus 42 % Schurwolle Merino, 28 % Alpaka Wolle, 30 % Polyacryl: CUMBA von ggh in Weiß (Fb. 31), mit einer Lauflänge von 150 m/50 g
1 Häkelnadel der Stärke 5 mm

Wie groß ist das fertige Modell?
Der Schal ist 30 cm breit und 165 cm lang.

Relief-Stäbchen

Beachte die Maschenprobe!
Mit Nadelstärke 5 mm in Stäbchen-Reihen gehäkelt, ergeben 17 Maschen in der Breite und 12 Reihen in der Höhe 10 x 10 cm.

Was du sonst noch wissen musst!
Der Schal wird quer zur Tragerichtung gehäkelt. Du häkelst also die 165 cm langen Reihen. Die Wende-Luft-M bilden die schmalen Seiten des Schals über 30 cm Höhe.
Nachfolgend werden Masche und Maschen mit M und Reihe und Reihen mit R abgekürzt.
Für die vorderen Relief-Stäbchen nimmst du den Umschlag auf die Nadel und führst dann die Nadel von rechts nach links hinter dem Stäbchen der Vor-R herum: Stich dazu vor dem Stäbchen in den Maschenzwischenraum, führe die Nadel hinter dem Stäbchen entlang und stich sie wieder an die Vorderseite nach dem Stäbchen. Nun holst du den Faden durch. Er verläuft also hinter dem Stäbchen. Masch das Stäbchen nun ganz normal ab.

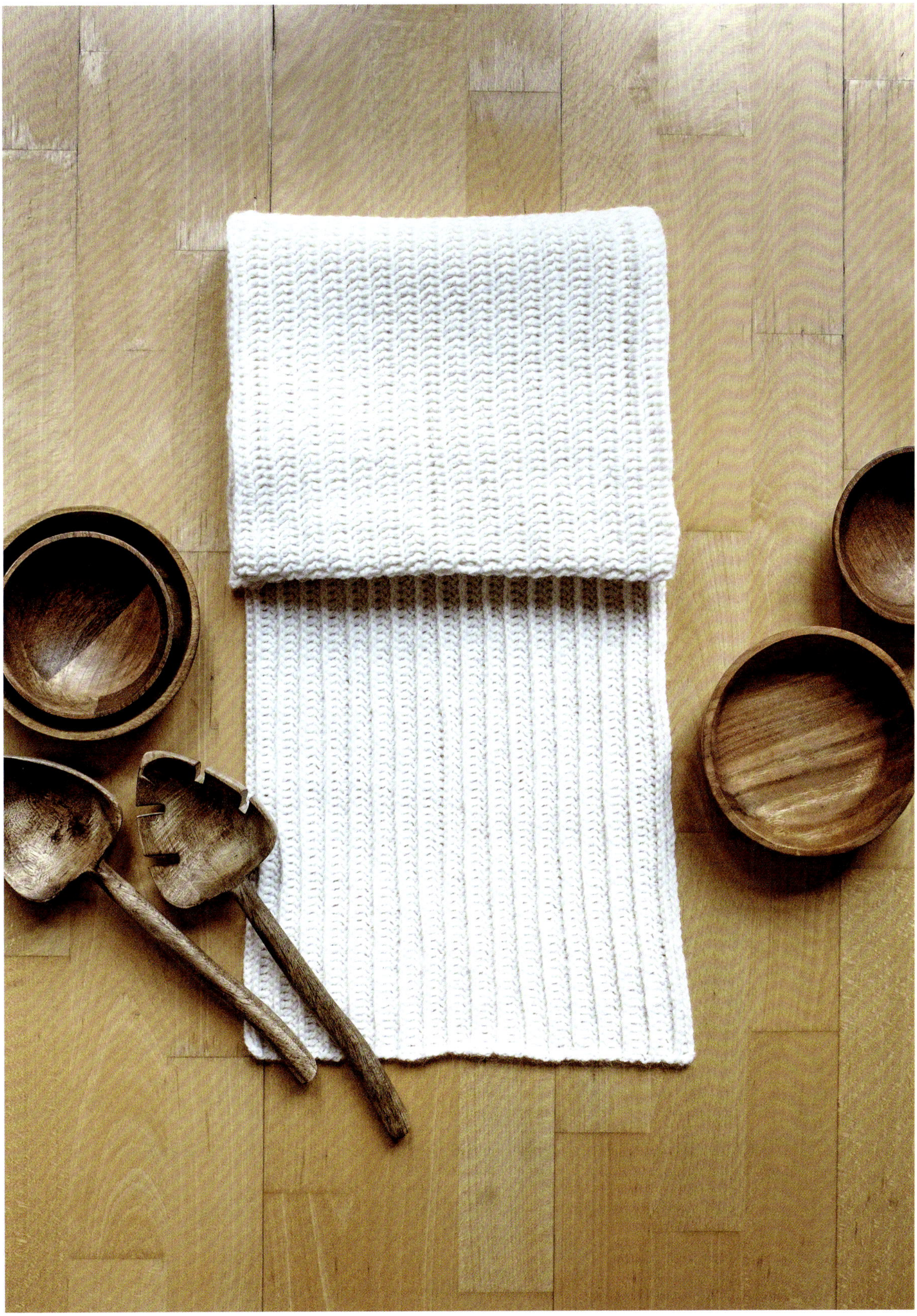

Jetzt geht's los!

1. Schlag 280 Luft-M plus 3 Wende-Luft-M an. Die 3 Wende-Luft-M ersetzen das 1. Stäbchen.

2. Häkle in die 5. Luft-M ab Nadel das 1. Stäbchen der R und dann in jede der folgenden 278 Luft-M 1 Stäbchen. Die Reihe besteht nun aus 279 Stäbchen plus den 3 Wende-Luft-M, die das 1. Stäbchen ersetzen, also 280 M insgesamt. Diese R ist die Basis-R.

3. Für die 1. R, das ist eine Rück-R, beginnst du mit 2 Wende-Luft-M, die das 1. Relief-Stäbchen ersetzen. Häkle um alle folgenden M 1 vorderes Relief-Stäbchen. Die letzte M der R ist ein Halb-Stäbchen, das du in die oberste der 3 Wende-Luft-M arbeitest.

4. In der 2. R beginnst du mit 3 Wende-Luft-M, die das 1. Stäbchen ersetzen und häkelst in jede M 1 Stäbchen. Die R beendest du mit einem Stäbchen in die oberste der Wende-Luft-M.

5. Wiederhole noch 16x die 1. und 2. R wie unter Schritt 3 und 4 beschrieben.

6. Als Abschluss häkle noch 1x die 1. R wie unter Schritt 3.

7. Beende nach 36 R die Arbeit, schneid den Faden ab und zieh ihn durch die letzte M.

8. Vernäh sorgfältig alle Fäden.

9. Hab Spaß beim Tragen.

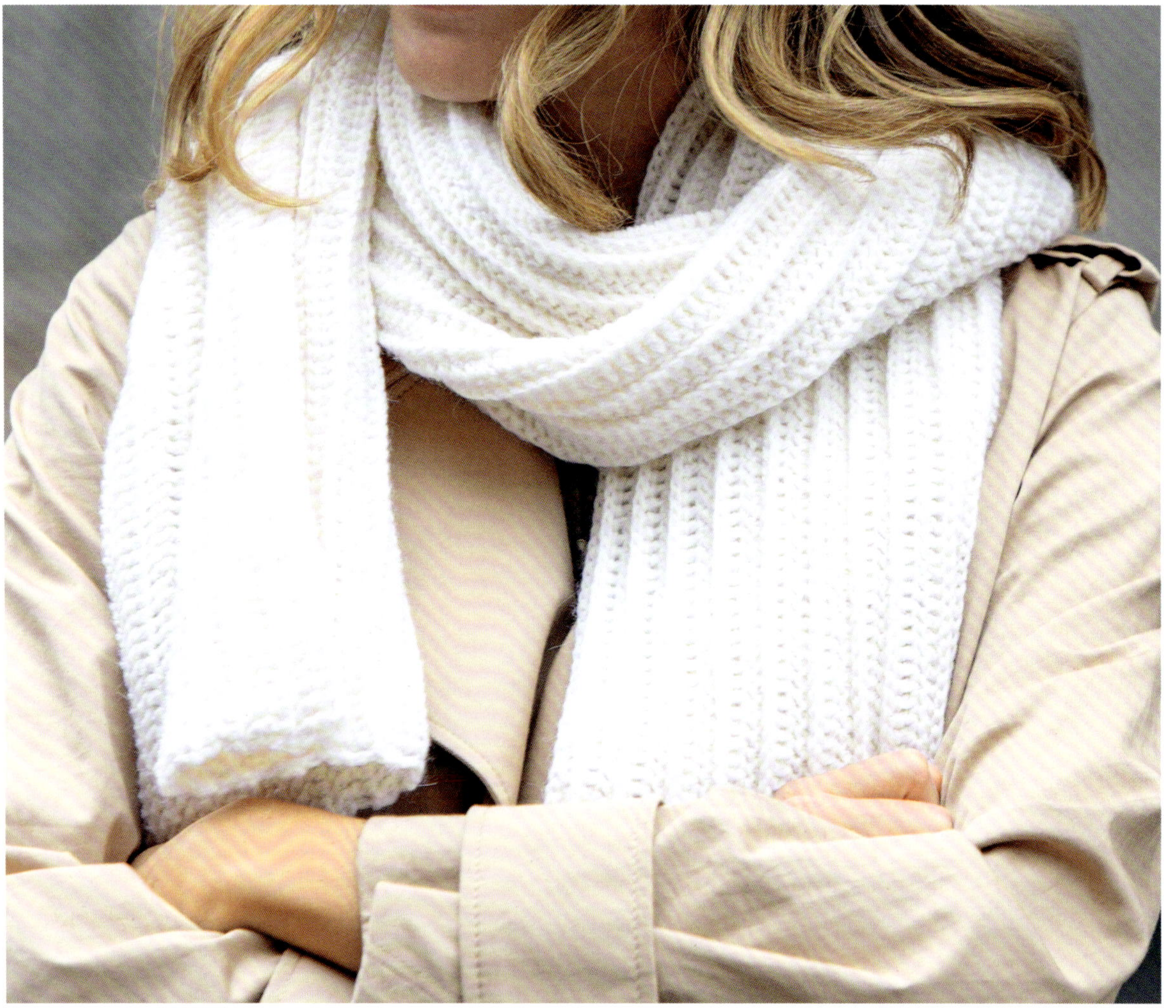

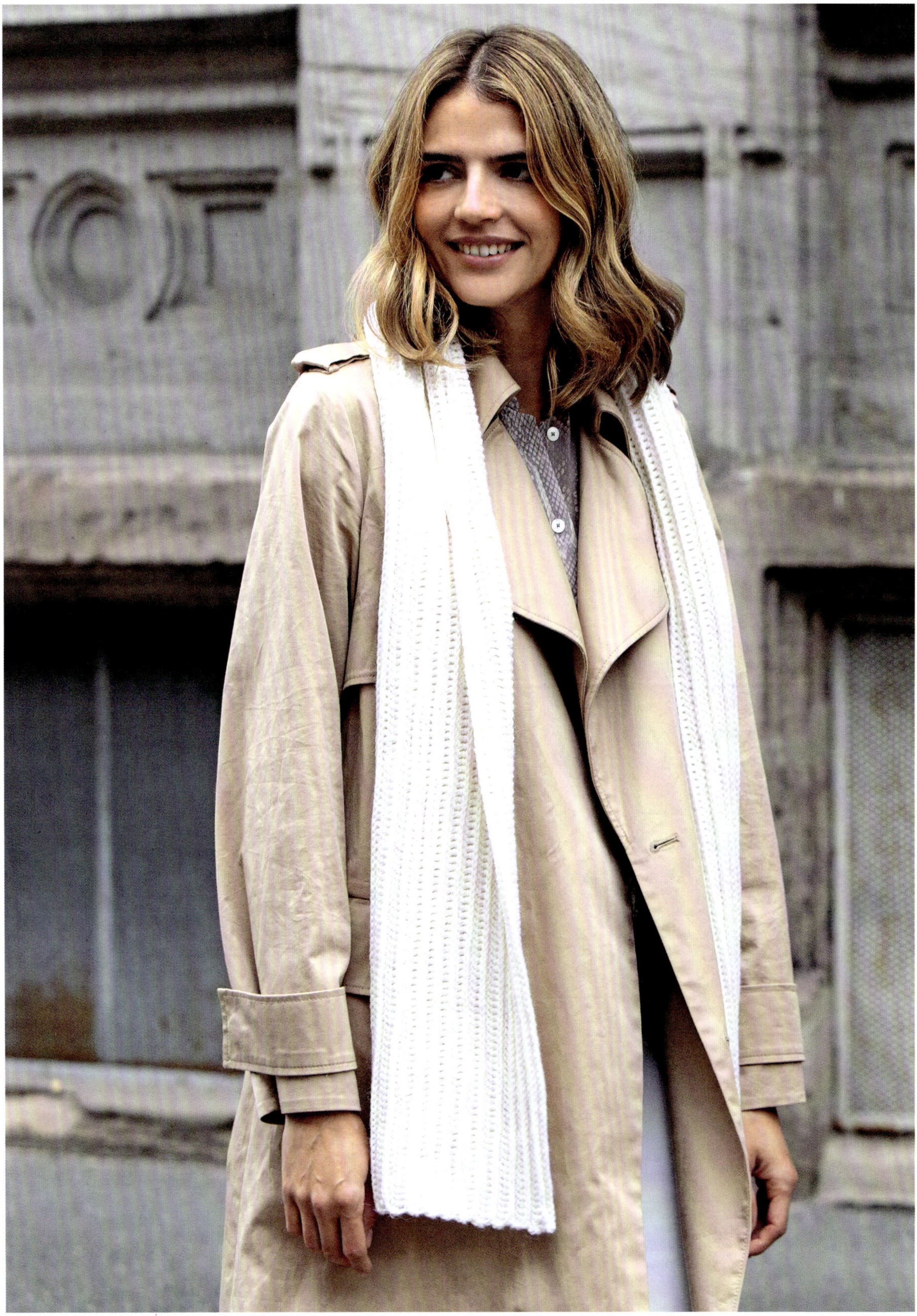

Weste Soho

Wie, das ist nur ein Rechteck?

Genau, ein einfaches Rechteck mit 2 Schlitzen. Durch die übergroße Form entstehen beim Tragen vorne sowohl oben als auch unten zwei Zipfel, die der Weste einen lässigen Look geben. Du kannst sie beliebig verlängern, indem du zu Anfang mehr Maschen anschlägst und die Reihen dadurch länger werden.

Welche Maschen-Typen musst du beherrschen, um dieses Modell zu häkeln?

Luftmaschen
Stäbchen
Vordere Relief-Stäbchen

Welches Material benötigst du?

800 (900/1000) g feine Schurwolle aus 100 % Schurwolle Merino: MAXIMA von ggh in Arktisblau (Fb. 76), mit einer Lauflänge von 110 m / 50 g
1 Häkelnadel der Stärke 4 mm

Wie groß ist das fertige Modell?

Die Weste ist in Größe M 65 cm lang, in Größe L 69 cm und in XL 73 cm.

Beachte die Maschenprobe!

Mit Nadelstärke 4 mm im Rippenmuster gehäkelt ergeben 16 Maschen in der Breite und 24 Reihen in der Höhe 10 x 10 cm.

Was du sonst noch wissen musst!

Die Weste wird quer zur Tragerichtung und ohne Seitennähte gehäkelt. Die Wende-Luft-M bilden die vorderen beiden Kanten der Weste. Begonnen wird an der vorderen Kante des linken Vorderteils. Du kannst die Weste in 3 Größen häkeln. Die Angaben für Größe M stehen immer an erster Stelle, die Angaben für L und XL in der Klammer nacheinander. Steht nur eine Angabe, so gilt diese für alle drei Größen.
Für die vorderen Relief-Stäbchen nimmst du den Umschlag auf die Nadel und führst dann die Nadel von rechts nach links hinter dem Stäbchen der Vor-Rd herum: Stich dazu vor dem Stäbchen in den Maschenzwischenraum, führ die Nadel hinter dem Stäbchen entlang und stich sie wieder an die Vorderseite nach dem Stäbchen. Nun holst du den Faden durch. Er verläuft also hinter dem Stäbchen. Masch das Stäbchen nun ganz normal ab.
Nachfolgend werden Masche und Maschen mit M und Reihe und Reihen mit R abgekürzt.

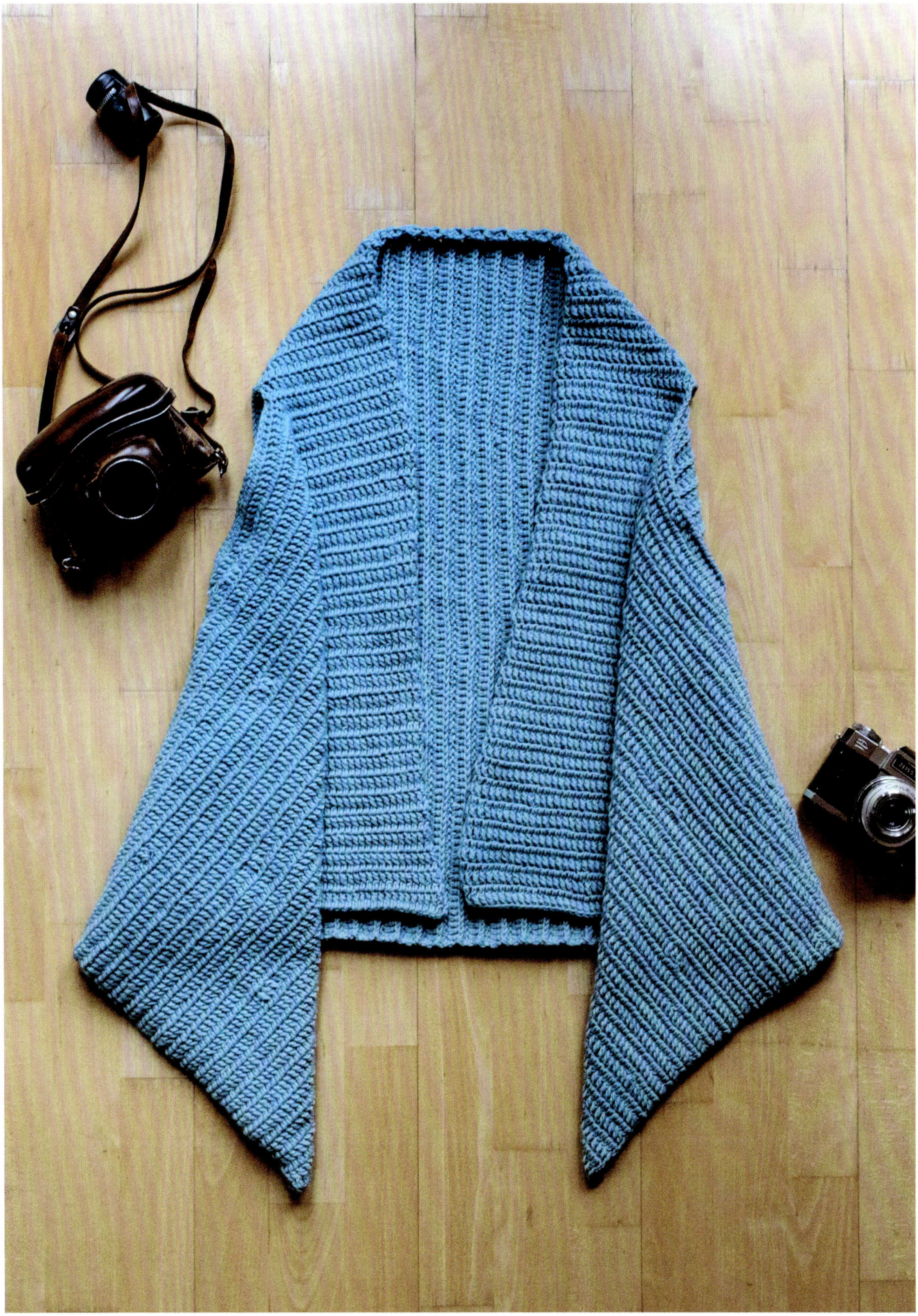

Jetzt geht's los!

LINKES VORDERTEIL

1. Schlag 104 (110/116) Luft-M plus 3 Wende-Luft-M an. Die 3 Wende-Luft-M ersetzen das erste Stäbchen.

2. Häkle in die 5. Luft-M ab Nadel das 1. Stäbchen der R und dann in jede der folgenden 102 (108/114) Luft-M 1 Stäbchen. Die Reihe besteht nun aus 103 (109/115) Stäbchen plus den 3 Wende-Luft-M, die das 1. Stäbchen ersetzen, also 104 (110/116) M insgesamt. Diese R ist die 1. R und gilt als Hin-R.

3. Für die 2. R, das ist eine Rück-R, beginnst du mit 2 Wende-Luft-M, die das 1. Relief-Stäbchen ersetzen. Häkle um alle folgenden M 1 vorderes Relief-Stäbchen. Die letzte M der R ist ein Stäbchen, das du in die oberste der 3 Wende-Luft-M arbeitest.

4. Wiederhole noch 52x (54x/57x) die 1. und 2. R wie unter Schritt 2 und 3 beschrieben, und noch 1x die 1. R. Dein Vorderteil ist nun 45 (47/49) cm breit, da du in der Höhe des gehäkelten Stücks 45 (47/49) cm erreicht hast. Schneid den Faden nicht ab.

ARMLOCH UND ÜBERGANG ZUM RÜCKENTEIL

5. Häkle mit einem neuen Knäuel 2 Luft-M-Ketten zu je 32 (35/38) M und lege sie erst einmal zur Seite.

6. Das Vorderteil hast du mit einer Hin-R beendet. Beginne nun mit einer Rück-R wie folgt: Wende-Luft-M plus 49 (52/57) Stäbchen häkeln, dann über eine der beiden Luft-M-Ketten häkeln und in jede Luft-M 1 Stäbchen häkeln (= 32 (35/38) M). Zähle am Vorderteil dann 32 (35/38) M ab und übergehe diese M, da du die M-Anzahl ja in der Luft-M-Kette gehäkelt hast. Diese M bilden das Armloch. Setz wieder an der 33. (36./39.) abgezählten M am Vorderteil ein und beende die R wie gewohnt. Sie ist nun insgesamt wieder 104 (110/116) M lang.

7. Wiederhole nun noch 46x (50x/56x) die 1. und 2. R und 1x die 1. R wie unter Schritt 2 und 3 beschrieben. Das Rückenteil ist nun fertig. Es ist 40 (44/48) cm breit.

RECHTES VORDERTEIL

8. Häkle das zweite Armloch nun ebenso wie unter Schritt 6 beschrieben.

9. Wiederhole noch 51x (53x/56x) die 1. und 2. Reihe wie unter Schritt 2 und 3 beschrieben und noch 1x die 1. R.

10. Beende die Arbeit, schneid den Faden ab und zieh ihn durch die letzte M.

11. Vernäh sorgfältig alle Fäden.

12. Hab Spaß beim Tragen.

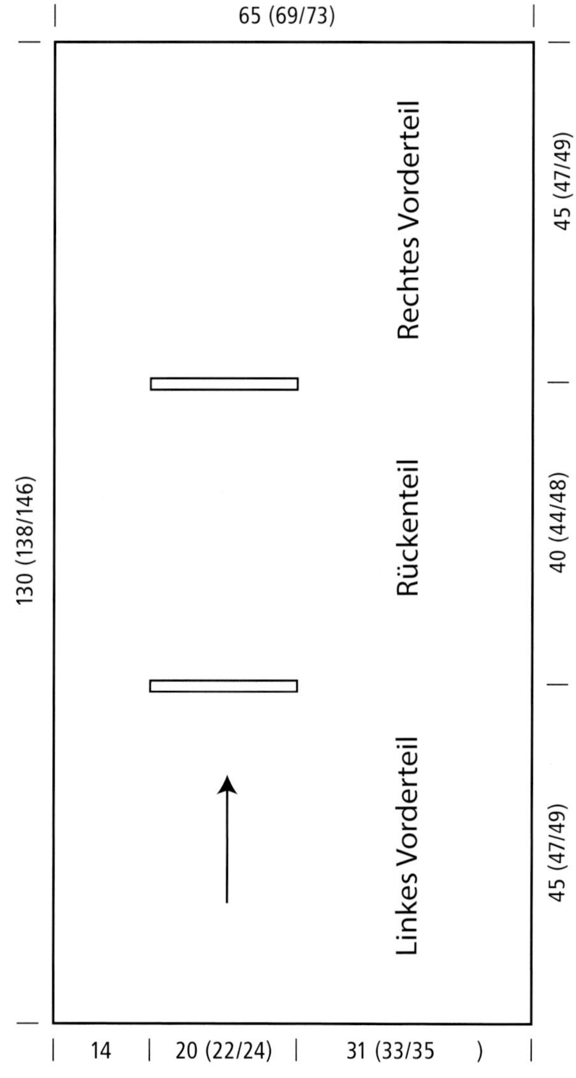

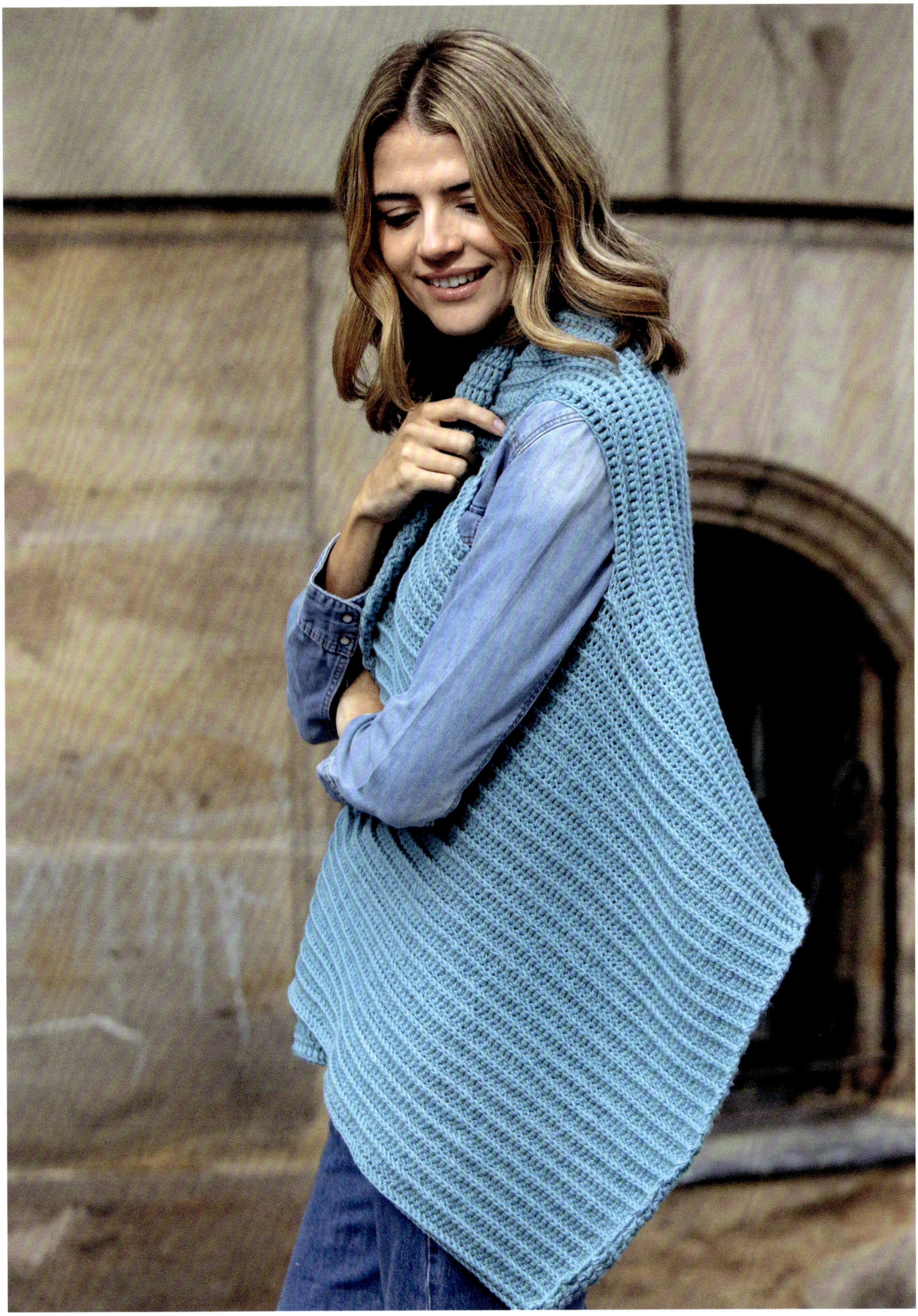

Modell Seite 36–37

Mütze Hamptons im Herbst

Die Struktur dieses Musters, das aussieht, als wäre es gestrickt, *ist einfach faszinierend. Dabei ist das gar kein Hexenwerk, sondern wir pimpen einfache Stäbchen etwas und stechen, mir nichts, dir nichts, anders in die Maschen ein. Was kommt heraus? Ein Kunstwerk, das sich hinter farbenfrohen Missoni-Streifen nicht verstecken muss.*

Welche Maschen-Typen musst du beherrschen, um dieses Modell zu häkeln?

Luftmaschen
Kettmaschen
Stäbchen
Vordere Relief-Stäbchen
Hintere Relief-Stäbchen

Welches Material benötigst du?

100 g voluminöses Kettengarn aus Merinowolle mit Farbverlauf aus 90 % Schurwolle Merino, 10 % Polyamid: PAPPAGALLO von Lana Grossa in Bordeaux-Grün-Orange-Pink-Grau-Terracotta-Dunkeloliv-Beere-Brombeer-Lachs gestreift (Fb. 7), mit einer Lauflänge von 250 m / 100 g
1 Häkelnadel der Stärke 5 mm und 4 mm

Wie groß ist das fertige Modell?

Miss deinen Kopfumfang, indem du das Maßband unterhalb der Ohren und am Haaransatz führst. Bei einem Kopfumfang von ca. 52–55 cm ist die Größe der Mütze für dich richtig.

Beachte die Maschenprobe!

Mit Nadelstärke 5 mm mit Relief-Stäbchen gehäkelt, ergeben leicht gedehnt 16 Maschen in der Breite und 12 Reihen in der Höhe 10 x 10 cm.

Was du sonst noch wissen musst!

Die Mütze wird von oben nach unten gearbeitet. Bei Relief-Stäbchen unterscheiden wir vordere und hintere Relief-Stäbchen. Die Stäbchen selbst werden gehäkelt wie ein normales Stäbchen. Lediglich die Nadel wird anders eingestochen bzw. um die Masche herumgeführt.

Für die vorderen Relief-Stäbchen nimmst du den Umschlag auf die Nadel und führst dann die Nadel von rechts nach links hinter dem Stäbchen der Vorrunde herum: Stich dazu vor dem Stäbchen in den Maschenzwischenraum, führ die Nadel hinter dem Stäbchen entlang und stich sie wieder an die Vorderseite nach dem Stäbchen. Nun holst du den Faden durch. Er verläuft also hinter dem Stäbchen. Masch das Stäbchen nun ganz normal ab.

Für die hinteren Relief-Stäbchen nimmst du den Umschlag auf die Nadel und führst dann die Nadel von rechts nach links vor dem Stäbchen der Vorrunde herum: Stich dazu vor dem Stäbchen von hinten nach vorn in den Maschenzwischenraum, führ die Nadel vor dem Stäbchen entlang und stich sie nach dem Stäbchen im Maschenzwischenraum von vorn nach hinten an die Hinterseite nach dem Stäbchen. Nun holst du den Faden durch. Er verläuft also vor dem Stäbchen. Masch das Stäbchen nun ganz normal ab.

Nachfolgend werden Masche und Maschen mit M und Runde und Runden mit Rd abgekürzt.

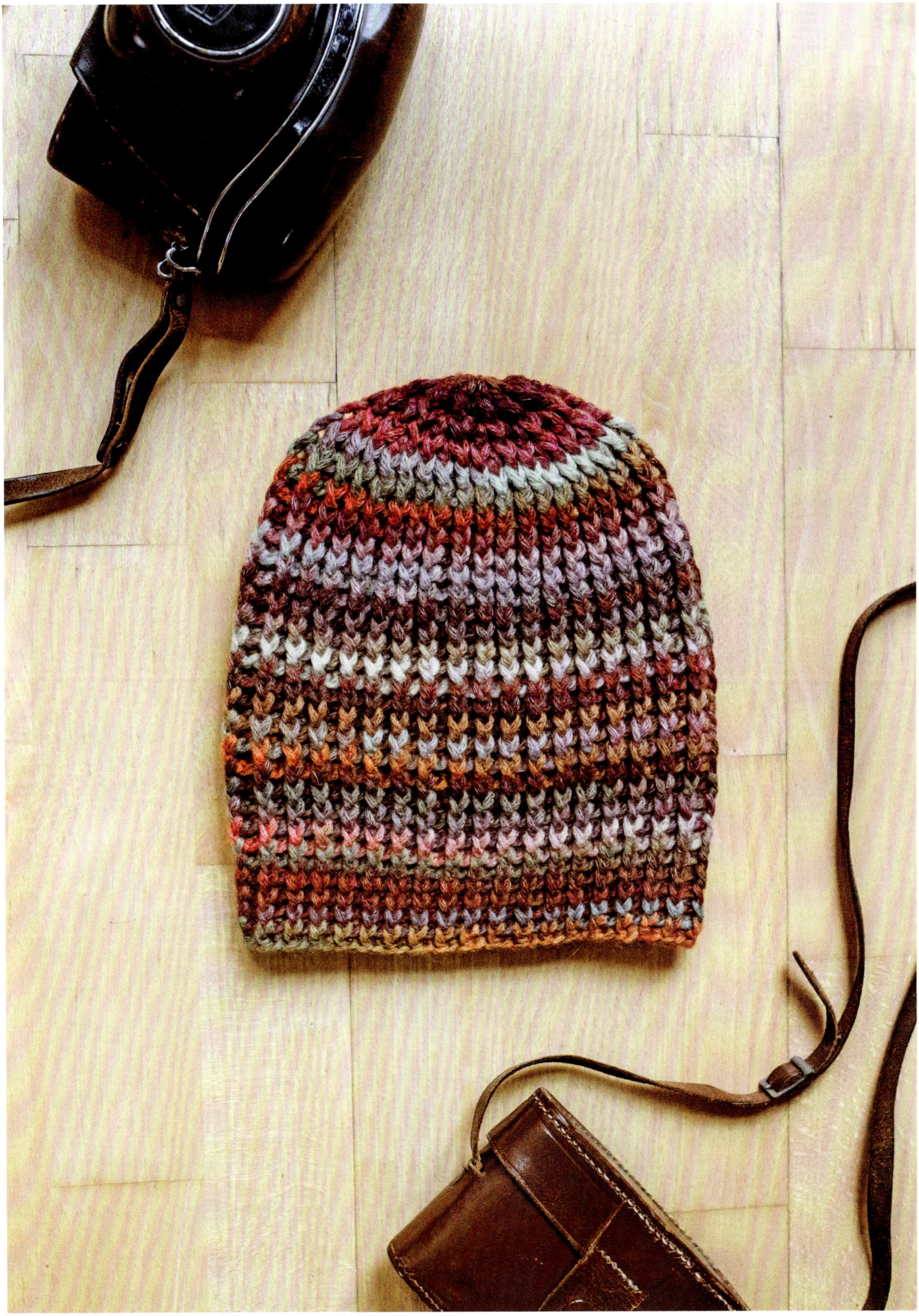

Jetzt geht's los!

1. Beginn mit der Nadel der Stärke 5 mm. Häkle in einen flexiblen Fadenring 3 Luft-M und 12 Stäbchen (= 12 M). Beachte, dass die 3 Luft-M in diesem Fall NICHT das erste Stäbchen ersetzen.

2. Schließ die Rd mit einer Kett-M in die oberste der 3 Luft-M.

3. Beginn die Rd mit 3 Steige-Luft-M und häkle das erste vordere Relief-Stäbchen um die darunter liegenden 3 Steige-Luft-M und das erste Stäbchen der Rd. Danach häkelst du ***in den M-Zwischenraum 1 Stäbchen und um das folgende Stäbchen wieder ein vorderes Relief-Stäbchen***. Von *** bis *** häkelst du bis Rd-Ende. Beende die Rd mit 1 Stäbchen in den M-Zwischenraum. Die Rd besteht aus 24 M.

4. Beginn die Rd wie unter Schritt 3 beschrieben. Dann folgt *** 1 hinteres Relief-Stäbchen, ein Stäbchen in den M-Zwischenraum und ein vorderes Relief-Stäbchen***. Von *** bis *** häkelst du bis Rd-Ende. Beende die Rd mit einem hinteren Relief-Stäbchen und einem Stäbchen in den M-Zwischenraum (= 36 M).

5. Beginne wie unter Schritt 3 beschrieben mit Steige-Luft-M die Rd mit ***1 vorderen Relief-Stäbchen, 1 hinteren Relief-Stäbchen, 1 vorderen Relief-Stäbchen und 1 Stäbchen in den M-Zwischenraum*** und wiederhole die Sequenz von *** bis *** noch 11x (= 48 M).

6. Beginne wie unter 3 beschrieben mit Steige-Luft-M die Rd mit ***1 vorderen Relief-Stäbchen, 1 hinteren Relief-Stäbchen, 1 vorderen Relief-Stäbchen, 1 Stäbchen in den M-Zwischenraum, 1 vorderen Relief-Stäbchen, 1 Stäbchen in den M-Zwischenraum*** und wiederhole die Sequenz von *** bis *** noch 11x (= 72 M).

7. Häkle in allen weiteren Rd 1 vorderes und 1 hinteres Relief-Stäbchen im Wechsel bis zu einer Höhe von 22 cm.

8. Häkle für ein festeres Bündchen weiter mit der Nadel der Stärke 4 mm und häkle im Wechsel 1 vorderes und 1 hinteres Relief-Stäbchen.

9. In 25 cm Gesamthöhe beendest du die Arbeit. Nun den Faden abschneiden, durch die letzten M fädeln, fest zusammenziehen und nach innen führen. Dort vernähst du den Faden sehr fest, damit das Loch nicht mehr aufgehen kann.

10. Vernäh sorgfältig alle Fäden.

11. Hab Spaß beim Tragen.

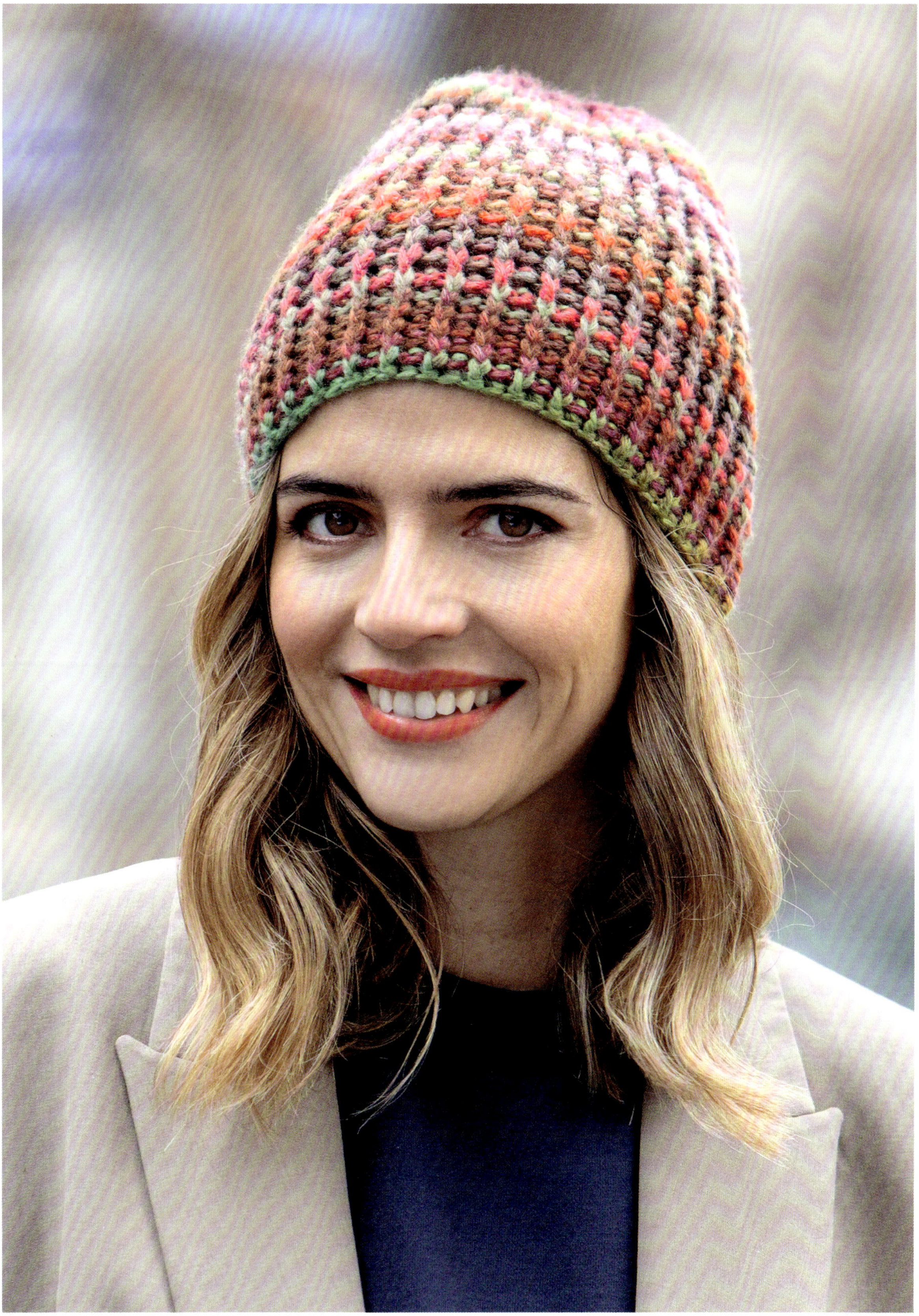

Modell Seite 38–39

Jacke Taylor

Sogar Taylor Swift hat ihn schon besungen,
den guten alten Cardigan, den wir alle so lieben. Übersetzt heißt das ja eigentlich Strickjacke. Und so schaut er auch aus, nur dass er gehäkelt und nicht gestrickt ist. Kaum zu glauben, oder? In jedem Fall ist er das gemütlichste It-Piece der Welt.

Welche Maschen-Typen musst du beherrschen, um dieses Modell zu häkeln?
Luftmaschen
Kettmaschen
Stäbchen
Vordere Relief-Stäbchen
Hintere Relief-Stäbchen

Welches Material benötigst du?
1000 g weiches Schurwoll-Mischgarn aus 41% Schurwolle, 32% Polyacryl, 18% Polyamid und 9% Alpaka: TOPAS von ggh in Angorakanin (Fb. 15), mit einer Lauflänge von 115 m / 50 g
1 Häkelnadel der Stärke 7 mm

Wie groß ist das fertige Modell?
Die Jacke ist sehr groß geschnitten und hat daher eine One-Size-Größe, die locker von S bis L passt.

Beachte die Maschenprobe!
Mit Nadelstärke 7 mm in Stäbchen-Reihen gehäkelt, ergeben 11 Maschen in der Breite und 7 Reihen in der Höhe 10 x 10 cm.

Was du sonst noch wissen musst!
Die Jacke wird ohne Seitennähte gehäkelt. Zum Schluss wird der Kragen quer zur Tragerichtung angehäkelt.
Für die vorderen Relief-Stäbchen nimmst du den Umschlag auf die Nadel und führst dann die Nadel von rechts nach links hinter dem Stäbchen der Vor-Rd herum: Stich dazu vor dem Stäbchen in den Maschenzwischenraum, führ die Nadel hinter dem Stäbchen entlang und stich sie wieder an die Vorderseite nach dem Stäbchen. Nun holst du den Faden durch. Er verläuft also hinter dem Stäbchen. Masch das Stäbchen nun ganz normal ab.
Für die hinteren Relief-Stäbchen nimmst du den Umschlag auf die Nadel und führst dann die Nadel von rechts nach links vor dem Stäbchen der Vor-Rd herum: Stich dazu vor dem Stäbchen von hinten nach vorn in den Maschenzwischenraum, führ die Nadel vor dem Stäbchen entlang und stich sie nach dem Stäbchen im Maschenzwischenraum von vorn nach hinten an die Hinterseite nach dem Stäbchen. Nun holst du den Faden durch. Er verläuft also vor dem Stäbchen. Masch das Stäbchen nun ganz normal ab.
Nachfolgend werden Masche und Maschen mit M und Reihe und Reihen mit R abgekürzt.

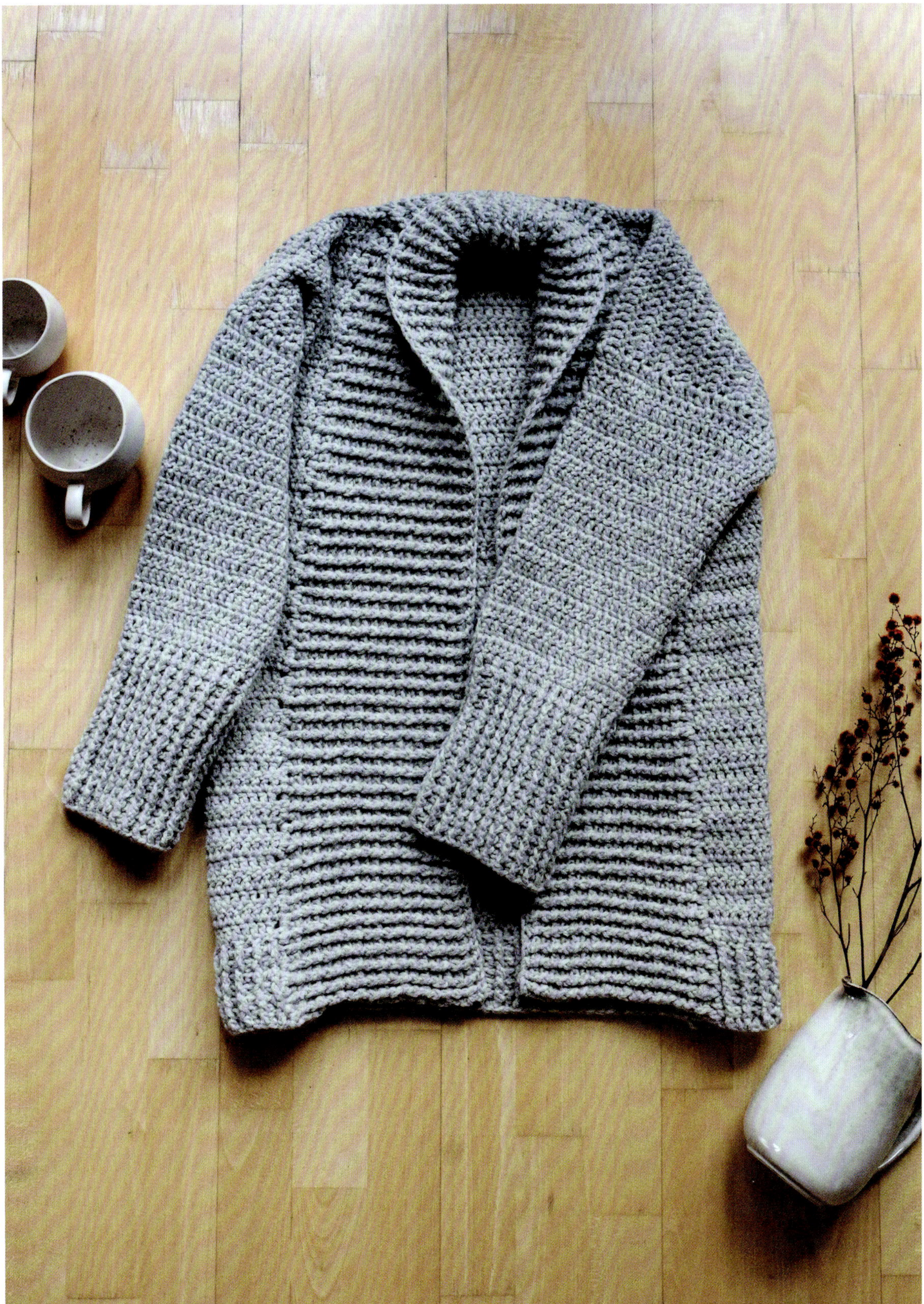

Modell Seite 38–39

Jetzt geht's los!

UNTERE VORDERTEILE UND RÜCKENTEIL

1. Schlag 111 Luft-M plus 3 Wende-Luft-M an. Die 3 Wende-Luft-M ersetzen das 1. Stäbchen.

2. Häkle in die 5. Luft-M ab Nadel das 1. Stäbchen der R und dann in jede der folgenden 109 Luft-M 1 Stäbchen. Die Reihe besteht nun aus 110 Stäbchen plus den 3 Wende-Luft-M, also 111 M insgesamt. Diese R ist die Basis-R und gilt als Rück-R.

3. Für die 1. Muster-R, das ist eine Hin-R, beginnst du mit 2 Wende-Luft-M, die das 1. Relief-Stäbchen ersetzen. Häkle um alle folgenden M im Wechsel 1 vorderes Relief-Stäbchen und 1 hinteres Relief-Stäbchen. Die vorletzte M der R ist ein vorderes Relief-Stäbchen und die letzte M ein Stäbchen, das du in die oberste der Wende-Luft-M arbeitest.

4. In der folgenden Rück-R, der 2. Muster-R, beginnst du wieder mit 2 Wende-Luft-M und häkelst um das erste Stäbchen der R nun ein hinteres Relief-Stäbchen und weiter M im Wechsel 1 vorderes Relief-Stäbchen und 1 hinteres Relief-Stäbchen. Du beendest die R wieder mit 1 Stäbchen in die oberste Wende-Luft-M. So entsteht eine Rippenstruktur, die aussieht, als wäre ein Bündchen aus rechten und linken M gestrickt.

5. Die 1. und 2. R, wie unter Schritt 3 und 4 beschrieben, wiederholst du noch 2x. Das Bündchen ist nun ca. 7 cm breit.

6. Danach häkelst du weiter mit Stäbchen. Beginne jede R mit 3 Wende-Luft-M und beende jede R mit einem Stäbchen in die oberste der 3 Wende-Luft-M.

7. Nach 30 R Stäbchen (= ca. 43 cm) in ca. 50 cm Gesamthöhe (mit dem Bündchen) teilst du die Arbeit und beendest zunächst das rechte Vorderteil.

RECHTES VORDERTEIL

8. Häkle nur noch über die 1.–22. M weiter in Stäbchen-R, dann wende die Häkelarbeit und häkle eine Rück-R in Stäbchen.

9. Häkle insgesamt 18 R über 22 M. Das Armloch ist nun ca. 25 cm hoch.

10. Schneid den Faden ab, zieh ihn durch die letzte M. Das rechte Vorderteil ist fertig.

RÜCKENTEIL

11. Schling den Faden mit einer Kett-M an der 23. M an und beginne mit 3 Luft-M, die das 1. Stäbchen ersetzen.

12. Häkle in die folgenden 66 M je 1 Stäbchen, dann wende die Häkelarbeit und häkle die Rück-R in Stäbchen über insgesamt 67 M.

13. Häkle insgesamt 18 R. Das Armloch ist nun ca. 25 cm hoch.

14. Schneid den Faden ab, zieh ihn durch die letzte M. Das Rückenteil ist fertig.

LINKES VORDERTEIL

15. Schling den Faden mit einer Kett-M an der 89. M an und beginne mit 3 Luft-M, die das 1. Stäbchen ersetzen.

16. Gehe über 22 M so vor wie beim rechten Vorderteil beschrieben.
Nähe die Schulternähte über 20 cm zusammen.

KRAGEN

17. Schling den Faden mit einer Kett-M am Saum des rechten Vorderteils wieder an. Leg die Jacke dabei so, dass du auf die rechte, also die äußere Seite schaust. Beginne mit 3 Luft-M.

18. Häkle in die rechte Vorderteilkante Stäbchen. Dabei häkelst du ca. 5 Stäbchen auf 3 R, indem du immer um 2 R je 2 Stäbchen und um die 3. R nur 1 Stäbchen häkelst. Häkle auch um die Wende-Luft-M bzw. das letzte Stäbchen der R. Bis zur Schulter sind es insgesamt 92 M.

19. In den hinteren Halsausschnitt 23 Stäbchen häkeln.

20. Entlang der linken Kante, wie unter Schritt 19 beschrieben, ebenfalls 92 Stäbchen häkeln = 207 M insgesamt.

21. Häkle nun wieder mit Relief-Stäbchen im Rippenmuster, wie unter Schritt 3 und 4 beschrieben.

22. Häkle insgesamt 18 R. Der Kragen ist nun ca. 18 cm breit.

23. Schneid den Faden ab, zieh ihn durch die letzte M. Der Kragen ist fertig.

ÄRMEL

24. Schlag 57 Luft-M plus 3 Wende-Luft-M an. Die 3 Wende-Luft-M ersetzen das erste Stäbchen.

25. Häkle in die 5. Luft-M ab Nadel das 1. Stäbchen der R und dann in jede der folgenden 55 Luft-M 1 Stäbchen. Die Reihe besteht nun aus 56 Stäbchen plus den 3 Wende-Luft-M, also 57 M insgesamt. Diese R ist die Basis-R und gilt als Rück-R.

26. Häkle ein Bündchen, indem du so arbeitest wie beim unteren Vorderteil und Rückenteil unter Schritt 2 bis 4 beschrieben.

27. Wenn das Bündchen 16 cm breit ist, häkle weiter in Stäbchen, bis der Ärmel insgesamt 46 cm lang ist.

28. Beende die Arbeit, schneid den Faden ab und zieh ihn durch die letzte M.

29. Häkle den 2. Ärmel ebenso.

30. Näh die Ärmel in die Armlöcher.

31. Vernäh sorgfältig alle Fäden.

32. Hab Spaß beim Tragen. Die Ärmel schlägst du unten um, sodass ein kleiner Aufschlag entsteht.

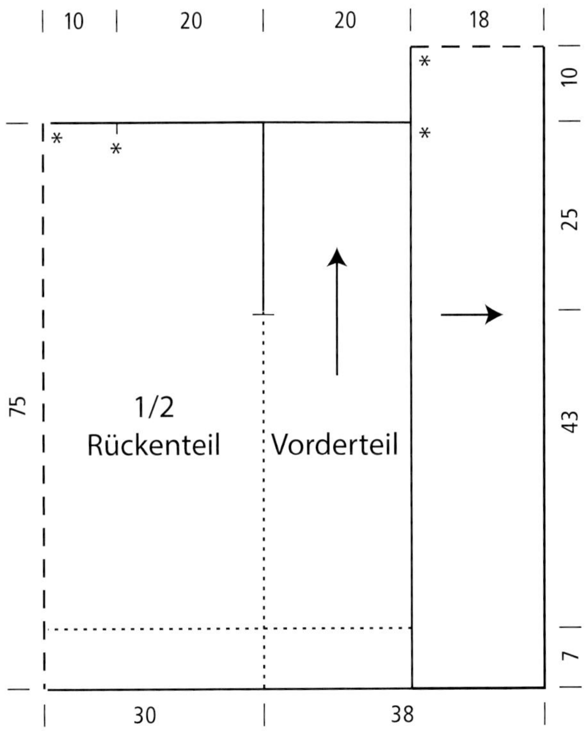

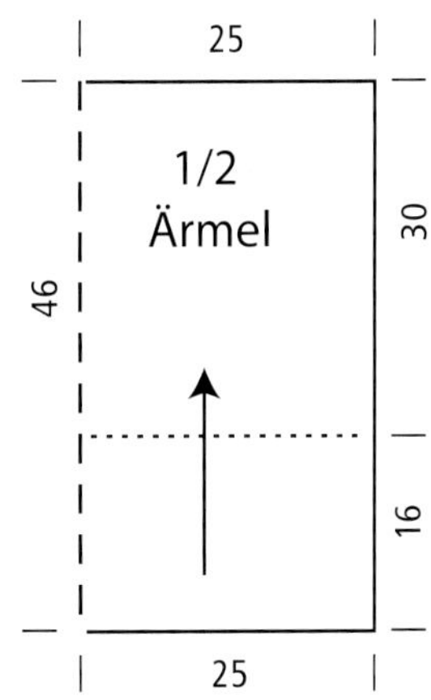

Pullover Herbstlaub

Man kombiniere Herbstlaubfarben und ein einfaches V-Stäbchen-Muster,
häkle entspannt vor sich hin und siehe da: Ein absolutes It-Piece entsteht. Spannend ist die leicht löchrige Struktur, die den Pullover fast gestrickt anmuten lässt. Übrigens auch superschön in schlichtem Schwarz mit feinem Glanzfaden.

Welche Maschen-Typen musst du beherrschen, um dieses Modell zu häkeln?
Luftmaschen
Kettmaschen
Stäbchen
Relief-Stäbchen

Welches Material benötigst du?
600 g voluminöses Kettengarn aus 90 % Schurwolle Merino, 10 % Polyamid: PAPPAGALLO von Lana Grossa in Bordeaux-Grün-Orange-Pink-Grau-Terracotta-Dunkeloliv-Beere-Brombeer-Lachs gestreift (Fb. 7), mit einer Lauflänge von 250 m/100 g
Je 1 Häkelnadel der Stärke 6 mm und 5 mm

Wähle die richtige Größe aus!
Du kannst den Pullover in drei verschiedenen Größen häkeln: Größe 36–38, 40–42 und 44–46. Die Angaben für die kleinste Größe stehen vor der Klammer, für die Größe 40–42 in der Klammer an erster Stelle, für 44–46 an zweiter Stelle in der Klammer. Steht nur eine Angabe in der Anleitung, so gilt sie für alle Größen.

Beachte die Maschenprobe!
Mit Nadelstärke 6 mm nach Häkelschrift in V-Stäbchen gehäkelt, ergeben 13 M (= 6,5 V-Stäbchen) in der Breite und 9 R in der Höhe 10 x 10 cm.

Was du sonst noch wissen musst!
Wir sprechen bei diesem Muster von V-Stäbchen. Das bedeutet, dass jeweils in die Mitte von 2 Stäbchen wiederum 2 Stäbchen gehäkelt werden.
Zunächst werden alle Teile gehäkelt. Die Bündchen werden ganz zum Schluss in Relief-Stäbchen angehäkelt.
Für die vorderen Relief-Stäbchen nimmst du den Umschlag auf die Nadel und führst dann die Nadel von rechts nach links hinter dem Stäbchen der Vorrunde herum. Stich also vor dem Stäbchen in den Maschenzwischenraum, führ die Nadel hinter dem Stäbchen entlang und stich sie wieder an die Vorderseite nach dem Stäbchen. Nun holst du den Faden durch. Er verläuft also hinter dem Stäbchen. Masch das Stäbchen nun ganz normal ab.
Für die hinteren Relief-Stäbchen nimmst du den Umschlag auf die Nadel, stichst mit der Nadel vor dem Stäbchen von hinten nach vorn ein. Führ die Nadel vor dem Stäbchen entlang und stich nach dem Stäbchen wieder ein, sodass die Nadel auf der Rückseite herauskommt. Nun holst du den Faden durch. Er verläuft also vor dem Stäbchen. Masch das Stäbchen nun ganz normal ab.
Nachfolgend werden Masche und Maschen mit M und Reihe und Reihen mit R sowie Runde und Runden mit Rd abgekürzt.

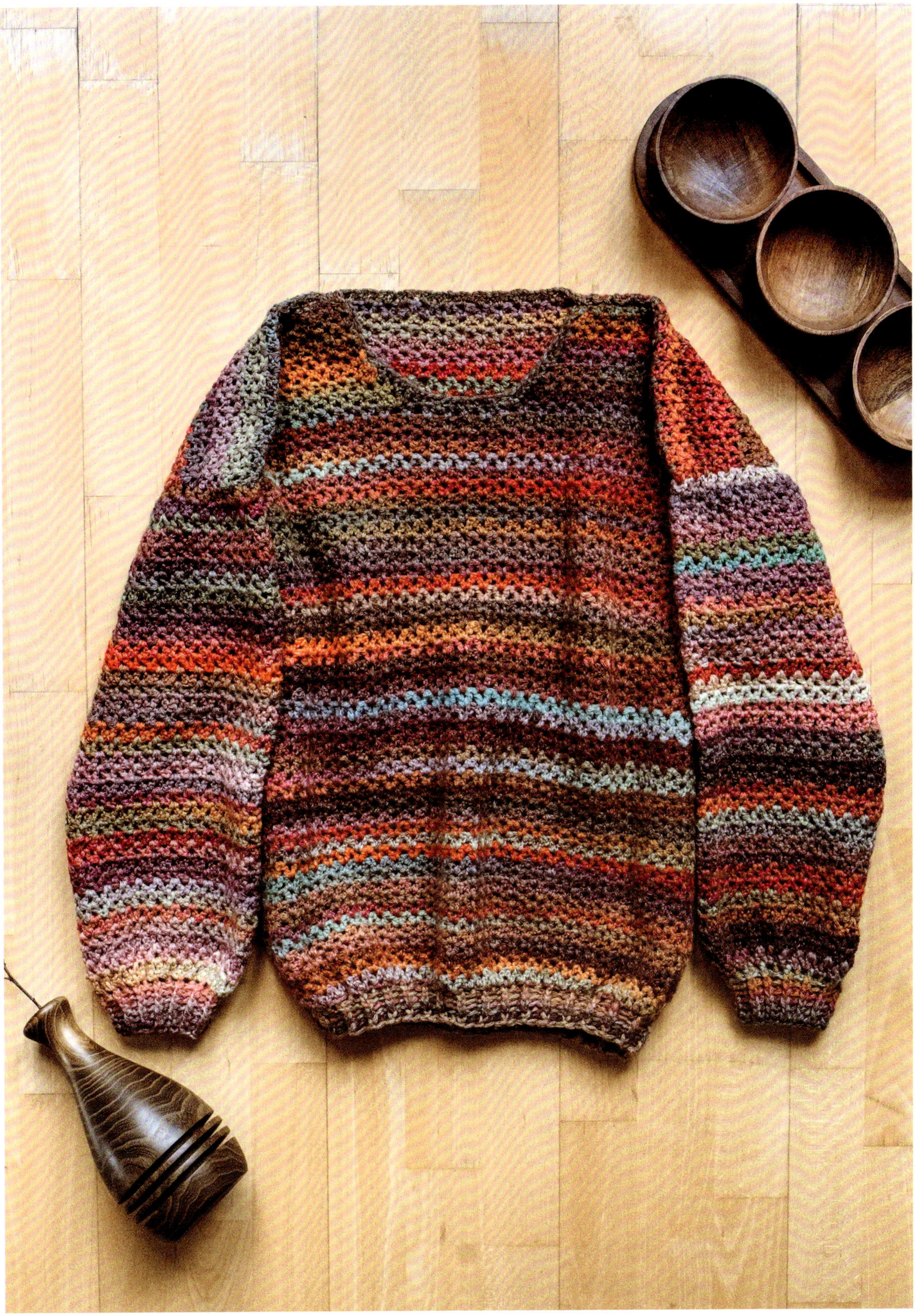

Modell Seite 40–41

Jetzt geht's los!

RÜCKENTEIL

1. Häkle mit der Nadel der Stärke 6 mm 74 (80/86) Luft-M + 3 Steige-Luft-M.

2. In die 5. Luft-M ab Nadel 2 Stäbchen arbeiten, also das 1. V-Stäbchen. ***Überspring 1 M und häkle in die folgende M wieder 2 Stäbchen***. Von *** bis *** arbeitest du dich nun bis R-Ende vor und häkelst in die letzte Luft-M noch 1 Stäbchen als R-Abschluss. Die R besteht nun aus 36 (39/42) V-Stäbchen.

3. In 63 (64/64) cm beendest du das Rückenteil.

VORDERTEIL

4. Beginne wie das Rückenteil.

5. In 53 cm Höhe bereitest du den Ausschnitt vor. In einer Hin-R beginn die R wie gewohnt, aber häkle nur über 15 (16/17) V-Stäbchen.

6. Wende das Vorderteil und häkle die Rück-R.

7. In der folgenden Hin-R nur über 14 (15/16) und in der 3. Hin-R nur noch über 13 (14/15) V-Stäbchen häkeln.

8. In 63 (64/65) cm Höhe das Vorderteil beenden.

9. Zähl in der Mitte 6 (7/8) V-Stäbchen ab, schling den Faden am 7.-möglichen wieder an und häkle 15 (16/17) V-Stäbchen und 1 Stäbchen als R-Ende.

10. In der Rück-R nun über 14 (15/16) und in der folgenden Rück-R nur noch über 13 (14/15) V-Stäbchen häkeln.

11. Die linke Ausschnitt-Seite beendest du wie die rechte Seite in 63 (64/65) cm Höhe.

ÄRMEL

12. Häkle mit der Nadel der Stärke 6 mm 57 (59/61) Luft-M + 3 Steige-Luft-M.

13. In die 5. Luft-M ab Nadel 2 Stäbchen, also das 1. V-Stäbchen. ***Überspring 1 M und häkle in die folgende M wieder 2 Stäbchen***. Von *** bis *** arbeitest du dich nun bis R-Ende vor und häkelst in die letzte Luft-M noch 1 Stäbchen als R-Abschluss. Die R besteht nun aus 28 (29/30) V-Stäbchen.

14. In 41 cm beendest du den Ärmel.

FERTIGSTELLEN

15. Näh die Schulternähte zusammen.

16. Miss von der Schulternaht nach vorn und hinten in Richtung Saum je 22 (23/24) cm ab. Markiere die Stelle und nähe die obere Ärmelkante zwischen den Markierungen an. Schau dazu auch die Skizze an. Der Pfeil markiert den Ärmelansatz.

17. Schließ die Unterarmnaht und die Seitennaht in einem Arbeitsgang.

BÜNDCHEN

18. Nun wird das Taillenbündchen gehäkelt. Schling mit der Nadel der Stärke 5 mm an der Seitennaht mit einer Kett-M den Faden wieder an und beginn mit 3 Steige-Luft-M. Häkle in jeden Maschenzwischenraum 1 Stäbchen und schließ die Rd mit 1 Kett-M (= 72 (76/80) M).

19. Beginn wieder mit 3 Steige-Luft-M, die das 1. Stäbchen ersetzen, und häkle in Runden 1 vorderes und 1 hinteres Relief-Stäbchen im Wechsel. Schließ die Rd wieder mit 1 Kett-M.

20. Häkle alle Rd so wie unter Schritt 9 beschrieben, bis das Bündchen 5 cm breit ist. Dann beendest du die Arbeit.

21. Für die Ärmelbündchen gehst du ebenso vor und häkelst im Wechsel 28 vordere und hintere Relief-Stäbchen.

22. Geh so auch am Halsbündchen vor, aber häkle feste M. Hier musst du die Ecken am vorderen Ausschnitt etwas ausgleichen, sodass die M gleichmäßig verteilt sind. Häkle 1 Rd feste M.

23. Vernäh alle Fäden.

24. Hab Spaß beim Tragen.

Häkelschrift

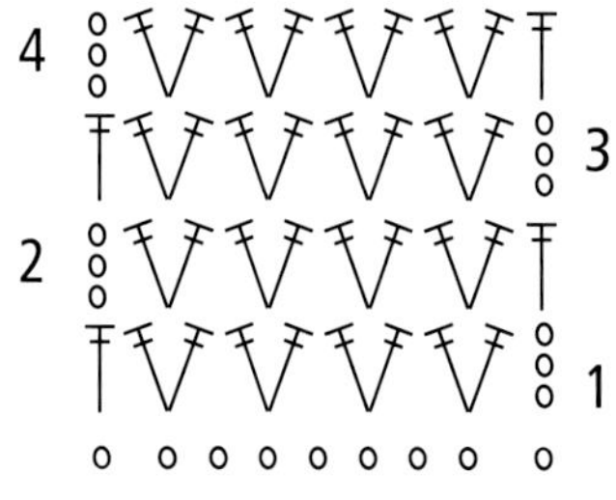

Zeichenerklärung

o = Luftmasche

= Stäbchen

= 2 Stäbchen in den Zwischenraum zwischen den darunter liegenden Stäbchen

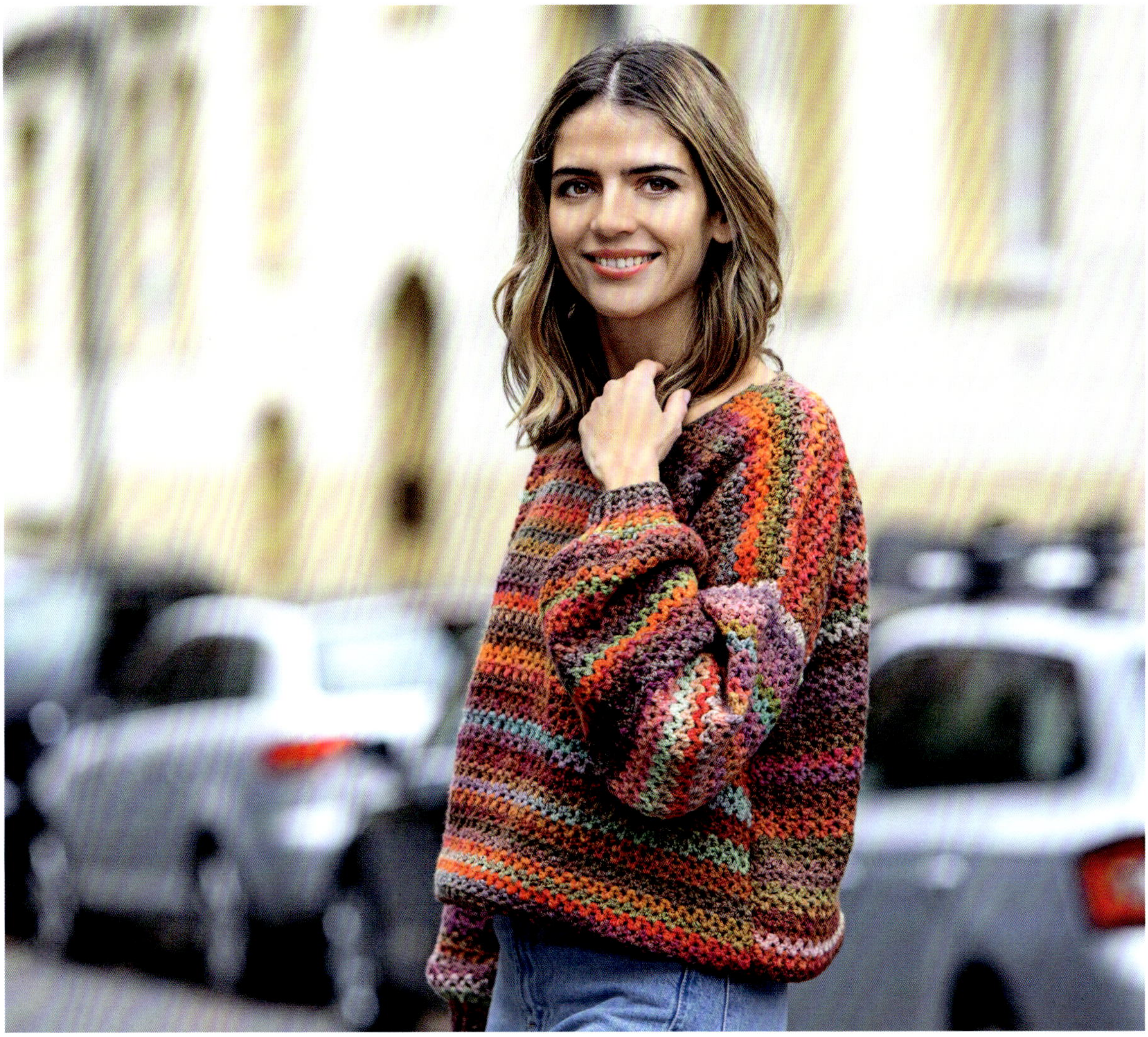

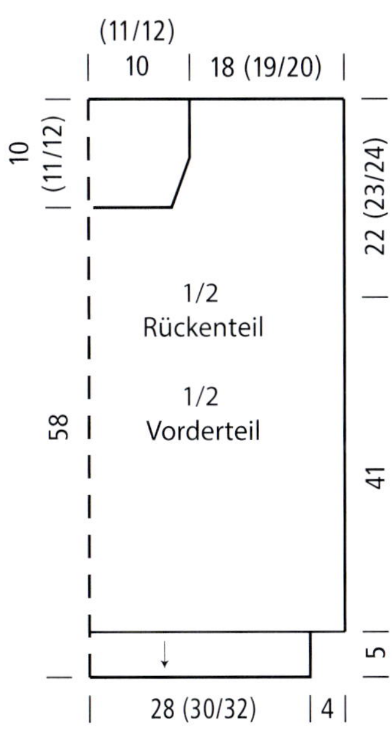
(11/12)
10
18 (19/20)
10 (11/12)
22 (23/24)
1/2
Rückenteil
1/2
Vorderteil
58
41
5
28 (30/32)
4

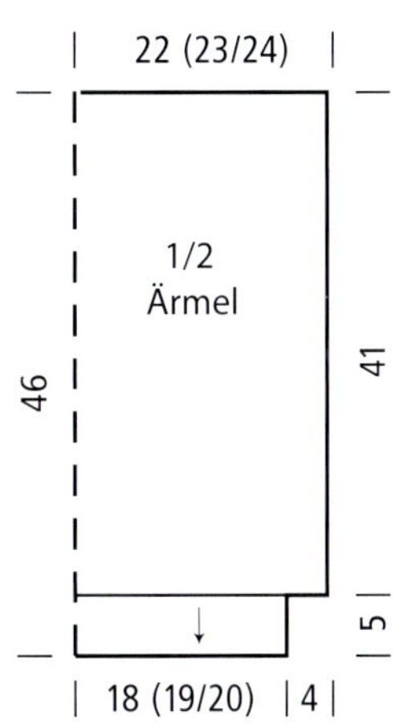
22 (23/24)
1/2
Ärmel
46
41
5
18 (19/20)
4

Modell Seite 42–43

Top Jane Austen

So pudrig-zart wie in „Verstand und Gefühl" von Jane Austen, *aber lange nicht so hochgeschlossen. Ganz im Gegenteil: Das süße Top ist so luftig, leicht und so sexy, dass Colonel Brandon vor Scham errötet wäre. Aber einige hundert Jahre später für das Hier und Jetzt ist es die perfekte Wahl an der Bar oder im Club.*

Welche Maschen-Typen musst du beherrschen, um dieses Modell zu häkeln?

Luftmaschen
Kettmaschen
Feste Maschen
Stäbchen
Halb-Stäbchen
Doppelstäbchen

Welches Material benötigst du?

300 (300/350) g mercerisiertes Baumwollgarn aus 100 % Baumwolle: COTONE von Lana Grossa, 250 (250/300) g in Puderrosa (Fb. 51), 50 g oder Rest in Flieder (Fb. 7), mit einer Lauflänge von 125 m / 50 g
1 Häkelnadel der Stärke 3,5 mm

Wie groß ist das fertige Modell?

Das Top ist 58 cm lang. Beachte die Skizze und miss an dir aus, welche Größe passen könnte.

Beachte die Maschenprobe!

Mit Nadelstärke 3,5 mm mit Doppelstäbchen gehäkelt ergeben 19 Maschen in der Breite und 5,5 Reihen in der Höhe 10 x 10 cm.

Doppelstäbchen

Was du sonst noch wissen musst!

Das Top wird quer zur Tragerichtung gehäkelt und besteht aus 2 langen Streifen, die aneinandergenäht werden. Du häkelst also 116 cm lange Streifen, die an der Schulter im Bruch liegen und jeweils ein halbes Vorder- und Rückenteil bilden. Die Wende-Luft-M bilden den vorderen und hinteren Saum des Tops. Begonnen wird an den Seitennähten, dann wird in Richtung vordere und hintere Mitte gehäkelt.
Du kannst das Top in 3 Größen häkeln. Die Angaben für Größe 36/38 stehen immer an erster Stelle, die Angaben für 40/42 und 44/46 nacheinander in der Klammer. Steht nur eine Angabe, so gilt diese für alle drei Größen.
Nachfolgend werden Masche und Maschen mit M und Reihe und Reihen mit R abgekürzt.

Jetzt geht's los!

SHIRT-HÄLFTEN

1. Häkle in Puderrosa eine Kette aus 196 Luft-M plus 3 Wende-Luft-M, die das 1. Stäbchen ersetzen.
2. Häkle das 1. Stäbchen in 5. Luft-M ab Nadel und in die folgenden 194 Luft-M jeweils 1 Stäbchen (= 196 M).
3. Ab 2. R häkelst du über 10 (11/12) R Doppelstäbchen. Ab dieser R wird jede R mit 4 Wende-Luft-Maschen begonnen, die das 1. Doppelstäbchen ersetzen, und mit 1 Doppelstäbchen in die 4. Wende-Luft-M der Vor-R beendet.

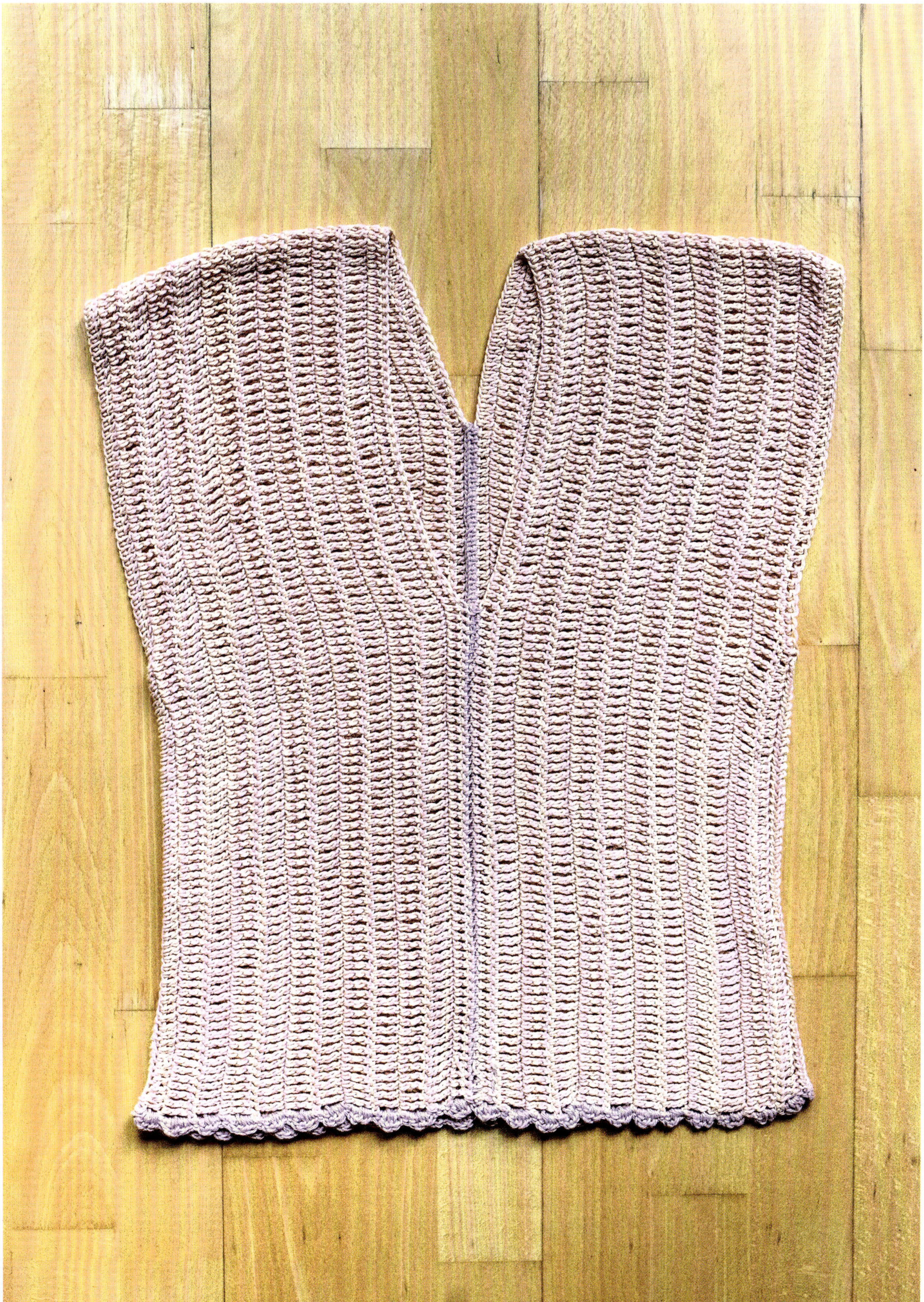

Modell Seite 42–43

4. Nach 10 (11/12) R Doppelstäbchen noch 1 R Stäbchen häkeln.
5. Arbeit beenden, Faden sehr lang abschneiden, um ihn später zum Zusammennähen zu benutzen.
6. Die 2. Hälfte ebenso häkeln und Schritte 1–5 wiederholen.

VORDERE UND HINTERE ZIERNAHT
7. Lege beide Hälften mit den langen Kanten aneinander, sodass die rechte Seite oben liegt.
8. Nun wird die vordere und hintere Mitte in Flieder zusammengehäkelt. Schling an einer unteren Ecke den Faden in Flieder an. Stich dann mit der Nadel erst in die 1. M des rechten, dann in die 1. M des linken Teils, hol den Faden durch und häkle eine feste M.
9. Stich dann in die 2. M des ersten und die 2. Masche des zweiten Teils und häkle eine feste M.
10. Fahre so über 44 cm fort wie unter Schritt 9 beschrieben und verbinde so in der hinteren Mitte die beiden Teile mit einer oben aufliegenden Ziernaht.
11. Nach 44 cm den Faden abschneiden und durch die letzte M ziehen.
12. Verfahre beim Vorderteil ebenso und wiederhole die Schritte 7 bis 11, aber schließe die Naht nur über 31 cm, da der vordere Ausschnitt tiefer ist als der rückwärtige.

SEITENNÄHTE
13. Falte nun Vorder- und Rückenteil so, dass die Schulter im Bruch liegt.
14. Schließ die Seitennähte von rechts im Überwendlichstich, sodass die Armlöcher über 24 (25/26) cm offenbleiben.
15. Die Top ist nun geschlossen. Für die untere kleine Zierkante schling den Faden auf Höhe der Seitennaht am Saum mit einer Kett-M an.
16. Häkle um jedes Stäbchen und Doppelstäbchen bzw. jede Wende-Luft-M eine kleine Muschel, indem du jeweils 1 feste M, 1 Halb-Stäbchen, 1 Stäbchen, 1 Halb-Stäbchen, 1 feste M häkelst. Die 5 M ergeben einen kleinen Bogen.
17. Verfahre so rund um den Saum. Nach der letzten Muschel den Faden abschneiden und durch die letzte M ziehen.
18. Vernäh sorgfältig alle Fäden und dämpf das Top in Form.
19. Hab Spaß beim Tragen.

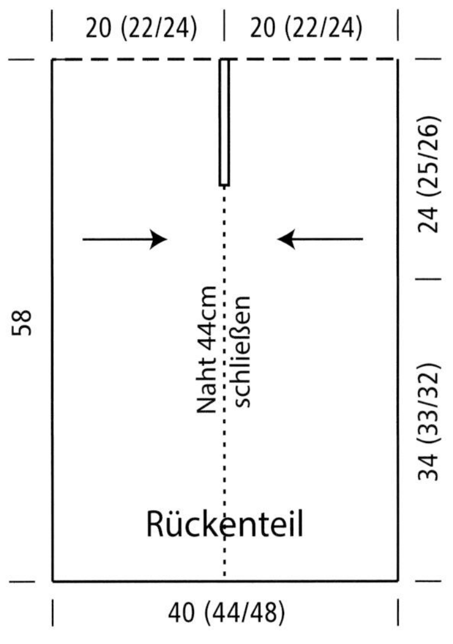

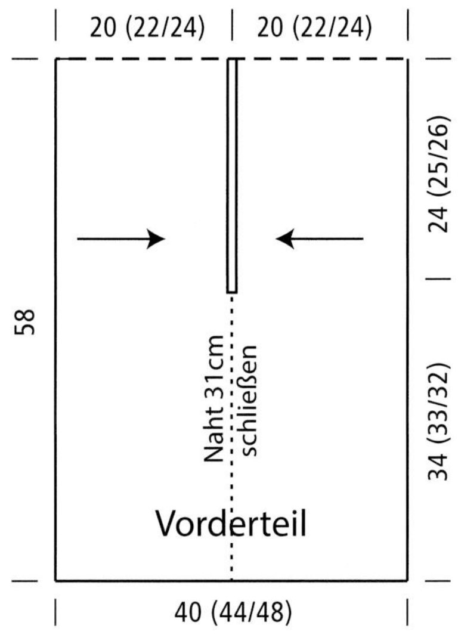

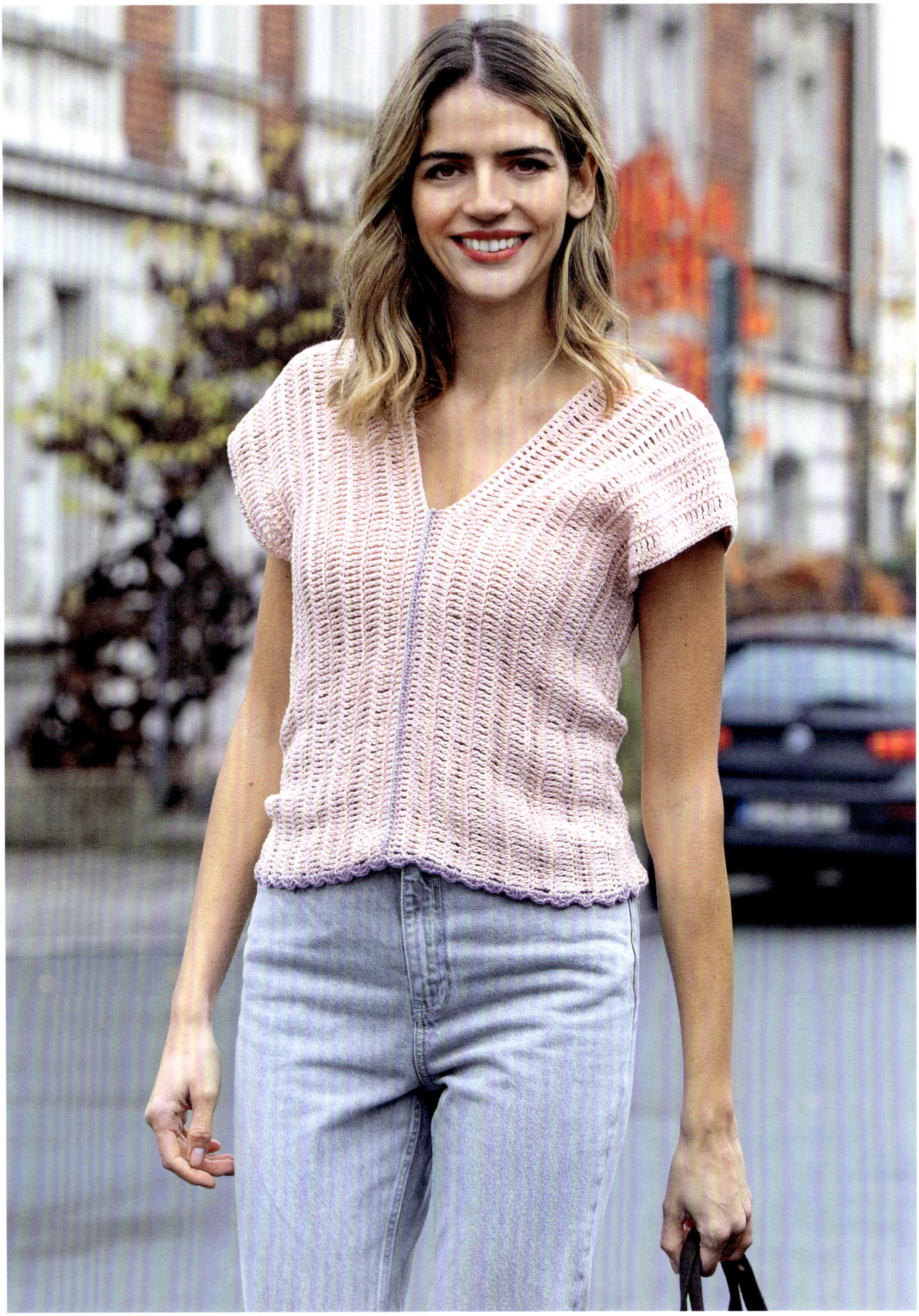

Modell Seite 44–45

Schal Sixties

Sehr süß im Stil der Sixties,
mit einem Hahnentrittmuster und Mini-Rüsche, sieht der Schal richtig edel aus. Ein bisschen Kitsch darf, nein muss, unbedingt sein, wenn du ihn zum strengen Blazer oder zur Basic-Jeans kombinierst. Noch etwas mehr candylike wird er, wenn du den zarten Hellblauton mit Rosé tauschst. Eine strenge Wirkung erhält er, wenn ein dunkles Schokobraun mit Creme kombiniert wird. Es ist dein Schal, es sind deine Farben, es ist dein Meisterstück.

Welche Maschen-Typen musst du beherrschen, um dieses Modell zu häkeln?
Luftmaschen
Kettmaschen
Stäbchen
Doppelstäbchen

Welches Material benötigst du?
400 g Schurwollmischgarn aus 42 % Schurwolle Merino, 28 % Alpaka Wolle, 30 % Polyacryl: CUMBA von ggh, je 200 g in Blausilber (Fb. 45) und Kamel (Fb. 05), mit einer Lauflänge von 150 m / 50 g
1 Häkelnadel der Stärke 5 mm

Wie groß ist das fertige Modell?
Der Schal ist 43 cm breit und 200 cm lang.

Beachte die Maschenprobe!
Mit Nadelstärke 5 mm im Hahnentrittmuster gehäkelt, ergeben 15,5 Maschen in der Breite und 9 Reihen in der Höhe 10 x 10 cm.

Was du sonst noch wissen musst!
Es gibt eine Häkelschrift zu diesem Modell. Je 2 Reihen werden in einer Farbe gehäkelt, und Blausilber und Kamel wechseln sich ab. Ein „Rapport" besteht aus 8 Maschen, d.h. diese Maschen werden über die ganze Breite wiederholt. Das Muster entsteht, indem jeweils in der 1. Reihe einer neuen Farbe die mittlere Masche der 3er-Stäbchen-Gruppe 2 Reihen tiefer eingestochen wird.
Nachfolgend werden Masche und Maschen mit M und Reihe und Reihen mit R abgekürzt.

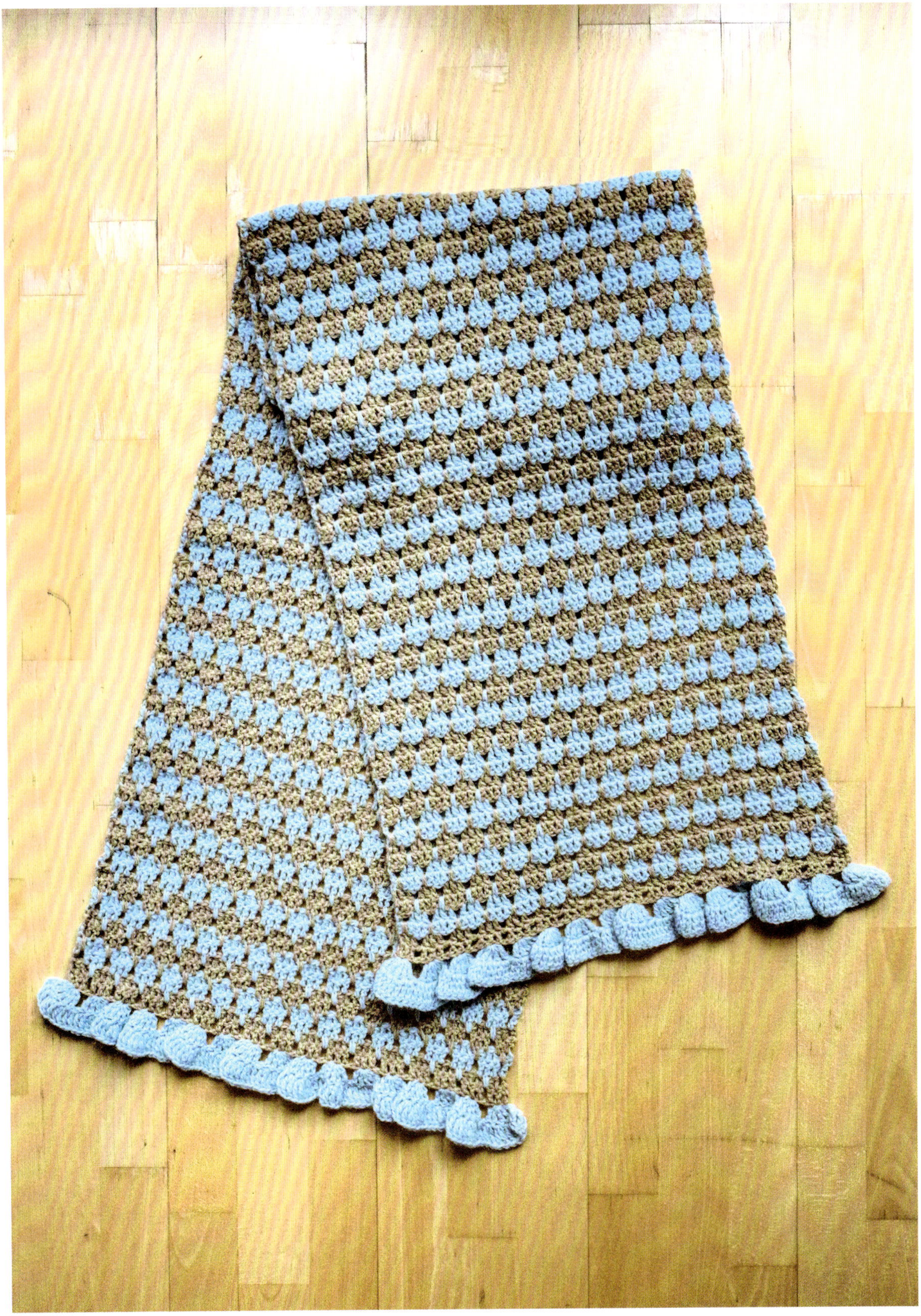

Modell Seite 44–45

Jetzt geht's los!

1. Schlag 63 Luft-M plus 3 Wende-Luft-M in Kamel an. Die 3 Wende-Luft-M ersetzen das 1. Stäbchen.

2. Für die 1. R häkle in die 5. Luft-M ab Nadel das 1. Stäbchen der R. Nun wiederholst du den Rapport 7x: ***1 Stäbchen, mit 1 Luft-M die folgende Luft-M übergehen, 3 Stäbchen, mit 1 Luft-M die folgende Luft-M übergehen, 2 Stäbchen***. Die R beendest du mit 1 1 Stäbchen, 1 Luft-M, 3 Stäbchen. Das ist eine Hin-R.

3. In der 2. R, also der Rück-R, beginnst du mit 3 Wende-Luft-M. Häkle in alle Stäbchen 1 Stäbchen und übergehe die Luft-M der Vor-R mit 1 Luft-M. Beende die R mit 1 Stäbchen in die oberste der 3 Steige-Luft-M.

4. Wechsel die Farbe und häkle 2 R in Blausilber. Den Faden in Kamel schneidest du nicht ab, lässt ihn aber unbenutzt. Nimm ihn erst nach den folgenden 2 R wieder auf, indem du ihn lose nach oben führst.

5. Häkle weiter nach Häkelschrift und wiederhole solange die 3.–6. R der Häkelschrift, bis der Schal ca. 193 cm lang ist.

6. Nach insgesamt 174 R und 2 R in Kamel bist du fertig.

7. Schneid den Faden ab und zieh ihn durch die letzte M.

8. An den beiden Schmalseiten wird nun noch die Rüsche angehäkelt.

9. Schling den Faden an einer Ecke mit einer Kett-M an, sodass die rechte Seite des Schals nach oben zeigt. Häkle in dieselbe M, beginnend mit 4 Steige-Luft-M, 4 Doppelstäbchen.

10. ***In jedes mittlere Stäbchen der 3er-Stäbchengruppe häkelst du 5 Doppelstäbchen, gefolgt von 1 Luft-M***.

11. Wiederhole von *** bis *** bis Reihen-Ende. Die R beendest du mit 1 Stäbchen in die letzte M der R.

12. Beginne wieder mit 4 Wende-Luft-M und häkle in jedes Doppelstäbchen der Vor-R nun 2 Doppelstäbchen. Die Luft-M ignorierst du einfach.

13. Häkle auch an der anderen Schmalseite eine Rüsche an und wiederhole die Schritte 9 bis 12.

14. Vernäh sorgfältig alle Fäden.

15. Spann den Schal etwas, befeuchte ihn leicht und lass ihn unter feuchten Tüchern trocken.

16. Hab Spaß beim Tragen.

Häkelschrift

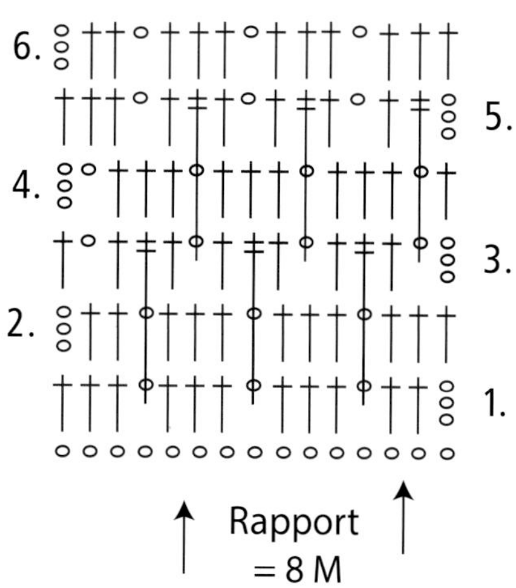

Zeichenerklärung

o = Luftmasche

† = Stäbchen

‡ = Tiefer gestochenes Doppelstäbchen, das um die 2 Reihen tiefer liegende Luftmasche gehäkelt wird.

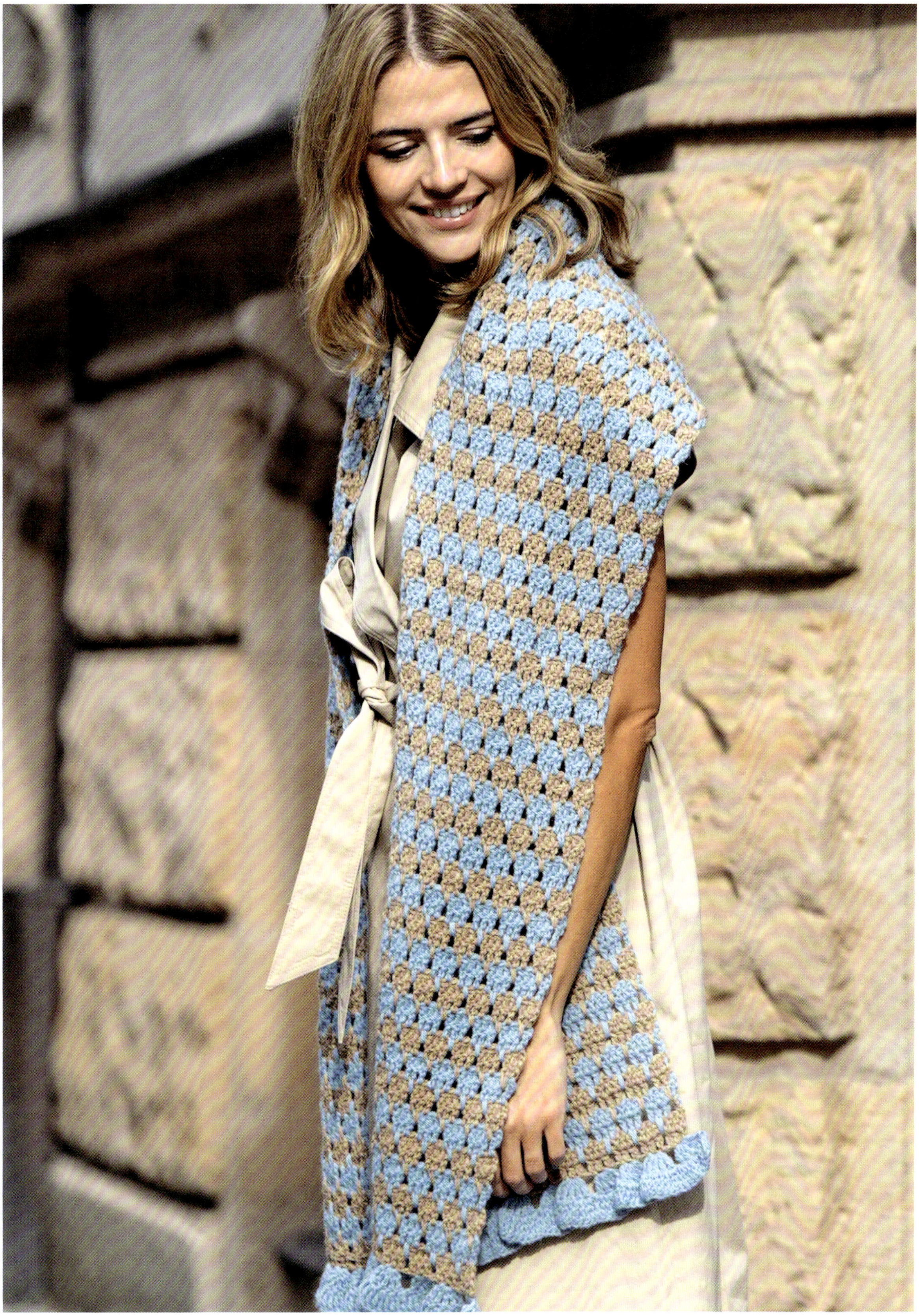

Modell Seite 46–47

Mütze Inès

Sie hätte ihre Freude an der süßen Baskenmütze,
würde sie aber vermutlich in Marine mit einem kleinen roten Rand häkeln: Inès de la Fressange, die ehemalige Muse Karl Lagerfelds und Autorin von „Pariser Chic – Der Style-Guide". Was macht die wahre Parisienne aus? Es ist ihre Attitude aus „Was-kostet-die Welt", „Mir-doch-egal" und eine gehörige Portion Weiblichkeit.

Welche Maschen-Typen musst du beherrschen, um dieses Modell zu häkeln?

Luftmaschen
Kettmaschen
Feste Maschen
Büschelmaschen

Welches Material benötigst du?

100 g feines, klassisches Merinogarn aus 100 % Schurwolle Merino: COOL WOOL von Lana Grossa in Resedagrün (Fb. 2078), mit einer Lauflänge von 160 m / 50 g
Je 1 Häkelnadel der Stärke 5 mm und 4 mm

Wähle die richtige Größe aus!

Die Mütze passt für einen Kopfumfang von ca. 52–55 cm.

Beachte die Maschenprobe!

Mit Nadelstärke 4 mm mit festen Maschen gehäkelt, ergeben 18 Maschen in der Breite und 24 Reihen in der Höhe 10 x 10 cm.

Was du sonst noch wissen musst!

Die Mütze wird von oben nach unten gearbeitet, sodass sich ein platt liegender Kreis aus Büschelmaschen ergibt. Die 2er-Gruppen Büschelmachen ergeben ein hübsches Muschelmuster. Zuletzt wird das Bündchen mit sehr fest gehäkelten festen Maschen gearbeitet, damit die Mütze am Kopf gut abschließt und der obere Teil locker zur Seite fallen kann.
Nachfolgend werden Masche und Maschen mit M und Runde und Runden mit Rd abgekürzt.
So häkelst du Büschelmaschen: ***1 Umschlag auf die Nadel nehmen und den Faden durchholen*** = 3 Schlingen auf der Nadel. Von *** bis *** noch 2x wiederholen = 7 Schlingen auf der Nadel. Faden durch alle Schlingen führen, fest anziehen und mit 1 festen M fixieren.

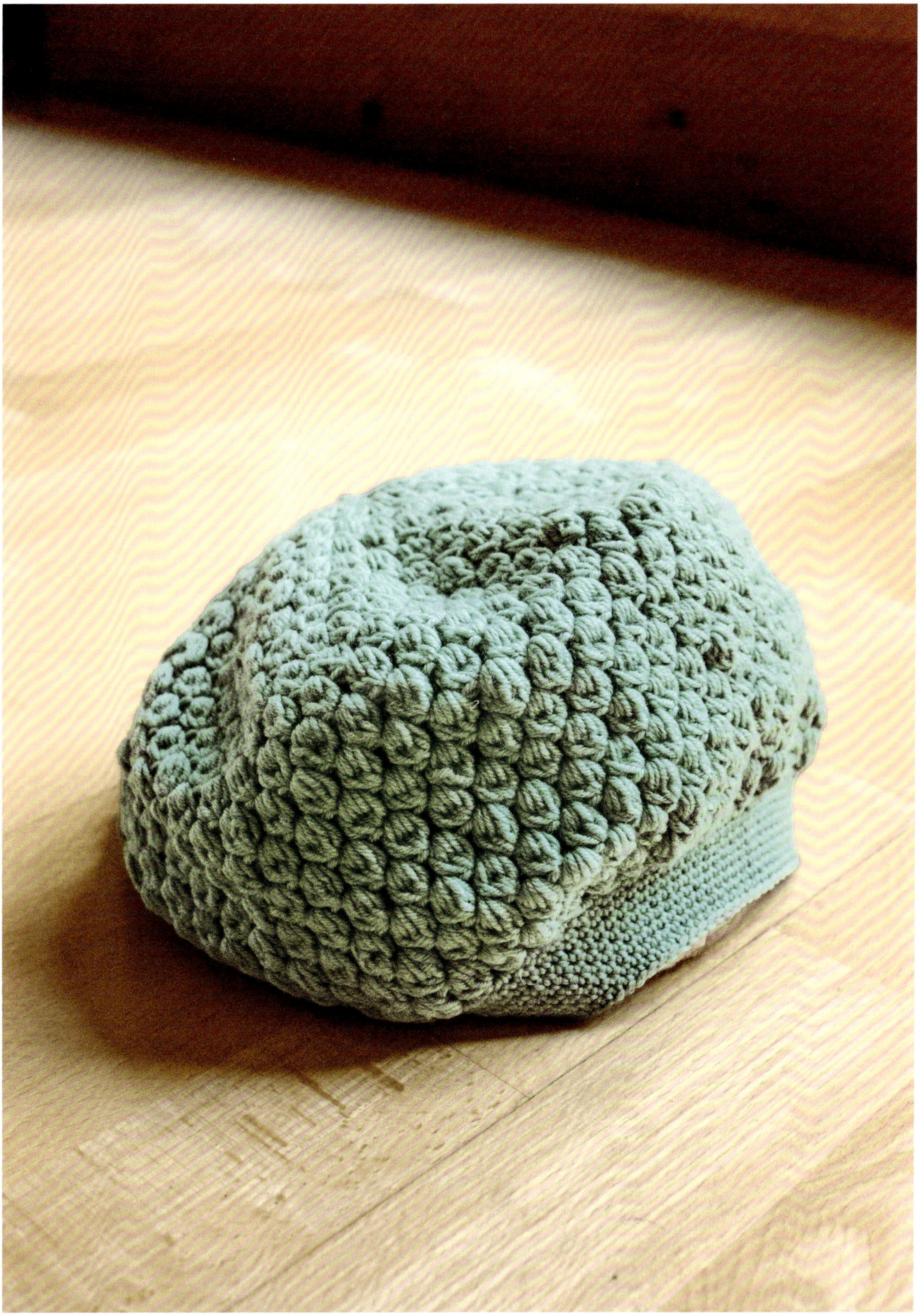

Jetzt geht's los!

1. Beginn mit der Nadel der Stärke 5 mm. Häkle in einen flexiblen Fadenring 3 Luft-M und 12 Büschel-M. Beachte, dass die 3 Luft-M in diesem Fall NICHT das erste Stäbchen ersetzen.

2. Schließ die Rd mit einer Kett-M in die oberste der 3 Luft-M (= 12 M).

3. Beginn die Rd mit 3 Steige-Luft-M und häkle in den direkt links liegenden Maschen-Zwischenraum 1 Büschelmasche, in den folgenden Maschen-Zwischenraum 2 Büschelmaschen. In jeden Zwischenraum häkle im Wechsel 1 und 2 Büschelmaschen. Schließ die Rd mit einer Kett-M in die oberste der 3 Luft-M (= 18 M).

4. Beginne die 3. Rd wie die 2. Runde unter Schritt 3 beschrieben und häkle in jeden 3. Zwischenraum 2 Büschelmaschen (= 24 M).

5. Die 4.–7. Rd häkelst du nun in jeden 4., in der 5. Rd in jeden 5., in der 6. Rd in jeden 6., und in der 7. Rd in jeden 7. Zwischenraum 2 Büschelmaschen. Nach der 7. Runde sind es 48 M.

6. Die 8., 9. und 10. Rd wird ohne Zunahme über 48 M gehäkelt.

7. Wechsel dann die Nadel zu Stärke 4 mm. Nun wird in festen M in Spiral-Rd gearbeitet.

8. Beginne die Rd mit 1 Luft-M und häkle in jeden Maschenzwischenraum 2 feste M (= 96 M pro Rd).

9. Schließ die Rd nicht mit einer Kett-M, sondern häkle in unendlichen Rd weiter, bis du 9 Rd feste M gehäkelt hast. Die letzte Rd schließt du mit einer Kett-M.

10. Schneid den Faden ab, zieh ihn durch die letzte M.

11. Vernäh sorgfältig alle Fäden.

12. Hab Spaß beim Tragen und fühl dich wie in Paris.

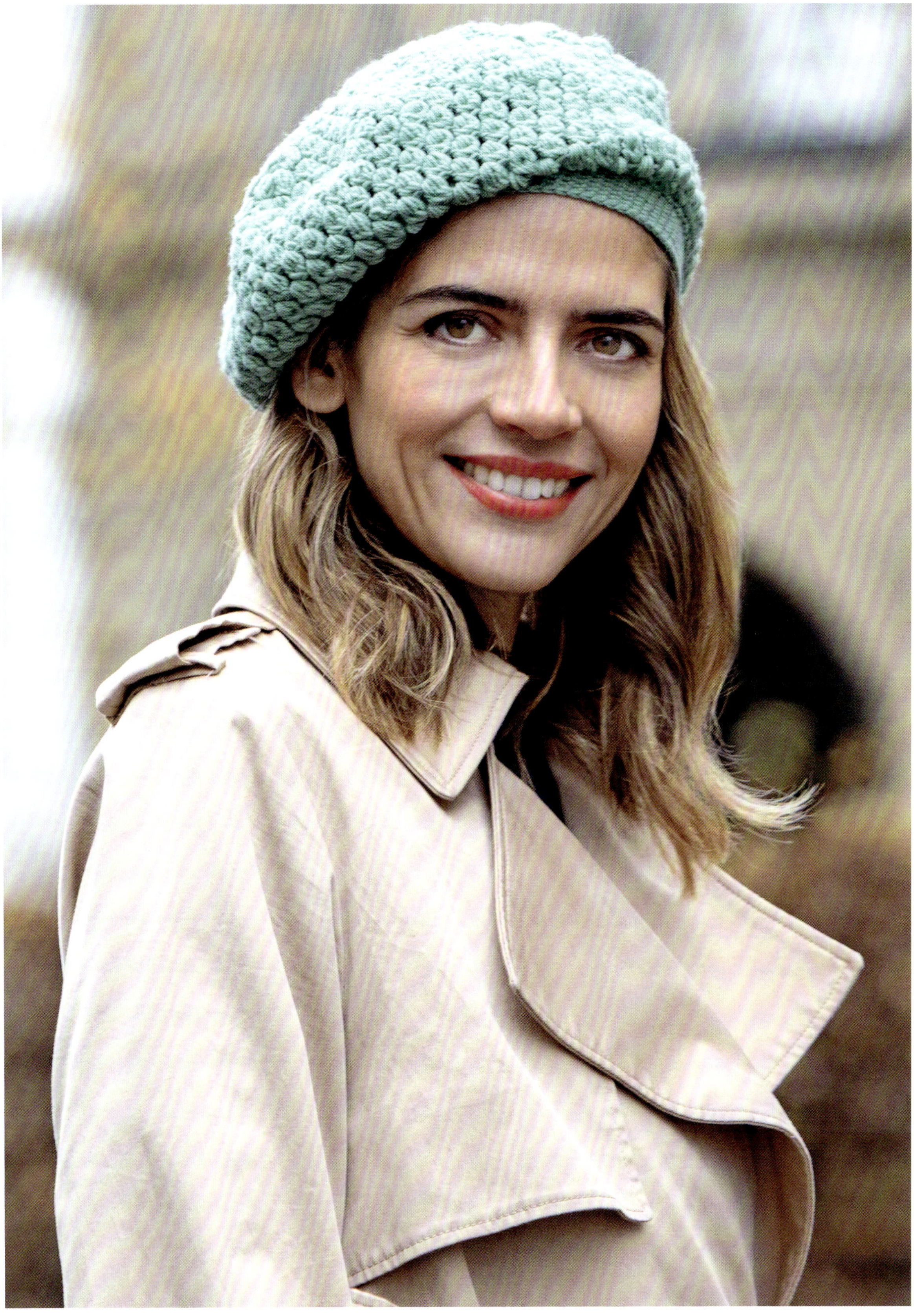

Über die Autorin

Karoline Hoffmeister

Karoline Hoffmeister hat ihre große Leidenschaft Handarbeiten und Design in den Genen und stammt aus einer kreativen Familie. Eine Oma strickte ihr ganzes Leben lang, die andere zauberte an der Nähmaschine, ihre Mutter fertige kunstvolle Stickarbeiten und häkelte und ihr Vater konnte mit Engelsgeduld alles reparieren. Die studierte Designerin liebt schlichte Formen, edle Farbkombinationen und einen unaufgeregten „Weniger-ist-mehr-Look“ gepaart mit ausgefeilter Schnittführung.

Ebenfalls erhältlich ...

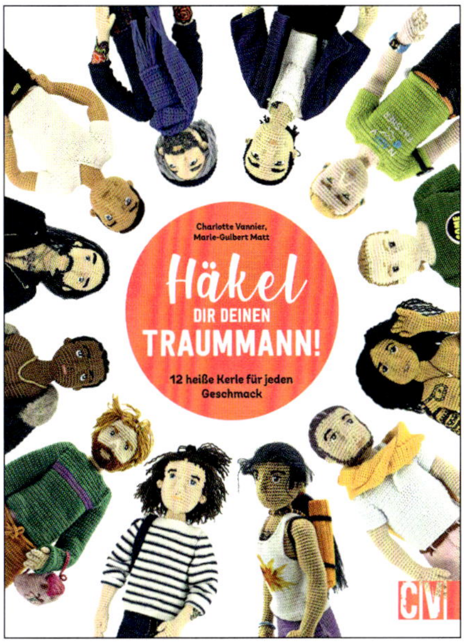

ISBN 978-3-8410-6720-3

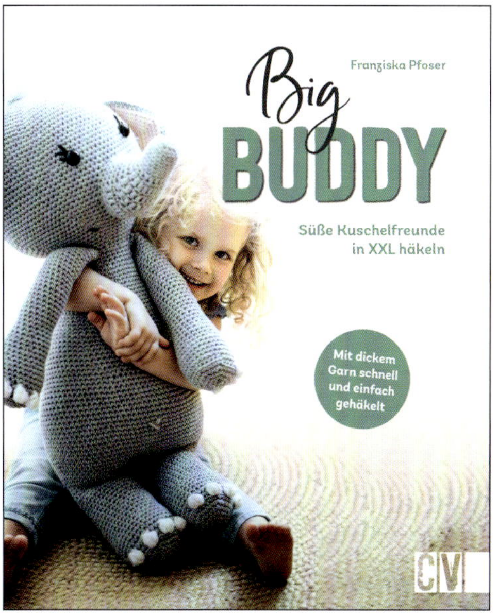

ISBN 978-3-8410-6711-1

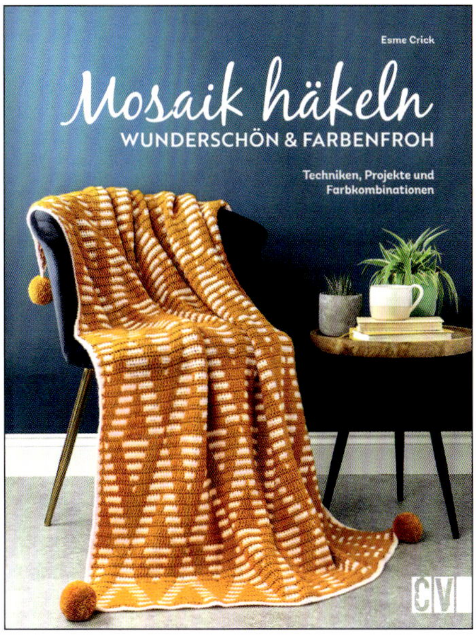

ISBN 978-3-8410-6713-5

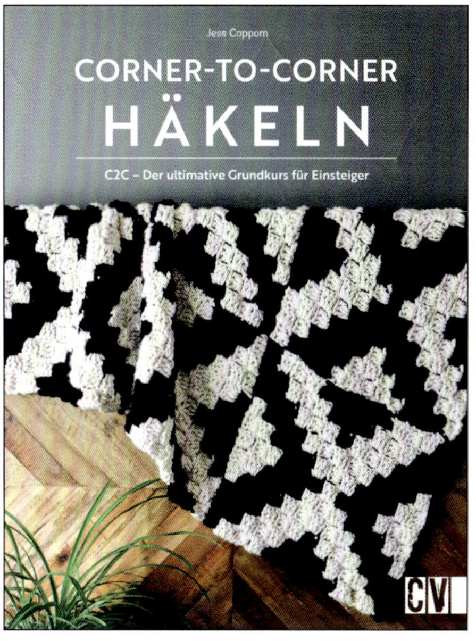

ISBN 978-3-8410-6712-8

www.christophorus-verlag.de

Impressum

Autorin: Karoline Hoffmeister
Anleitungen & Häkelschriften: Karoline Hoffmeister
Fotos & Styling: Nina Kuhn, www.ninakuhn.com
Stills: Annika Hölscheidt,
www.annywherephotography.de
Produktmanagement: Svenja Wiglinghaus
Lektorat: Brigitte Schnock
Korrektorat: Mareike Weber
Umschlaggestaltung: Regina Degenkolbe
Layout und Satz: Elke Mader
Repro: LUDWIG:media
Herstellung: Julia Hegele
Printed in Türkiye by Elma Basim

★★★★★

Sind Sie mit diesem Titel zufrieden? Dann würden wir uns über Ihre Weiterempfehlung freuen. Erzählen Sie es im Freundeskreis, berichten Sie Ihrem Buchhändler oder bewerten Sie bei Onlinekauf. Und wenn Sie Kritik, Korrekturen, Aktualisierungen haben, freuen wir uns über Ihre Nachricht an: Christian Verlag, Postfach 40 02 09, 80702 München oder per E-Mail an lektorat@verlagshaus.de.

Unser komplettes Programm finden Sie unter

www.christophorus-verlag.de

Wir bedanken uns ganz herzlich bei der Firma Lana Grossa, ggh-Garne und Buttinette für die freundliche und großzügige Ausstattung mit Garnen.

Die Deutsche Nationalbibliothek verzeichnet diese Publikation in der Deutschen Nationalbibliografie; detaillierte bibliografische Daten sind im Internet über https://www.dnb.de/ abrufbar.

Infanteriestraße 11a
80797 München

ISBN 978-3-8410-6741-8

Kreativ-Service

Sie haben Fragen zu unseren Büchern und Materialien? Wir beraten Sie gern rund um alle Kreativthemen. Rufen Sie uns einfach an. Wir interessieren uns auch für Ihre eigenen Ideen und Anregungen. Sie erreichen uns per E-Mail: **kreativ-service@c-verlag.de** oder unter der Tel.: **+49 (0)89-1306 99 577**.

Besuchen Sie uns im Internet: www.christophorus-verlag.de & www.selbstgemacht.de